陈鹏——著

全新修订版

苏东坡传

中国友谊出版公司

目　录

苏东坡传

苏东坡传

第十一章　东坡之死

再版序　东坡先生，你好哇！

几年之后，再来看这本传记，我自认有许多不足。

这次修订内容多达五六万字，颇下了些功夫：删除不必要的表述和史料，简化语言，使逻辑更顺畅；增加了对读者认识东坡有帮助的内容，令他的形象更为真实，个性更为鲜明。

对历史人物的评价，不能无中生有、道听途说，而是要多方求证，用史料说话；顺应历史逻辑，尽可能做到慎重，不能人云亦云。因此，我在新版中尝试着修正了史观，不以苏东坡为是，不以王安石为非，而是将他们全部置于更大的背景下考量，这是受黄仁宇先生的大历史观的启发。

继 2017 年出版这本传记后，我又写了《苏东坡的下午茶》《东坡有佳作》，三者称为"东坡三书"，算是我对东坡先生的致敬。中国古代知识分子里，才华如此突出，人格如此健全，又可以和人民群众打成一片的，非他莫属。

写作中，我常常将自己代入宋朝，把苏东坡当作朋友和同辈。写到忘情处，有时随他欢笑，笑出声来；有时被他触动，泪水悄悄滑过脸庞。

我总是感慨：这是怎样通透、真实、可爱的一个人哪！

话不赘述，一切都在书里。

我只想在某次梦中与他相遇，和他打个招呼："东坡先生，你好哇！"

他若回"你好哇"，我会把这条语音设置成手机铃声。

首版序　寂寞沙洲，不冷

元丰五年（1082 年），寓居黄州定慧院的苏轼写下著名的《卜算子·黄州定慧院寓居作》：

> 缺月挂疏桐，漏断人初静。谁见幽人独往来，缥缈孤鸿影。
>
> 惊起却回头，有恨无人省。拣尽寒枝不肯栖，寂寞沙洲冷。

他的身体还未从漫长的旅途中苏醒，他的情绪尚未从乌台诗案的阴影里平复，就已要面对无边的寂寞了。

此时的他哪里知道，这不过是无边寂寞的开始。他此后人生的许多时间，都将在漫长的流放中度过。

寂寞予以他痛苦，同样成就了他的伟大——让他重新思考活着的意义，让他走出精神的低谷，焕发无限光彩。

如今，"寂寞"这个词一点儿也不寂寞。

网络里或是现实中，总能看到男男女女挤眉弄眼地撒着欢儿，口口声声说："我真的真的好寂寞。"

寂寞被调侃、被戏弄，它早已面目全非，变成大众表达浮躁情绪的专利，而真正的寂寞者却只能尴尬地站在原地，拔剑四顾心茫然。

智者失语，浮躁当道。

曾和一些朋友遥想古代，那时没有电视，没有 Wi-Fi，没有手机，没有微信，没有任天堂，没有迪士尼……古人却一样可以自得其乐，逍遥自在。就像苏东坡和他的朋友们，常常携带美酒，湖上泛舟，鼓琴吹箫，任音乐萦绕，任时光流逝，华彩诗章自胸中源源不绝喷涌而出。一群才华横溢的男人团团围坐，纵论四方，神游八极，端的是人生至美之享受。我们讨论的结论是，没有现代的科技产品，没有花样繁多的娱乐方式，一样可以活得充实富足。倒是身处物质过剩时代的我们，总迷茫于精神世界的苍白，留恋于物质世界的种种。

聪敏之如苏轼，有过人的才情，有豁达的天性，却难免被命运捉弄。

他那么爱热闹的人，常常被抛到陌生的绝境，遭受寂寞的围攻，在孤独里舔舐心灵的伤口。

面对苦难，面对寂寞，他最初之反应亦有与常人相似的一面，或者举手无措，或者顾影自怜，寻不到前路，看不见终点。但他拥有天才的悟性、乐观的天性，不会任由伤痛停留太久。

短暂的迷茫之后，他迅速从失落中重拾自尊，采取了各种方式救治肉体之苦痛，摆脱心灵之炼狱。悟道也好，参禅也罢，都是他脱离苦海的方法，是他自救的积极态度。

寂寞纵然难耐，却不是逃避现实的借口，若要摆脱痛苦，须先正面寂寞，接纳这寂寞，战胜这寂寞。

所以，苏轼的种种作为便可呈现他面对寂寞的态度。

他游山玩水，寄情于天地万物；

他广交朋友，在心灵的交融中开拓精神疆界；

他救贫扶弱，常怀慈悲之心；

他吟诗赋词，宣泄豪情与失意；

他发掘美食，享受世俗的欢乐；

他参悟古人，学习放下的哲学；

……

于无尽的寂寞中，他对自我进行归纳、总结、反省，重新发现生命的意义所在。

苏
东
坡
传

若无黄州的寂寞历练，他便放不下对名利的追求，便没有未来的无尽淡定。黄州是他命运的大转折，也是他走向伟大的新起点。

寂寞成就了他人生的华彩，也成就了他的传奇。

东坡之伟大，一方面是他写出了前无古人、后无来者的千古华章，另一方面是他豁达开朗、乐天知命的人格魅力。

这种伟大固然得益于他横溢的才华，但更多是来自寂寞生活的锤炼。

乌台狱中的折磨，黄州务农的辛苦，惠州的无限惨淡，海南缺衣少食的生活，却从未将他打垮，一有机会，他就会强力反弹。

在寂寞里，他磨炼了心志，洗涤了灵魂，并让他的才华更大程度地发挥。若其一生顺风顺水，也许仍然伟大，但一定不如饱受锤炼后更伟大。

在世人眼中，东坡是父母的好儿子，努力攻读，早登科第，少年得志；他是弟弟的好兄长，时时眷顾兄弟之情，为践行"风雨对床"之约，三番五次想要从仕途中退出，享受兄弟怡怡的喜悦；他是朋友的好知己，率性、坦诚、开阔、大气、受人爱戴；他是儿子的好父亲，从不施以打骂，喜欢夸奖和启示；他是百姓爱戴的好官，时时怜悯众生，心系大众，因他们的苦而苦，因他们的悲而悲，从人性的角度出发，予以力所能及的帮助；他是一代诗家和词家，开创了跨时代的审美意象，创造了中国文学史上无法复制的经典。

在我看来，他这么多身份都不如"寂寞者"对今人更有启示：在一定程度上，寂寞可以救治我们当下的苦难，解决心灵的沉疴。面对寂寞时，我们可以学着像他一样思考人生，像他一样享受生活。

从这个意义上讲，寂寞者的最高境界不是与寂寞对抗，而是与寂寞同行，并从中汲取生命的能量。

东坡的一生，因寂寞而精彩，也因寂寞实现了自我救赎。

第一章
童年与少年

眉山苏家

宋仁宗景祐三年十二月十九日（1037年1月8日）[1]，实在是平常而普通的一天，但因苏东坡出生而被历史和后人记住。

一向多雾阴冷的冬日蜀地，此日却放晴了。

碧水，蓝天，云卷云舒，气温亦比平日里有所回升，端的是冬日难寻的好天气。

在眉州的眉山县，苏家上下一片欢腾。

这个小生命响亮的啼哭，给苏家上下带来不少欢乐，主人苏洵和程夫人之喜悦程度更是比别人多出几倍。夫妻俩面带笑容，一眼不眨地盯着新生的婴儿，细细端详。这个小人儿一双黑亮大眼，瞪得滚瓜溜圆，好奇地打量着面前新鲜的世界，小手不停地挥舞，欢快生动。

他属牛，算起来是苏家的第五个孩子。

在苏轼之前，程夫人已生过两个女孩，均早夭。两女之后所生的一个男孩，取名景先，亦不幸三四岁时夭折。景先出生次年，苏轼的姐姐八娘降临人世，待长大后嫁与表哥程之才。关于八娘的事，后文将有详细交代。

苏轼出生时，苏洵已经二十九岁。又两年，苏轼迎来了弟弟苏辙。后来苏辙有诗云"弟兄本三人，怀抱丧其一"，丧的那位自然是指亡兄景先。

---

① 苏轼出生于景祐三年（1036年）农历十二月十九日，即公元1037年1月8日。在古代，年末出生的人算年龄时会在实际年龄上加两岁，即虚两岁；非年末出生的人，年龄虚一岁。本书中人物的年龄遵照此算法。

　　这两个眉山男孩以及他们的父亲苏洵，将在未来的日子里大放异彩、成就非凡。为夸耀父子三人所取得的成就，后世诸多不算高明的文人编排了大量故事，来证明苏氏父子不同凡响。最为流行的一个说法是"眉山生三苏，草木尽皆枯"，言下之意是此地的灵气神韵尽为苏家所得，而草木不得不枯。

　　苏轼、苏辙和父亲苏洵被后人合称"三苏"。

　　"三苏"不只名动于大宋文坛和政坛，更对后世产生深远影响：评论家们将苏氏父子与另五位唐宋年间的优秀散文家相提并论，赞之为"唐宋八大家"。在悠久绵长的中国文化史上，一家人占据如此重要位置的先例，怕只有曹操父子了。三曹才华盖世，文治武功，亦是令人仰望的"父子天团"。

　　眉山在成都之南约五十公里处。这块土地水土丰美，物产富饶，山不高而秀，水不深而清，算得上风水宝地。

　　长江有一支流，名岷江；岷江有一支流，称玻璃江。玻璃江流经眉山县城东郊，水色青碧，因像玻璃一般透明清澈，一眼便可望见江底，故而得名。东坡曾有诗赞之曰"清江入城郭，小圃生微澜"。

　　沿江两岸，眉山人遍植了桃树和杨柳，每年春天一到，粉嫩的桃花争艳，清新的杨柳吐绿，令人流连忘返。此等绝美景色，沿江岸两旁连绵不绝，实是壮观。不了解的人乍到此地，误以为身处世外桃源，人们因此称眉山为"小桃源"。

　　眉山是个古典诗意的小城，气候温润，风光绮丽，淳朴适意，人在其中不免耽于美好而忘却时光的流逝。比之五十公里外的繁华大城市成都，少了些热闹，多了些安静；少了份浮华，多了份实在。生活在这座清幽小城的百姓，最是怡然自得，乐于享受这清平人世。

　　眉山的宜居，全因其"小"使然：人口不多，不至于拥挤；相对封闭，却更适于修身养性。假若套用现在时髦的新概念包装，就是当地人民的幸福指数高，俨然超过大城市成都。

莲花是眉山特产。城中池塘密布，每年五六月间，莲花次第开放，全城人共享着花开时节的喜悦。

眉山城在莲花的包围当中，别有一番天赋的趣味和美丽。

莲花荷叶间，鱼儿自由自在嬉戏，无所挂碍，正如汉乐府之《江南》中描述："江南可采莲，莲叶何田田，鱼戏莲叶间。"静的莲与动的鱼相映成趣，倘若有画师在，把这景色如实描绘，那一定是精彩之作。

眉山苏氏，原籍赵郡，即今河北赵县，故而东坡亦常以"赵郡苏轼"自称。

苏洵曾作《苏氏族谱》，对眉山苏氏一支的来龙去脉有过比较清晰的交代："唐神龙初，长史味道刺眉州，卒于官，一子留于眉，眉之有苏自是始。"大意是说，唐中宗神龙初年，老苏家祖上有个叫苏味道的人，来眉州当官，后来死于任上，留下一个儿子，由此眉山有了苏氏，香火不断，绵延不绝。苏味道官至宰相，又是诗人，颇有文名，与杜甫的祖父杜审言及崔融、李峤并称"文章四友"。

眉山苏氏一支，历经三百年发展，虽未至名门望族，倒也人丁兴旺，再加上乐善好施的作风，在当地拥有极佳的声望。

苏氏家族一路繁衍下来，逐渐形成两个重要的传统：其一是淡泊名利；其二是勤俭持家。这样的家风持续多年，一路传承，对苏氏一门的影响显而易见。淡泊名利，对做官的兴趣不大，对于功名没有太多的进取心；而勤俭持家，则让苏家积聚不少家财，夯实了经济基础，苏家虽算不上眉山的富贵人家，却也已步入小康行列。

只要人们稍加留意，便不难发现，苏氏各代传人均具有这些特质。苏洵的父亲，即苏轼的爷爷——苏序，亦是这良好家风的继承人。

他为人豁达、谦虚、轻财好施，在帮助别人解决困难上从来不辞辛苦。年成不好时，他便卖掉田地救济乡邻；当被救济的乡邻想用粮食偿还时，他却坚辞不受……由此导致家业多次破败，陷入困境，他却从不后悔。

苏序的生活作风俭朴到了极致。他不骑马、不坐车，而以步行代之。他给出的理由是：路上那么多老人都靠双腿行走，我一个年轻人倘若骑马在大街上招摇，多不好意思！苏序穿衣吃饭，也莫不以节约为第一要义。穿，要破旧的衣服；吃，要简单的饭菜。无论何时何地，粗衣鄙食才可以让他心安理得，好像生怕脱离劳动人民，沾染上贵族习气。

苏序从骨子里认定了一件事：我本是一农民，一介种地乡夫，没必要跟大伙儿装高贵，都是街坊邻居，彼此熟悉，更用不着去装。不得不说，苏轼后来能和各阶层人士打成一片，"上可陪玉皇大帝，下可陪卑田院乞儿"，定是受了爷爷潜移默化之影响。在骨子里，他们都是"不装"的人。

有一件事颇能说明苏序的个性。

苏家田地本不算多，但在苏序的要求下，大部分都用来种了粟，就是现在所说的小米。为此，苏序还特地盖了一个大粮仓，将收获的粟贮存下来。经过如此几年累积，竟存了三四千石粮食。家人及邻居都猜不透，苏序的葫芦里到底在卖什么药——存这么多粟有何用途？

每每有人问及，苏序均笑而不答，那笑容里分明还透着一丝神秘。

直到后来某一年，眉州地方发生大饥荒，苏序这才揭开谜底：开仓取粟，救济乡里，这三四千石存粮救活了许多人，成为乡亲们活命的"及时雨"。

苏序先济族人，再助外戚，之后救济佃户和乡邻的贫民。人们这才明白，苏序坚持种粟存粮，实属未雨绸缪的明智之举，纷纷对他的先见之明表示钦佩。

有人不解："救荒何必用粟？"

言外之意是，只要是粮食都能救荒，又为何多此一举非要种粟？

苏序回答说："粟米坚硬，耐贮藏，不会霉烂。"

由此观之，苏序不只是具有忧患意识的预言家，而且对农业知识有极为精到的了解，是了不起的种田高手、农业专家。

苏序为乡人称道的，远不止于此。除了乐善好施，他还有坦荡的性情及潇洒的气度。乡亲们提到苏序，无不竖起拇指，称道其人其事。在当地人民心目中，苏序是个很有威信的人。

苏序体格健壮，胸怀开阔，为人平和厚道。与人交往，不论对方是士大夫、乡绅或者普通百姓，苏序都一样礼貌周到，时时顾及别人感受，"无贵贱皆得其欢心"。有人欺负他、侮辱他，他也从不改变脸色，一如既往。他身上有种与生俱来的魅力，人们与他交往，总会觉得身心舒畅、自然惬意。苏序有此品格，应当是受其父苏杲的影响极深，苏序曾评价父亲："最好善，事父母极于孝，与兄弟笃于爱，与朋友笃于信，乡间之人无亲疏，皆爱敬之。"

苏序喜欢饮酒，平日里无事之时，最爱做的就是与一众乡亲闲坐在田间地头，边喝边唱。他声音洪亮高亢，唱得如痴如醉。

他的胆子也大得惊人。据说，眉山民间有一神仙，人称"茅将军"，掌管着人们的福祸运气，深受当地人敬畏，因此当地人合资建了一座大庙，专门供奉茅将军。但在苏洵眼里，这茅将军不是什么正经神仙，而是妖神。一次酒醉后，他率二十余人把茅将军的像毁掉了，并拆了他的庙，令其没有容身之地，但这位茅将军也并未显灵来处罚他。苏序不信茅将军，茅将军自然无法近其身。

苏序并不爱读书。他读过一些书，力求能知晓书中大意；亦写过一些诗，力求能表达自己的志向。对于功名利禄，苏序亦有着异乎寻常的淡泊态度。他曾有机会争取当地的一官半职，但他不仅不争，甚至还说服家人不要掺和到这件事情当中。

或许是因为相对稳定和优越的生活环境，纵观眉山苏家世代，在苏涣、苏洵兄弟之前，读书仕进的人一个没有。苏辙在《伯父墓表》中称："苏氏自唐始家于眉，阅五季皆不出仕。"

不只苏家这样，整个蜀地的风气莫不如此。概因四川盆地相对封闭，社会一向稳定有序，物产丰富，经济富裕，蜀人追求享乐，他们找不到太多的理由离开家乡，到外面的世界去打拼。

苏序的个性和人品，对儿辈和孙辈无疑有着强烈的潜在影响。苏序生有三子：长子名澹，早逝；次子名涣，字公群；幼子苏洵，字明允。苏涣和苏洵后来皆成为当地名士，很为老人家长了一把脸。

苏序的言传身教，在苏轼身上体现得最为淋漓尽致。苏轼儿时所闻、所见的爷爷的言行举止，都给他留下了深刻的印象，爷爷身上散发的魅力亦令他着迷。苏序去世那年，十二岁的苏轼尚是懵懂少年，多年之后，他请求同门曾巩为爷爷写下一篇墓志铭。

严的父，慈的母

赵匡胤"陈桥兵变"，黄袍加身，以开国皇帝之尊，坐上大宋天子的宝座。但自从当上皇帝那天起，他就开始犯嘀咕："假若自己这个不良的示范，以后被武将们如法炮制，再造出一个新政权，岂不是要丢掉赵氏江山？"

每每思及此处，赵匡胤便食不甘味，睡不安寝，结下心病。后丞相赵普献计，便有了"杯酒释兵权"的故事——顺利解除诸多开国大将的权柄，然后奉上诸多金银财宝，让他们回乡安度晚年。

对赵匡胤而言，罢免武将、收归兵权，实是巩固赵姓政权的不二法门。

即便如此，赵匡胤仍然无法完全放心。为彻底解除来自宋朝内部的武装威胁，宋太祖制定了一个重要的国策：限制武将参政，中央和地方长官一律使用文臣。总之，他通过一系列的运作，基本把武将排斥于权力核心之外。

但现在，问题却接踵而至——国策易制，文臣难寻。不让武将参政倒也容易，但要找更多文臣来当官却成了眼下最需解决的一大难题。

北宋之前的五代时期，历经长久战乱，偌大国土不曾容得下一方书桌。生灵涂炭，百姓流离，放眼天下，哪里还有几个读书人？这种恶劣的情况延续半个多世纪，直至宋朝建立。因此，大力培养人才实是当下的第一要务。

要解决大量的人才需求，当务之急是先解决两个问题：其一，朝廷上下大力提倡读书，带动全社会读书的风气，为选拔人才夯实基础；其二，广开读书人入仕的途径，给他们创造当官的机会。

开国君主俨然已意识到人才的重要性。

有此明识，赵匡胤便坚定地把提倡读书作为朝廷的重要工作之一，时时予以宣扬，鼓励人们积极读书，投身科举。

自此之后，宋朝历代君主都遵守祖训，提倡读书，形成有别于他朝的鲜明传统——而这些皇帝大多也是刻苦攻读的模范。

要说提倡读书最有影响也最用心的，当数宋朝第三位皇帝真宗赵恒，除身体力行刻苦攻读之外，他还曾御笔亲作《劝学诗》诏告天下。此诗影响广泛，堪称极佳的广告文案，深深地打动了天底下的读书人。在此后的近千年时间里，它都一直被奉为劝学的金科玉律。

富家不用买良田，书中自有千钟粟。

安居不用架高堂，书中自有黄金屋。

出门莫恨无人随，书中车马多如簇。

娶妻莫恨无良媒，书中自有颜如玉。

男人欲遂平生志，六经勤向窗前读。

通过这首诗，宋真宗向人们提出殷切的忠告和建议：年轻人，赶紧去读书！唯有读书，才是改变命运的最佳途径；唯有勤学，才是实现人生价值的正确方法。

当你寂寞难耐时，当你枯燥烦闷时，当你知难而退时，读一读真宗的这首诗，保证心头一紧，逼着自己收回走神的意念，咬咬牙，继续学习。

朝廷以数代之功，不遗余力地引导大众读书，这番良苦用心也终于得到民间的积极回应：社会上掀起一股读书求仕的风潮，经年不衰。官方鼓励读书，知识分子也添油加醋。

学者尹洙称："状元登第，虽将兵数十万，恢复幽蓟，逐强虏于穷漠，凯歌劳还，献捷太庙，其荣亦不可及也。"考中状元的荣耀足以睥睨一切。但如何考中？唯有苦读。

另一学者汪洙，一口气写了三十多首《神童诗》，内容多是劝勉鼓励读书取仕的。其诗中说"万般皆下品，唯有读书高""满朝朱紫贵，尽是读书人""锦衣归故里，端的是男儿"。没有功名，连男人都不是，真真羞煞人也。

汪洙更是将人生至乐总结为"四喜"：久旱逢甘雨，他乡遇故知，洞房花烛夜，金榜题名时。当然，他这里要强调的重点是"金榜题名时"。

赵宋一朝重文抑武政策的刺激，客观上大大提升了读书人的地位及待遇，造就了全民读书的良好风气。既然读书之风盛行，国民素质自然跟着水涨船高。

这股风潮造成的另一客观结果是强有力地促进了宋朝文化的发展，

苏东坡传

培养出了许多博学大儒，形成百花齐放之胜景，这是其他朝代所不曾有过的现象。宋朝也一跃成为文化发展的黄金时代。著名学者陈寅恪认为："华夏民族之文化，历数千载之演进，造极于赵宋之世。"[1]

一向与外界隔绝的蜀地，也为这股巨大的风潮裹挟。纵使富有人家子弟，也已开始转变原先观念，认为有必要勤学苦读，谋得一官半职，最大化地实现人生的价值。

苏家最先取得功名的，是苏轼的伯父苏涣。

宋仁宗天圣二年（1024 年），二十四岁的苏涣考中进士，喜讯传到家乡，蜀地一时为之轰动，人们欢欣鼓舞，奔走相告。苏涣因此成为当地读书人学习的榜样和目标，更为苏家带来无限荣耀。

哥哥苏涣热爱读书，积极进取；弟弟苏洵则游荡不学，吊儿郎当。我们尚不清楚苏涣考中进士对苏洵到底产生过什么样的影响，但我们知道的是，直到九年之后，二十五岁的苏洵才开始奋发图强，"洵少年不学，生二十五岁，始知读书"[2]，而彼时早过了读书的最佳时光。

苏洵性格内向。在外人眼里，他沉默寡言，表情阴郁，不苟言笑，总像有心事一般。但在骨子里，苏洵却又异常躁动不安，平日里所交往的一帮朋友，大都是斗鸡走狗的顽劣少年，每日里穿行于大街小巷，游手好闲。

苏洵和他的朋友们为青春的荷尔蒙所鼓动，不断在城中制造事端。

人们只要看到这群少年，就像遇到瘟疫般远远地躲开，谁都不想惹上麻烦。家长们教育孩子时，通常也拿他们做反面教材，并一再告诫远离这些混混，不要和他们交朋友，不要和他们一起玩。近朱者赤，近墨者黑，跟着苏洵会发灰。

---

① 陈寅恪《邓广铭〈宋史职官志考证〉序》。

② 苏洵《上欧阳内翰第一书》。

在乡人眼中，彼时的苏洵就是一个无所事事的问题少年，光明的未来注定与他无缘。

苏洵我行我素，冷酷孤傲，对别人的躲避或规劝完全不放在心上，仍然是整日在外游荡，寻衅滋事。可也奇怪，身为父亲的苏序，对此却视而不见，非但没有对这个小儿子严加管教的意思，反而给他充分的自由，任由他安排自己的人生。无论苏洵去哪儿，他从不加以阻拦。

几乎全世界都要放弃苏洵，唯独亲爹还保持着乐观。

亲戚邻里看在眼里，痛在心里。

他们以为，如果任由苏洵浪荡下去，绝无成器的希望，倒有可能沦为社会公害。于是，有人怀着强烈的责任感站出来责问苏序："也不管管你家孩子！整日惹是生非，你这个当父亲的如何能视而不见？"

面对责问，苏序出乎意外地冷静，他只是轻描淡写地回应："犬子年幼，心性未稳而已，何必担心？洵儿特立独行，定非凡人，倘加以磨炼，定有出头之日。"

人家老爹说出这样的话，外人虽不理解，却不好再多说什么。大家也出于好奇心，要仔细观察一下，苏家的小儿子会出息成什么样的人物。

十九岁那年，苏洵娶当地富豪程文应的女儿为妻。他的性情并未有太多改变，依然是游荡不学，依然是吊儿郎当，他头脑里还没有"成家立业"的概念。对苏洵来说，婚姻与其说是幸福新生活的开始，倒不如说是多了一层束缚。

程夫人出身眉山大户，自幼受到良好教育，知书达理，孝顺贤惠，端的是一个好媳妇。在乡亲们看来，以程、苏两家相差悬殊的境况，苏洵能娶程氏为妻，当真是烧了高香。

后来的无数事实证明，他确实烧了高香。且不说没有程夫人的鼓励和支持，苏洵未来的人生走向还存在着诸多不确定因素；也不说她辛苦经营，维持着全家的生计；单说如果没有程夫人苦心教导，苏轼、苏辙两兄弟能否成才，亦要打一个大大的问号。

苏、程两家联姻，本非门当户对，一边是平头百姓，一边是眉山巨富。以千金之姿下嫁苏家，程夫人认可并接受这一现实，但当她发现丈夫竟是个吊儿郎当不求上进的青年时，情绪难免一落千丈。

程夫人嫁给苏洵时，苏家早前的小康生活已然不复存在，境况日渐困顿，生活捉襟见肘，经常入不敷出。为分担重负，弥补家用，苏洵夫妻主动搬出了三代同堂的大家庭，搬到眉山城南的纱縠行租了一幢宅子，一边作为居家之用，一边做起布帛生意。

曾经有人问程夫人："生活如此窘迫，何不向娘家借点？"

程夫人说："跟娘家借钱倒是容易，但要被外人听去，又会怎么评价我丈夫，置他颜面于何地？"她本是个要强的女人，又照顾丈夫自尊，哪里肯向娘家借钱？即便娘家主动借她或者送她，也断断不会接受。

尽管苏洵的情况并不如愿，她还是努力放下富家小姐的身段，尽到妻子的本分——上孝敬公婆，下教育子女，勇敢地面对这段看起来并不算光明的婚姻。

她所有的努力都非常值得。

二十五岁这年，苏洵开始改变。

或许羞愧于一事无成的人生现状，或许窘迫于越来越糟糕的家庭经济，或许感动于妻子的辛苦劳作，或许黯然于哥哥出仕的无限荣光……总之，苏洵起了悔悟之意：当初游荡不学，令自己人生一片暗淡，从此以后务必改过自新，为自己，为家人，为前途。

他决心苦下功夫，争取光明的人生。

苏洵天资甚高，只是学习时机已经太晚，已然浪费了读书的最好岁月。他经历一番苦读之后，在知识和见识方面虽有了长足进步，但第一次出乡应试举人时，仍然不幸落第。

这次科举失败对苏洵的打击非同一般，也让他更加清醒地意识到，和同龄人相比，自己已被远远地落在后面，少年时未打下良好的基础，现如今只得付出比别人更多的勤奋，才能在科举中获胜。

程夫人看到性情大变、刻苦学习的夫君，那叫一个窃喜。她因为激动而流下热泪，先前自己的一番辛苦总算没有白费，只要丈夫足够努力，即便未来不能成才，她亦觉无怨无悔。

接下来的数年里，苏洵像着魔一般，将全部的时间都用在刻苦攻读上，再加上他过人的天赋，到三十二三岁时终于自学成才——不仅熟读经史，更是写得一手虎虎生风的好文章。他喜欢引经据典，所作之文纵横恣肆，奔放雄健，行云流水，观点新颖。

及至数年后，当文坛领袖欧阳修读到苏洵的文章时，也忍不住大加赞赏："乃大究六经百家之说，以考质古今治乱成败、圣贤穷达出处之际，得其粹精，涵蓄充溢。"熟知经史，思考深刻，倘不是下过一番真功夫，怎能有这般造化？

欧阳修夸得意犹未尽，又说："其纵横上下，出入驰骤，必造于深微而后止。盖其禀也厚，故发之迟；志也悫，故得之精。"文章写得精妙，天赋不可或缺，但坚定的志向也是必不能少的条件。

大器虽然晚成，却一发不可收。

或许是因为自己的教训，苏洵对于孩子的教育称得上严厉。

童年及少年时代的苏轼，堪称德智体全面发展的"三好学生"。他身体健康，活泼好动，聪明伶俐，还是一群小孩子的头儿。和他一起玩耍的这群儿童，除弟弟苏辙，还有伯父家的堂兄弟、舅舅家的表兄弟，以及街坊邻居家的小孩。小朋友好热闹，不管去哪儿，都呼朋引伴，上蹿下跳，叽叽喳喳，活像泼猴儿下山。他们跑遍眉山小城，可着劲儿折腾，今天结伴采橘子和柚子，明天到山上捡拾松果，后天

又跑去河里游泳……自由自在的童年，尽是撒不完的欢儿。待到日头偏西，累到动弹不得、筋疲力尽，大家伙方才依依不舍地散去，约定第二天仍然一起玩耍。

苏轼的童年自有许多大城市孩子所不能享有的欢乐。

后人称苏轼为"坡仙"，事实上他儿时身上已有"仙气飘飘"。苏辙在一篇文章中回忆："昔余少年从子瞻游，有山可登，有水可浮，子瞻未始不褰裳先之。有不得至，为之怅然移日。至其翻然独往，逍遥泉石之上，撷林卉，拾涧实，酌水而饮之，见者以为仙也。"[1] 凭着少年心性，对一切充满好奇，富有探险精神，采花、食果、饮泉，喜欢在山水之间逍遥游，端的一副神仙模样。

七岁，苏轼在苏洵的教授下开始读书。

八岁，苏轼进入私塾，跟一个叫张易简的道士学习。学校设在道观里，苏轼在此读书三年之久。随张道士学习的百余人中，唯苏轼和陈太初最得老师器重，时时予以嘉许。多年后，苏轼被贬至黄州，从朋友口中得知，他的同学陈太初做了道士。

十岁时，其父苏洵求仕遇挫便开始四处游学，一口气去了许多地方，将胸中不平之气尽情地宣泄于大好河山当中，希望借此忘却所有的不快。苏轼则从道观退了学，开始在家中接受母亲程夫人的教育。

十二岁时，一直在外寻求功名的父亲苏洵结束游历，回到眉山，兄弟二人开始跟着父亲学习。

苏洵正式为兄弟俩取了学名：兄名轼，字子瞻；弟名辙，字子由。

说起为两个儿子取名字的来历，苏洵作有《名二子说》：

轮辐盖轸，皆有职乎车，而轼独若无所为者。虽然，去轼则吾未

---

① 苏辙《武昌九曲亭记》。

见其为完车也。轼乎，吾惧汝之不外饰也。

天下之车莫不由辙，而言车之功者，辙不与焉。虽然，车仆马毙，而患亦不及辙，是辙者，善处乎祸福之间也。辙乎，吾知免矣。

知子莫若父。从尚还年幼的两个儿子身上，苏洵已看出他们各自性格的特点。他为儿子所取的名字，寄托了个人深厚的期望。

轼本为马车前之横木，看起来并没有什么用，但实际上不可或缺。苏洵取"轼"为长子名，是怕他才华外露、个性张扬，从而招致祸患，苏洵希望长子能够平平安安地度过一生。显然，他这个简单的愿望未能完全实现。纵观苏轼一生，麻烦不断，心直口快的个性让他吃尽苦头。辙就是车印子，看起来与马车全无关系，但无车没有辙。苏洵取"辙"为幼子名，因为他知道小儿子性格平和淡泊、深沉不露，能够在祸福之间做出正确选择，但又能不为外力所阻，勇敢向前。果然，苏辙不负乃父所望，一生行事稳健，虽有不少挫折，但比之兄长，却算是十分顺利了，后来他为朝廷重用，官至尚书右丞、门下侍郎，成就非凡。

苏洵脾气不佳，又因望子成龙心切，比起一般父亲，他对儿子的教育几乎称得上苛刻和严厉。他经常抽空检查兄弟俩的功课，若完不成布置的作业，苏轼哥俩便有挨打的危险。尽管我们现在看不到有关苏洵体罚儿子的直接证据，但显然以苏洵的个性及其对兄弟俩的殷切期望，绝不会和声细语地对待他们。当然，还有他自己少年不学的教训以及求仕不顺的种种打击，都令他更为重视对儿子的教育，他不想让儿子们重蹈自己的覆辙。

四十多年后，身在海南的苏轼偶然梦见儿时与弟弟一起跟随父亲读书的情景，仍吓出一身冷汗：

《夜梦》

夜梦嬉游童子如，父师检责惊走书。

计功当毕《春秋》余，今乃粗及桓庄初。

怛然悸寤心不舒，起坐有如挂钩鱼。

因为贪玩，忘记了课业，待父亲快要检查时，这才心急如焚。怎么办呢，怎么办呢？他们焦躁不安地坐在位子上，还不知道父亲将如何责罚。

有这般严格要求的父亲监督，兄弟俩自然不敢马虎，学习十分用功。有那么一段时间，他们甚至放弃了和童年玩伴一起嬉戏的快乐，不再去山上摘野果子，不再去河里游泳，不再爬到树上掏鸟窝，大部分光阴都用来刻苦攻读，一遍、两遍……一直读到百遍。

人们爱说苏轼是天才，岂料天才也须努力，才能够释放出最大的光彩。

苏洵与程夫人看二子如此懂事，知道用功，自然十分欣喜。

在苏家，最为常见的景象大约是这样的：父亲教两个儿子读书，不时为他们答疑释惑；母亲在旁边做着针线活，不时将目光投到儿子身上，眼神里透着慈爱的光。

儿子诵读的声音清脆悦耳，听着琅琅读书声，苏洵和程夫人脸上浮现出宽慰和愉悦的表情。苏轼的诗可以为证："当年二老人，喜我作此音。"

少年苦读这段时光，对走上仕途之后的苏轼、苏辙而言是美好和幸福的，是值得永久珍藏的记忆。正是少年时打下的坚实基础，他们的天赋得以最大程度地发挥，他们的才华得以淋漓尽致地展现。有兄弟陪伴在侧，可以朝夕相处，相互鼓励，他们并不觉得多苦。而在入仕之后，兄弟聚少离多，想见一面都是难事，大多时间只得凭了鸿雁传书一解相思之苦。

虽有迫于课业不得不苦读的情形，但难得的是，兄弟俩对读书和玩乐的态度如此一致：贪玩固然是孩子的天性，但读书亦是他们喜欢的事情。

父亲严格教育，母亲则慈爱有加。

母亲的爱虽柔情四溢，但分明不是溺爱。知书达理的程夫人在教育儿子这个问题上，比起一般的母亲，有一套独特的方法。

苏洵自学成才之后，曾有一段时间外出游学。苏洵离开的这段时间，苏轼从张易简道士那里退了学，改由母亲教读。丈夫离家践行理想，程夫人就承担起全部的日常家事。她一边要维护手头的生意，一边担当起教育孩子的重任。

苏洵教育儿子，乃以古今成败得失为重点，引导儿子对历史做深入观察和思考，苏轼、苏辙之所以在史论、政论等方面成绩斐然，皆因先前打下的深厚基础。程夫人教育儿子，则从那些优秀的古代人物事迹入手，她认为这样更能让儿子深刻懂得为人处世的道理，激发其心性和理想。用现在的话说，"榜样的力量是无穷的"。

程夫人曾教儿子读《后汉书》，读到《范滂传》时叹息不已。

范滂（137—169 年），字孟博，汝南征羌（今河南漯河）人，此人少年时便怀澄清天下之志。他为官清正，疾恶如仇，任清诏史按察诸郡时，贪官污吏望风解印绶而逃；任汝南郡功曹时，抑制豪强，制裁不轨，结交士人，打击奸臣。

党锢之祸起，范滂与校尉李膺、太仆杜密同时被捕，而后范滂被释还乡时，迎接他的士大夫的车有数千辆之多。

党锢之祸再起，朝廷下令捉拿范滂，县令郭揖欲弃官与他一起逃亡，他不肯连累别人，自己投案，最终死于狱中。

死前，他的母亲赶来狱中与其诀别。范滂对母亲说："弟弟仲博孝敬，足可供养母亲，我现在将跟随父亲到九泉之下，存亡各得其所，希望母亲不要过度悲伤。"范母则说："我儿能与忠直之臣李膺和杜密齐名，应当死也无遗憾了。你今天得到好名声，不必再求高寿，二者何必兼得？"

听了母亲的话，范滂安心赴死。

苏轼读完《范滂传》感动至深，几欲流泪。他问母亲程夫人："儿子要做范滂，您同意吗？"程夫人则凛然回答："你能做范滂，难道我就不能做范母吗？"

这一问一答呈现出程夫人清晰的教育思路：不只是言传，更重身教。父母之于子女，是他们最先学习的榜样。

纵观苏轼一生，程夫人于他的影响时时显露。

苏洵和程夫人教育儿子并不只是让他们反复诵读或者博闻强识，这对夫妻希望两个儿子思想独立、人格独立。在他们的教育模式中，常伴随着有意识的引导和指导，通过启发式的教学让二子从小开始培养深入思考的能力。

在教育儿子的过程中，苏家父母常常提问："如果换成你，你会怎么做？""你对这个问题怎么理解？""你这样做真的合适吗？""如果有两个结果，只能择其一，你选哪个？理由是什么？"

苏轼和苏辙的对答常常令父母喜出望外，对于两个年幼的儿子，他们所怀有的期望远远比一般的父母要多。苏洵夫妻心中已然有隐隐的感觉，两个儿子将会成就一番非比寻常的事业。

毫无疑问，在苏轼和苏辙童年及少年时代的成长过程中，苏洵和程夫人充当了最为重要的角色。但另有一人不得不提，那便是苏轼的伯父——苏涣。

自懂事之日起，兄弟俩就视进士出身的伯父为正面榜样，伯父勤奋上进的故事激发着兄弟俩好学向上的天性。苏轼十二岁那年，爷爷苏序去世。在外地任官的苏涣回乡守制①，在这两年多时间里，苏轼兄弟与伯父朝夕相处，十分相得。苏涣耳提面命，对二侄多有教诲，兄弟俩受益良多。

某日，伯父很认真地告诉他们一个重要的道理：凡事做不完时，绝不能就此停止、半途而废，倘若才华不如别人，更要加倍努力，少犯过错。

伯父这番推心置腹的话深深地打动了苏轼、苏辙兄弟，他们认识到即便才华过人，亦要更加努力，坚持不懈，才能在未来的岁月创造出一番业绩。

后来，苏辙将此事记于《伯父墓表》中：

辙幼与兄轼皆侍伯父，闻其言曰："予少而读书，师不烦。少长为文，日有程，不中程不止。出游于涂，行中规矩。入居室，无惰容。非独吾尔也，凡与吾游者举然。不然，辄为乡所摈曰：'是何名为儒？'故当是时，学者虽寡，而不闻有过行。自吾之东，今将三十年，归视吾里，弦歌之声相闻，儒服者于他州为多，善矣。尔曹才不逮人，姑亦师吾之寡过焉可也。"

苏辙说，伯父告诉他和哥哥做事要有计划，每日计划每日完成；一言一行要有规矩；任何时候都不要偷懒。

伯父对兄弟俩之影响，由此可见一斑。

苏轼少年天才，再加上用功甚锐，读书至十岁左右已能写出成人都为之吃惊的诗文。

---

① 守制指父母或祖父母过世后，在家守孝二十七个月，在此期间不任官、不应考、不嫁娶。

苏洵曾邀请老朋友刘微之指导苏轼读书，时刘微之作《鹭鸶》诗，后两句是"渔人忽惊起，雪片逐风斜"，在旁的苏轼对老师诗作发表了自己的意见："先生的诗是好诗，只是最后一句断章没有归宿，不如改作'雪片落蒹葭'，您看如何？"

刘微之大为吃惊：这孩子如此年幼，却有这般成熟的思考和见地，着实难得。他感叹说："我没有资格做这孩子的老师了。"

较真儿来讲，刘微之的诗句未必不如少年苏轼，但苏轼所表现出来的灵性和机敏，确确实实让老师惊到了。

苏轼少年时代所作的文章已相当工整，思考也已非常深入。

他曾作一篇《黠鼠赋》，寓意十足。文中借一只老鼠利用人的疏忽而逃脱的故事来说明人类虽自认为是万物之灵长，亦不免为狡猾的老鼠役使。苏轼因而发出人是否真正可以"役万物而君之"的疑问。小小年纪的他在文中所呈现的深思熟虑，令父亲喜不自禁。

少年苏轼爱好广泛。他喜欢手抄经史，每抄一书便变换书体，此事收获有二：一则对经史颇为熟悉；二则打下书法基础。他还喜欢种树，后来不无得意地回忆，"予少年颇知种松，手植数万株，皆中梁柱矣"。他还研究过嫁接果树、针灸，对琴、琵琶等乐器亦有兴趣。

私下里，苏洵常与程夫人交流对两个儿子的看法。从夫妻俩的对话中可以看出，他们对苏轼、苏辙兄弟的未来表示出相当程度的乐观。

在父母及师长的苦心栽培下，苏氏两兄弟不只在学业上取得了长足进步，人品德行也都已远高于同辈的孩子。

十八岁前后

之所以特意强调"十八岁",是因为十八岁这年对于苏轼来讲,除了生理和心理渐趋成熟,还发生了几件很重要的事。从长远看,这几件事对苏轼未来的命运有着或多或少的影响。

宋仁宗皇祐四年(1052 年),苏轼十七岁,家里突降无妄之灾。

苏洵之女、苏轼的姐姐八娘嫁给了程夫人母家兄长程浚之子程之才。亲上加亲,原本是一桩美好姻缘,可谁知道不仅丈夫程之才是薄情寡义之辈,也未得公婆喜欢。八娘在程家两代人的双重折磨、虐待之下,香消玉殒在十八岁的青春年华!

突然痛失爱女,对苏洵而言,无异于晴天霹雳,他心中的怨恨骤起,集中爆发。

在《苏氏族谱亭记》中,苏洵用指桑骂槐的方式痛斥一个没有姓名的主人公,言其败坏风俗,泯灭人性。虽没指名道姓,但明眼人一看便知苏洵怒骂的正是自己夫人的哥哥、他的大舅子程浚。

苏洵列举其六大罪状:一是不恤其兄之遗孤而骨肉之恩薄;二是霸占先人遗产而孝悌之行缺;三是为族人所讼而礼义之节废;四是宠妾灭妻而嫡庶之别混;五是笃好声色,父子杂处而闺门之政乱;六是渎财无厌,唯富者之为贤而廉耻之路塞。

内容之狠毒,语气之严厉,为苏洵平生作文中绝无仅有。

程家系眉山名门望族,受此侮辱,自然十分难堪。但因苏洵女儿八娘猝死在先,亦心知理亏,只好默默忍受。

泄愤之后,苏洵更决绝地宣布:从此往后,苏家与程家一刀两断,绝无可能往还。他还告诫家中诸人,不准与程家和好,任谁都不能破例。

八娘过世八年后，苏洵写下《自尤》一诗，记叙自己当年的心路历程。

苏洵在诗序中称："女幼而好学，慷慨有过人之节，为文亦往往有可喜。"就是这么一个知书达理的女儿，苏洵放在手心里捧着，放在肩膀上扛着，生怕她受半点委屈，到了程家却没有立足之地。公婆虐待，丈夫辱骂，女儿回娘家经常以泪洗面，向父亲倾诉家事，他竟然还批评女儿"为妇何不善一身"。

八娘婚后生下一子，身染沉疴，程家竟不为她治病，苏洵把女儿接回家疗养，病情才渐有好转。而程家托言八娘"不归觐"，抢走婴儿，八娘一气一急，旧病复发，三天后就去世了。

即便已经过去八年，苏洵仍被内心深处巨大的悲愤所围困，无法得到纾解，诗中弥漫的是强烈的自责和对程家的愤怒。

苏洵无法原谅程家，更无法原谅自己。女儿冤屈而死，而他竟无一点办法，"恨我无勇不复冤"。

八娘猝然离世，对苏、程两家关系伤害甚大，以至于没有弥补的余地。其中受伤害最深的人，要数程夫人。先丧爱女，又与娘家绝了来往，面对突然而至的双重打击，一向要强的她几乎崩溃。

无法挽回的变故令程夫人一时手足无措，茫茫然不知道如何应对。

在最初的那段时间，她天天以泪洗面。她是苏洵的妻子，是八娘的母亲，虽不情愿，也只得遵从丈夫的决定。与娘家断绝往来令她难过、难堪、难以接受，但她还是选择站在苏家这边。无论心中如何痛苦，她也只把牙齿打碎了往肚里咽，默默地承受这所有的不幸。

女儿早逝、与娘家断绝关系让程夫人的心理和身体受到巨大伤害，所以她在四十八岁的年纪去世，亦可能与此有直接或间接的关系。

我们尚不太清楚年轻的苏轼对此事有何看法或想法，但苏轼与八娘仅差一岁，由此可以推断他必然为姐姐的死伤心、难过。直到四十二年后，苏轼才与姐夫程之才释怨和解。

宋仁宗至和元年（1054年），苏轼年十九，娶眉山县邻邑青神县的乡贡进士① 王方之女王弗为妻，她时年十六。

这位王夫人仅陪伴了苏轼十一年，为苏轼生下长子苏迈。她之于苏轼，无异于左膀右臂——丈夫外出求取功名之时，她帮婆婆打理家务；丈夫初入仕途，她帮着分析人情世故。她以自己的聪明机敏、沉稳性情，让苏轼在这十一年里迅速从一个青涩的男孩成长为勇于担当的男人。

王弗聪明贤惠、伶俐机敏，上得公婆喜欢，下与丈夫融洽，乡邻人人称赞，说苏轼好福气，讨得这般孝顺懂事的妻子。

小两口恩爱有加、出双入对的模样羡煞了眉山的一众青年。苏轼读书时，王弗陪在一旁，不时为丈夫添茶倒水，也跟他学习知识，背诵文章诗句，红袖添香，其乐融融。

王弗记忆力甚佳，苏轼读过的书，她大都记得一二。有时苏轼背诵文章，忘了其中的句子，王弗便在边上提醒丈夫。

苏轼结婚的第二年，苏洵又为次子苏辙办了婚事，苏辙娶妻史氏。当时苏辙十七，史氏十五，"与君少年初相识，君年十五我十七"。这对小夫妻对感情的理解尚还懵懂，却已完成了生命中最重要的结合。史氏陪伴苏辙，至死不渝。苏辙死后五年，史氏过世，时年七十七岁。

之所以相继为儿子完婚，苏洵有一番长远规划：为苏轼、苏辙兄弟办理完人生中这一件至关重要的大事，二子从此再无后顾之忧，便可以腾出更多的时间和精力投身于科举当中，扬名立万，出人头地。

不满二十岁的苏轼已然积累了丰厚学识，其才华喷薄而出，如火

---

① 州县官吏依据私学养成的士人，经乡试、府试两级选拔，合格者被举荐参加礼部贡院所举行的进士科考试，而未能擢第者则称为乡贡进士。

山一般迅疾而猛烈。他遍读各种儒学经典，作经论、史论等诸种文章。虽然刚刚步入青年，但其思想之深刻、洞察之敏锐、才情之茂盛，绝不像初出茅庐的愣头小伙。

苏辙虽稍逊哥哥一筹，但在同时代青年之中亦极为出色。因为哥哥是数百年里不遇的天才人物，在此后数年，苏辙的才华一直隐藏于哥哥的光芒之下，但他并未因此感到压抑，反而因有这样的兄长而由衷自豪。

苏洵眼见二子成才，喜不自禁。由于求仕之路不顺遂，他开始把希望寄托于两个儿子身上。而他自己在经历过一系列打击之后，虽然还留有求取功名的决心，但眼下看起来已不像原来那么强烈。

苏洵开始为两个儿子策划求取功名的方案，他打算带儿子参加科举考试，借此加以历练。虽知道二子才华过人，但以他个人参加科举的经历推断，并无一定能中的把握。不过，早点参加考试，积累经验，却是有益而无害的。

苏洵先令苏轼去成都拜访张方平。

张方平，字安道，号乐全居士，应天府南京人（今河南商丘），北宋一代名臣，曾任翰林学士和御史中丞。当时张方平以京官外放任益州（今四川成都）知州，为官清正严明，深受当地百姓爱戴。

张方平亦是天才人物，博闻强识，凡书只看一遍便可默记心中。此人在政坛及学术两方面都有深厚建树，算得上一代大儒。张方平是苏氏父子的第一个伯乐，可以说没有张方平，苏氏父子的仕途也许会遭遇更多挫折。

北宋政坛有一良好的传统，凡朝中大臣外放，皆负有替朝廷发掘贤能之责。张方平刚到益州时，就听闻苏洵其人。在苏轼来成都的前一年，苏洵就已拜访过张方平，深谈之下，两人气味相投，颇为融洽，顿生相见恨晚之意。张方平认为苏洵笔力雄健，观点不凡，是司马迁一样的人物，遂修书向朝廷举荐苏洵为益州学官。结果苦等数月，却不见有朝廷任命，苏洵便去寻访时任雅州（今四川雅安）知州的朋友雷简夫。雷简夫和张方平一样欣赏苏洵，便写信向朝中大佬韩琦、欧阳修着力推荐，又致信张方平，催促他再向朝廷举荐苏洵：如此天下奇才，"岂可使若人年将五十，迟迟于途路间邪"！可以说，苏氏父子到汴京后不久便一举成名，除去他们的才华，实是有赖于张氏和雷氏举荐之功。

张方平见到英伟挺拔的苏轼，心中不免吃惊。他发现，苏轼于他平生所见的年轻人中，实属凤毛麟角。他从未想到这般偏僻的蜀地，竟隐藏着如此卓绝的天才。

成都这一次相见，奠定了张方平和苏轼之间深厚的师生情谊。此后数十年内，苏轼、苏辙兄弟俩一直敬重张氏，每有机会，必登门拜谒，有时在张家停留数日不去，就像住在自己家里一样。

苏洵向张方平征求二子求取功名的途径，写信问他："我打算让二子在蜀地参加乡试，您觉得如何？"

张方平认为不妥，留在蜀地参加乡试，未免大材小用，不如直奔京都，便在回信中表示：以苏轼、苏辙横溢之才华，参加区区乡试实是荒废，倒不如直接到开封参加六科考试，尽快地展现他们的风姿。

苏洵尊重张方平的为人，也愿意听从他的意见，遂做出一个重大决定：离开家乡，带二子赴京应试。

嘉祐元年（1056 年）春，苏洵带苏辙再去成都拜谒张方平，一是打听举荐学官的结果，二是与张方平辞行，带儿子进京应试。令苏洵失望的是，学官一事并无下文。不过如此一来，倒可以放下包袱，到京师谋求一条出路。

张方平写了封举荐信让苏洵带上，收信人是望重士林的欧阳修。欧阳修时为翰林学士，是政坛名宿、文章大家，影响可谓深广。凡当代文人学士，如能被欧阳先生夸上一句，即便不能做官，亦可使声名威震京师。因此，张方平想要为苏洵寻找合适的举荐人，第一时间想到的便是文坛领袖欧阳修。

只是因政治立场相异，张方平与欧阳修关系并不融洽，甚至称得上紧张，之前张方平曾对欧阳修一派大力抨击，从而结下梁子。

张方平抛弃个人恩怨，以国家利益为先，向曾经的政敌举荐人才，实是令人钦佩的举动。欧阳修亦未因苏洵是张方平举荐而不予理睬，可谓大度潇洒，有器量、有格局，名士风度当如是也。

张方平不只举荐苏洵，还向家境困难的苏家伸出援手，资助了一笔丰厚的路费。苏洵深表感谢，对张方平的知遇之恩铭记于心。

是年三月，"三苏"启程赴京，朝着梦想出发了。

老大难为的父亲以及踌躇满志的兄弟俩，义无反顾地离开了家乡眉山，奔向不可知的前程。

同榜高中亲兄弟

蜀道难，难于上青天。

大诗人李白的感慨不虚。从眉州到京师，千里之遥，长路漫漫，其间艰难险阻重重叠叠。难怪蜀人少有求取功名之心，只是大江大山的阻隔，便已叫人望而却步。而蜀地环境优裕，吃喝不愁，若没决心和信心，谁愿意抛下舒适生活，踏上北去京师的无穷路途？

苏氏父子走陆路，先到达嘉陵江畔的阆中，又从阆中登终南山，经过一段悬于空中的摇摇晃晃的古栈道进入陕西境内，过眉县，抵凤翔。在凤翔，苏轼第一次看到唐人吴道子的壁画，惊叹不已，认定其画为画之极品。而后他们东向长安，再奔河南，五六月间，终于抵达京师。

掐指一算，他们自离家已过去两个多月时间。这一路走来，身体极为困乏，精神十分疲惫。经此一番舟车劳顿，父子三人皆比出发时消瘦不少。刚至开封，他们最先想到的竟是蒙头大睡一场。

甫抵京师，苏氏父子惊讶地发现，贵为一国之都的汴京此时却已成泽国，大半个城市竟浸泡于茫茫浊水中。

这年春末夏初，雨水实在过于丰沛。四月，河北发生大水；五月，京师又突降大雨，致蔡河决口，河水泛滥入城，而有这场水灾。放眼望去，但见城中汪洋一片，房倒屋塌，浮物漂流，百姓们在当地官员的组织和领导下忙着排水、抽水，抢救私产。到七月时，雨水方停，但城中大水未退，此时的交通工具不是飞奔的马车，而是一艘又一艘来来往往的小船。

年轻的苏轼立于桥头，放眼观望都城，感受于心的却是荒凉一片：传闻中的京师繁华热闹，呈现在他眼前的却如此破败不堪，心理上的巨大落差自然难免。

离开眉山不过几个月，苏轼发现自己竟然开始想家了，想念新婚不久的妻子以及她的笑容，想念慈祥、亲切的母亲以及她做的可口饭菜。

人在异乡，有一种融入不进环境的陌生感。

举目所见，尽是陌生面孔；举耳所闻，尽是各地口音。

孤独和寂寞常常袭来，肆意地侵扰他的身体和精神。

八月，兄弟二人先应举人试。

待放榜，兄弟二人皆中，父子三人长舒了一口气。因此前遭受过种种打击，苏洵免不了小心翼翼，不敢过多奢望。现在，新鲜出炉的榜单上写着两个儿子的大名，他终于可以把心放进肚里。

举人是文官考试的第一关，过了这关，已具备应试进士的资格。

既然距离明年春天举行的进士考试还有一段时间，苏洵要抓紧时间考虑自己的仕途了。毕竟对年近五十的他来说，时间十分紧迫，急需迅速地展开行动。

苏洵给欧阳修写了一封信。在信中，他先是客套地恭维欧阳修一通，后又委婉地表达了自己的志向和理想，大意是：如若国家需要，我将不惜献出此身，为朝廷奉献余生的力量。当然，这封信中，他还不忘附上此前写就的《史论》《洪范论》等七篇文章。这七篇都是苏洵自己最为得意的作品。

不久之后，苏洵便带了张方平和雷简夫的举荐信，专程登门谒见欧阳大学士。

读过苏洵的文章，欧阳修对其大加称赞。他认为，苏洵实是当代文人学士中的佼佼者，属难得之人才。就算拿他与古代贤人相较，亦不会落于下风，苏洵堪称汉代贾谊、刘向一般的人物，是国家之栋梁。如此人才就在眼前，他当然有向朝廷举荐的义务。

初次见到大名鼎鼎的文坛领袖，苏洵竟有些许说不出的紧张和拘谨。好在谈话逐渐深入之后，他才表现得松弛、自然。一向少话的蜀地人杰怕是在心底反复警告自己，机会只有一次，须尽力而为，最大限度地展现才华。

心神稍定，苏洵压抑多年的才情此刻得以爆发，从一个沉默寡言的人变得口若悬河、滔滔不绝，恨不能将平生所学一朝倾吐于欧阳先生。苏洵越说越有精神，越说越有灵感，越说越有条理。这一番深入谈话亦令欧阳修大喜过望，他终于相信眼前的苏洵甚至比他想象的还要优秀，自己已有数年不曾看到过这般才华横溢的人物了。

苏洵常年在求仕这条泥泞之道上挣扎、求索，先是科举失利，后是求仕无着，直到遇见欧阳修，终于真正迎来出人头地的机会。

但英雄已老，恰如美人迟暮，即便被发掘出来，也已没有太多发挥的空间。

欧阳修郑重其事地从苏洵过往的作品中，精选出二十篇，作《荐布衣苏洵状》上奏朝廷，着力举荐这位来自蜀地的人物。欧阳修在这篇奏状里可谓不遗余力地为苏洵鼓与呼，他颂扬苏洵的人品，称其"履行淳固，性识明达""守道安贫，不营仕进"；赞美苏洵的文章，"其论议精于物理而善识变权，文章不为空言而期于有用。其所撰《权书》《衡论》《几策》二十篇，辞辩闳伟，博于古而宜于今"。

总之，如果朝廷不重用苏洵，并非苏洵的遗憾，却绝对是朝廷的损失。

一直以来，欧阳修以奖掖后进提拔才俊为责，举荐人才于他不过是稀松平常事，但能够让文坛领袖如此卖力地吆喝，在当时学人中实属罕见。

据叶梦得《石林诗话》载，这年重阳节，宰相韩琦在自家设宴，邀请朝中数位大佬聚饮，欧阳修亦在其中，他请苏洵一同前往，提拔之意不言自明。席间众人赋诗，苏洵有佳句："佳节久从愁里过，壮心偶傍醉中来。"虽已年近五十，但壮志与豪情不减。

正因欧阳修的力捧，苏洵的大名不胫而走，立时誉满京师，大有"一朝成名天下知"之势。没过许久，大凡京城的读书人几乎都已听说，有个从蜀地来的苏洵，写得一手妙笔生花的好文章。就连见多识广的朝中诸大臣也都向苏洵投来关注的目光，一时令他成为舆论的焦点所系。

苏洵的才华和学识虽引得朝中大佬关注，但他文章中的见解和主张则未必人人认同，其中某些具有浓郁说教色彩的语句容易招致位高权重的大臣们反感。

比如，他上书丞相韩琦、富弼，指出他们用兵和行政的失误，点明应该改进的方向，纵然是一番好意，但此二人位高权重，执政经验丰富，哪里肯听进一介布衣不那么谦虚的说辞？更何况苏洵并无半点带兵或从政经验，在很多具体事情上不免有纸上谈兵之嫌。曾有人探问富弼对苏洵的看法，富弼说："此君专门教人杀戮立威，岂值得如此要官做！"

因此，在韩琦、富弼眼里，苏洵的许多进言并不值得采纳。

不管怎样，想要得到承担大任的机会，仅有欧阳修及少数几人的赞赏还远远拉不到足够的票数。

最终，苏洵只落得个初等小官的虚衔。

可以想见，他内心该是何等失落——起了个大早，赶了个晚集，一番努力基本等于白费，心里自然是老大不舒服。

嘉祐二年（1057年）正月，朝廷任命欧阳修为主考官，主持进士考试。

当时文坛因袭了五代时期浮华的风气，一味追求华丽的辞藻，以妖艳为胜，而"忘于教化之道""假大空"充斥着整个文坛。

文风不正，人才难出，国家谈何兴盛？

欧阳修决定利用自己做主考官的机会，提倡新文风，不过细究起来，这文风并非全新，而是古文文风。

此处所言"古文"，特指先秦和两汉的文章，其特点是质朴自由，以散行单句为主，不受格式拘束，利于反映现实，表达思想。古文是相较于骈文而言的。骈文是一种讲究排偶、辞藻、音律、典故的文体，始于汉，盛行于南朝，其中虽不乏佳作，但更多是形式僵化、内容空洞的文章，不适用，严重阻碍了文化和思想的传播。中唐时，韩愈、柳宗元率先发起古文运动，意在恢复儒家道统。北宋之初，有识之士鉴于当时浮华文风，亦提倡古文，但因力量薄弱终未形成气候，直到欧阳修倡导之后，才终于形成规模。

借科考扭转文风，消除沿袭已久的恶习，可谓用心良苦，也起了大作用。开考之前，参考的士子们喜欢打听主考官的喜好，看什么样的文章更受欢迎。可以说，主考官的喜好是士子们写作的风向标。

欧阳修借这次主考的机会，决心一扫积习，变革文风。

苏轼、苏辙及其他取得举人资格的考生若想成为进士，必再经两次考试：先是省试，即由礼部主持的考试，礼部属中书省，因此称省试；次为殿试，是由当朝天子亲自主持的考试。

省试的内容非常繁杂，所试内容包括诗、赋、论各一篇，以及五道时务策试题。所谓时务策，指论时务的对策，需要以理论联系实际，着重考察处理实际问题的能力。

苏轼倾尽平生所学，将个人才华和文思尽情倾注于笔端，写就了神采华章，其文恣肆汪洋，痛快淋漓，蔚为大观，特别是其《刑赏忠厚之至论》，堪称此次考试中的杰作，为众考官所激赏。《刑赏忠厚之至论》以忠厚为立足点，援引古代先贤关于赏与罚的案例，阐释儒家仁政之思想。此论文用词简洁，晓畅易读，说理透彻。

负责阅卷工作的考官之一梅尧臣，读罢这篇文章喜形于色，连声赞扬，自己读了觉得不过瘾，又激动地将它呈荐给主考官。欧阳修读罢，端的是又惊又喜：惊的是，竟有人能写出如此思想深刻、文采俱佳的文章；喜的是，此文完全符合他所指引的改革方向，不但言之有物，文风也生动活泼，不带有一丝浮华萎靡之气。

苏轼少年时便熟读经史，对创作及文风有着如本能一般的艺术自觉，如他及第后给欧阳修的信中所言："自昔五代之余，文教衰落，风俗靡靡，日以涂地。圣上慨然太息，思有以澄其源，疏其流，明诏天下，晓喻厥旨。于是招来雄俊魁伟敦厚朴直之士，罢去浮巧轻媚丛错采绣之文，将以追两汉之余，而渐复三代之故。"可以说，苏轼的认识与欧阳修力倡的改革文风之思路是完全一致的。

据说，欧阳修原本属意将此文列为第一，但当时为防作弊，试卷都是被糊了名字的。欧阳修在看不到应试考生名字的情况下，误以为此文是其弟子曾巩所作，为避讳起见，遂将此卷改为第二名。

苏东坡传

不得不说，若果真如此，这实在是欧阳修的一个自作多情的乌龙。

省试时间极长，试题量大，经此一试，苏氏兄弟精力消耗甚巨，苦不堪言。好在兄弟二人都顺利通过省试这关，向自己的梦想更靠近了一步。

接下来，兄弟俩搬到兴国寺去住。借此机会调整身心，等待三月即将到来的殿试。宋代诗人杨万里的《诚斋诗话》，记载了此次省试后的一件趣事，颇值一叙。

张榜之后，苏轼拜谢主考官欧阳修，大学士颇为好奇地问他："《刑赏忠厚之至论》中有'皋陶曰杀之三，尧曰宥之三'，请问典出何书？"

苏轼对曰："事在《三国志·孔融传》注。"[1]

欧阳修心急，回家之后翻箱倒柜，几乎把书翻烂，也未找到这个典故。

越是找不到，越是想知道典出何处，再见苏轼时，欧阳修迫不及待地又提起了这事儿。

苏轼笑说："袁绍被灭后，曹操将其子袁熙之妻赐给曹丕，孔融于一旁嘲讽：'当年武王伐纣，将妲己许与周公。'曹操大为吃惊，问从何处见此典，孔融回答：'以今日之事观之，意其如此。'尧、皋陶之事，某亦意其如此。"意思是说，这事儿是我编的，但也并非凭空捏造。既然孔融为论述需要，做一假设推断，我自然也可以这样做。

是什么让一个毛头小伙如此自信？

皆因才华使然。

腹有诗书，信心在我，兵来将挡，水来土掩。你有一株桃树，我就能让它开花。

---

[1] 陆游《老学庵笔记》提供了此故事的另一个版本，问典出何处的是梅圣俞，苏轼回答"何须出处"。

欧阳修听到这个出人意料的回答，非但未加责怪，反而大为赞赏："此人可谓善读书，善用书，他日文章，必独步天下。"

以此观之，欧阳修不只是文坛领袖，而且识人能力颇佳——苏氏文章，此后果然名满天下，为全国士人向往。欧阳修慧眼识珠，为朝廷发掘出一大批有用之才，实在是宋朝傲立天下的伯乐。

三月时，礼部将省试中试者开列名单，奏请天子殿试。初八，兄弟俩与另外百余名考生一起参加殿试。仁宗皇帝亲御崇政殿主持。殿试以应答天子策问为主，试题有民监赋、鸾刀诗、重申巽命论，苏轼、苏辙均正常发挥。以往殿试会淘汰部分参试者，但此年凡参加者全部录取，真是皆大欢喜。没有落榜悬念，名次自然成为人们关注的焦点。

十四日放榜，建安（今福建建瓯）章衡第一，为状元；曹州（今山东菏泽）窦卞第二，为榜眼；循州（今广东龙川）罗恺第三……关于苏轼的具体名次，各种史料皆不见记载。后来苏辙为哥哥撰写墓志铭，则称苏轼"殿试中乙科"；而欧阳修所作《苏明允墓志铭》和曾巩所撰《苏明允哀词》皆称苏轼、苏辙兄弟进士中在高等；李圭复《纪闻》则称苏轼为第六名，苏辙为第十五名。

嘉祐二年这一榜，被后人称为"千年科举第一榜"，概因这榜上强人如牛毛，个个如雷贯耳：理学大师就有两人，分别是张载、程颢；唐宋八大家便占三位，即苏氏兄弟及曾巩；宰相也有三名，即吕惠卿、曾布、章惇；还出了一位名将王韶，在宋与西夏的战事中发挥了重要作用。

这一榜人物在此后的政坛、文坛、艺界、军界发光发热，其中一些人或成为苏轼的朋友，或成为苏轼的政敌。

不管如何，来自眉山的苏氏兄弟高中了，拥有了踏入仕途的"入场券"。

依惯例，上榜考生要向诸位考官致谢。接到苏轼的致谢信，梅圣俞不免称赞一番，然后写信将苏轼的信分享给欧阳修，欧阳修在回信中说："读轼书，不觉汗出，快哉快哉！老夫当避路，放他出一头地也！"大意是：感觉这个年轻人果然了不起，我老了，要赶紧给这孩子腾地儿！言下之意，有将苏轼培养为未来文坛领袖的打算。

欧阳修不止一次表达过类似的意思。

某次与儿子谈话时，他亦有感慨："三十年之后，没有人会记得我，就因为有苏轼这个人啊。"欧阳修表达出来的情感，完全是发现人才的激动和快乐，未有半点妒忌，而是"终于有人要接我班"的欣慰。

能得翰林学士欧阳修推举，意味着成功了一半。

"眉山三苏"的大名不胫而走，接下来的一段时光对苏氏父子而言，无疑相当愉悦而轻松。兄弟二人高中，让苏家的前途看起来一片光明，即便是经常郁郁寡欢、不苟言笑的老父亲苏洵，亦展开紧锁的眉头，绽露出灿烂的笑颜。

这一切来得如此快疾、迅猛，是苏洵不曾想到的。

就在去年，他们尚是京师中的陌生人，是前来赶考的父子三人组；而现在，他们已为上流社会熟知，成为人人想要结交的对象。

开封城中，人们议论着苏氏父子的名号，传诵着他们的文章。他们临时住所的门前挤满了无处下脚的访客，既有前来结交的达官贵人，又有普通的各地考生。

这一切真像一个大梦。

不遗余力提携后进的欧阳修，在这一届的考生当中，独对苏轼另眼相看，青睐有加。他尽可能抓住任何一个机会和场合，表扬这个年纪轻轻却才华横溢的眉州小伙。他将苏轼引荐给宰相文彦博、富弼及枢密使韩琦，这些权倾朝野的老臣与这个操着浓郁蜀地口音的年轻后生相见之后，都表示出相当程度的好感，众人皆以国士待之。

与儿子们一考即中的顺遂相比，苏洵的求仕之路可谓一波三折。

二子不负父望，同榜高中，有人问苏洵有何感想。他答道："莫道登科易，老夫如登天；莫道登科难，小儿如拾芥。"

考前忙于苦读，考后交际应酬，时光如此匆匆，粗略算来，父子三人来京已有一年零三个月。

这时，从眉山传来一个坏消息：程夫人已于本年四月初八去世。

噩耗如此突然，让父子三人没有半点准备，经历过考中进士的惊喜，却又迎来突然而至的悲伤。

他们急忙打点行装，回蜀地奔丧。

新科进士的悲伤

程夫人在世时，苏洵求仕游荡，与程夫人在一起的日子不多，常常忽略她的存在，亦并未感受到她的重要。听到她去世的消息，再回顾起与她结婚这二十余年，苏洵才发现，夫人于自己却是头顶的一片天。如今这片天坍塌下来，让他猝不及防，痛彻骨髓。

当年，程夫人以眉山巨室千金的身份下嫁苏家，不嫌苏洵家境清寒，不怕劳苦困顿，尽最大努力维持着这个家。结婚之初，苏洵游荡不学，青年时苦读诗书，壮年时外出求仕，对家庭的付出微乎其微，若不是程夫人勉力支撑，精打细算，苏家二子岂能受到良好教育，又怎有如今的出人头地？只可惜，她未能亲眼看到儿子们高中进士的盛况。

经过两个月的舟车劳顿，父子三人终于回到眉山。

他们进入家门，才发现屋宇倒坏，四处漏风，处处透着破败和凄凉，如今又添新丧，上上下下，尽是悲凉景象。

一家人相聚，却独缺程夫人。两个年轻的儿媳见到久别的郎君，想起慈爱的婆婆，又忍不住流下眼泪，哭声难止。

苏洵在京时就颇不如意，求取功名屡屡受挫，现在回到家来为老妻发丧，心情变得更为抑郁，加上年龄渐长，体格本就不如从前，遂生起病来。这次生病让他感觉精力大减，外表也开始苍老，他某日取镜自照，竟无法辨认镜中人。

镜中的他，头发散乱，目光呆滞，有如七十老翁。

对于女儿的死和妻子的死，他感觉生命无常，顿有心灰意懒之感，竟生出一切都是虚空的想法，于是闭门不出，也不与乡邻往来。

眼看着父亲日渐消瘦，苏轼兄弟疼在心里，便常常守在父亲身边，时时嘘寒问暖，与他聊天谈心，意欲解除他消极的情绪，让他重新树立起对未来的信心，鼓励他积极地面对未来的生活。

苏洵为程夫人寻到一块上好墓地，此墓地在邻县武阳安镇山山间的坡地上，旁边有一大井，名曰"老翁井"。山间清冽甘甜的泉水尽流此井，长年不竭。苏洵在井边筑了一个亭子，以此作为苏家墓地。

他写了一篇《祭亡妻文》，真挚、深切地表达了对妻子的思念和感激，并承诺他死后将回归故里，与妻子合葬，以求天长地久相伴于地下的世界："我归旧庐，无不改移。魂兮未泯，不日来归。"

苏轼、苏辙二兄弟依礼守制。

这近三年的时间虽稍显漫长，但对于两兄弟来讲，却也是难得的清闲时光。他们已高中进士，不需再苦读诗书，亦可借此机会与亲戚和师友们会面，于是见了许多人，听了许多事，喝了许多闲酒，也欣赏了故乡美好的景色。

两兄弟向来与人和善、知书达理，深得乡亲喜欢，众人乐于与他们相见。以后离开眉山，奔走于仕途，与大家聚首畅谈闲聊的可能性将会越来越小，于是相见的众人也格外珍惜这难得的好时光。

除去走亲访友，他们兄弟还因中了进士而有了更多的责任感。因这责任感促使，他们还写信给当地的官员，直言民生疾苦，赋税沉重，希望能够降低人民的负担。

嘉祐四年（1059 年）九月，守制结束。

苏洵与两个儿子商定，全家一起搬离眉山，到京师定居。之所以举家迁移，有两个原因：其一是两个儿媳甚年轻，长媳又怀身孕，需要照顾；其二是苏洵对于家乡的感情亦不深厚，特别是某些小人的嘴脸让他看透人情冷暖，便想要远远离开，直到死后再回来与妻子团聚。

当然，不能否认的是，老苏仍对仕途怀抱着一丝希望，苦读诗书多年，满腹才华却无法施展，令他心有不甘，还要做最后的努力。即使他不打算与二子同去京城，儿子们也不可能放心让老父亲独身一人待在这眉山小城孤独、凄苦地生活。

十月，苏氏一家人离开眉州。

此番离别家乡，父子各有一番滋味在心头——苏洵心中的无限落寞与苏轼、苏辙兄弟初入仕途的雄心万丈，有极为鲜明的对照。

豪气干云的苏轼立于嘉陵江上的船头，出口成章："故乡飘已远，往意浩无边……"

再离家乡，与前次情形已大有不同。前次只是赴京赶考，内心有不安，有焦躁，有对未来的不确定；此次再去京师，苏氏父子已名满天下，得到朝中大员认可，于读书人中有了一定的影响力，未来和希望在向苏轼招手。

两个媳妇都是第一次出远门，看着新鲜的一切，眼神中尽是好奇。思及可与夫君相伴相随，妯娌俩有说不出的幸福和欢乐。

这一次，他们选择了坐船赶路。舟中空间虽然狭小，但因有家人相伴而其乐融融。妯娌俩在一旁聊天叙家常，父子仨则是打牌、饮酒、联句、作诗，倒也轻松自在。路途漫漫，有一千余里，路上要耗掉很久的时间，他们也并不着急赶路，只是安心享受当下的欢乐，一路上阅尽美好景色。

大江奔流不息，水速时缓时急，两岸青山峭立，悬崖像是斧劈刀砍。路过三峡时，水势湍急，船体剧烈晃动，人在舟中不由得心跳加速。父子三人在感叹大自然的鬼斧神工时，也禁不住诗兴大发。只是这水路，他们就走了整整两个月之久，直到荆州登陆。在这两个月的时间里，父子三人共作诗赋一百篇，合为《南行前集》，只可惜这个集子未能流传下来。

长达六十日的水上漂浮，在狭小的船舱里待得太久，全家人都筋疲力尽。此时已是十二月中旬，年关将近，他们便决定在这荆州城里停歇一阵，稍事休整，等过完年再行路不迟。

趁着空闲时间，全家人常常结伴到荆州城里走走逛逛，领略当地的风土人情。苏轼作《荆州十首》，有感怀、有抒情、有叹息、有雄心，写满少年心事，写满为万世开太平的美好意愿。

在荆州过完年，嘉祐五年（1060年）正月初五，一家人重新上路，这次改由陆路前行，又有诸多不同于水路上的感受。

凡经一地，苏氏父子必先感受此地人物风貌，了解此地民生境况。

过南阳时，他们拜访诸葛亮的隆中草庐，缅怀先人功业。经唐州（今河南泌阳等地）时，他们看到太守赵尚宽招揽流民，共修水利，化荒地为良田等项措施，深表感佩，作诗文赞之。到许州（今河南许昌）时，他们认识了范仲淹次子范纯仁。范纯仁时任许州签判，亲陪苏轼游览许州……这漫长的一路，苏轼看到了许多此前不曾明了的情形，了解了当下现实的民生，更生出了无限的责任感。

第二章

入仕知凶险

父子同求官

嘉祐五年二月十五日，苏轼全家抵至京师，为解决住宿，他们租了一栋宅子。父子三人安顿下来，稍事休整，便开始了寻求仕途的活动。

苏轼和苏辙是殿试选中的进士。虽然进士代表着他们取得了任官的资格，但要真正做官，还得通过吏部的典选和注拟。典选和注拟皆为选官步骤，简单来说，就是根据进士的才能选出合适的人才担任合适的官职。

宋代任官制度大多承袭唐制，规定烦琐，程序复杂，甚至有人进士出身二十年，但因未通过吏部考试竟不能谋取一官半职，其严苛程度今人无法想象。

吏部选官，须通过四项考试，分别是身、言、书、判。

四项考试，又各有标准：

身：以礼貌丰伟为合格，长相不一定英俊潇洒、仪表堂堂，但也要过得去，歪瓜裂枣有辱朝廷命官形象。

言：以言辞辩正为合格，讲话要清晰流利，辩才无碍，做事情才有说服力。

书：以楷法遒美为合格，写一手好书法很重要。字迹俊美洒脱，做起官来都有自信，如蚂蚁爬出来的字迹亦有损朝廷尊严。

判：以文理优长为合格，判决书不但要有文采，更要以理服人。

苏轼和苏辙皆顺利通过考试。吏部选派苏轼为河南福昌县主簿，苏辙授河南渑池县主簿，两人皆辞不赴。主簿是文书一类的小官，兄弟俩都没有什么兴趣，他们想要一个更高的起点来展开仕途。

再说苏洵，这年八月被任命为试校书郎。秘书省校书郎，官为八品，是士大夫们看重的清职，做得好便有一定向上发展的空间，但苏洵对此职务未表现出半点热心，皆因为其中一个"试"字。正是这个字，让年纪已长的老苏自尊心受到了损害。偌大一把年纪还要被试用，他心理上是断断难以接受的。如若年轻十岁二十岁，这职位定可以让他心满意足，亦会不加考虑地接受。

苏洵拒不赴任，他给出的理由是这职位待遇差，薪水低，不足以让他养活家人。

明眼人都看得出，这当然只是一个借口。

就这样，苏洵高不成低不就地在半空悬吊着，自是平添许多郁闷。但他心有不甘，希望的小火苗时时在自个儿腔子里上蹿下跳——他想拼尽全力，完成最后一搏，为自己争取到尽可能好的职位。现在这个形势，他并没有坐吃等死的理由。

以他的年纪，本就看起来时日无多，他更觉得紧迫，必须提起十二分的精神尽快谋到合适的官职。

既然这般进退两难，心内却又不甘，唯一的办法便是放下身段，求取别人的帮助。

他鼓起勇气，用极尽诚恳的语气给丞相韩琦写信，诉说自己想要为国出力的愿望。

一介布衣，没有任何背景，他能做的大概只有这些了。当然，到这个时候，苏洵也越来越明白对于仕途来讲，才华仅仅是其中一项而已，而且并不是那么重要的一项。

嘉祐六年（1061 年）八月，苏洵被任命为霸州（今河北霸州）文安县主簿，仍是不起眼的小官。得此任命，苏洵的情绪更为沮丧。

好在事情很快有了转机。在他被任命为文安县主簿的一个月后，翰林学士欧阳修出任参知政事。这是宋朝的最高政务长官之一，与同平章事、枢密使、枢密副使合称"宰执"，即俗称的宰相，地位极为

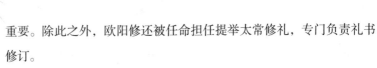

重要。除此之外，欧阳修还被任命担任提举太常修礼，专门负责礼书修订。

借此职位之便，欧阳修终于为苏洵谋得一个相对体面又合适的工作——修订礼书，这回总算合了苏洵的意，也是他喜欢和向往的工作，遂欣然就任。

自此，时年五十三岁的老苏才真正走上仕途。

嘉祐五年八月，仁宗皇帝下诏，要求举行制科考试。

制科是天子特诏才可举行的考试，由皇帝亲自主持，朝内大臣奏荐，相当隆重。每届参加考试者不超过五人，制科开考次数极少。两宋三百年历史上只举行过二十二次制科考试，考中的仅有四十余人，可谓凤毛麟角，少之又少，称得上万里挑一。凡考中者，皆受优待，官员考中可以升官，百姓考中可以得官，更可免受边远地区之官职。

苏轼兄弟遇此机会，当然不愿错过。

按规定，参考者须由大臣举荐。苏轼和苏辙兄弟双双报名。哥哥的举荐人是名满天下的参知政事欧阳修，而弟弟的举荐人则是天章阁待制杨畋。此人声名不彰，但也是当朝重臣，文武双全，建树颇丰。

欧阳修在写给朝廷的荐状里对苏轼极力追捧，称其"学问通博，资识明敏，文采灿然，论议蜂出。其行业修饬，名声甚远"，苏轼以其卓绝的才华和不凡谈吐，深为大学士所欣赏，以至夸起这位眉山青年来毫不吝惜赞美之词。

制科考试比之贡举难度更大，纵使天才如苏轼，考后也心有余悸："特于万人之中，求其百全之美……又有不可测知之论，以观其默识之能；无所不问之策，以效其博通之实……"考试范围广、难度大，不但要求应试者有广博之学问、全面之才华，更要有深刻之观点。

为了全身心准备这次特别重要而又考察范围甚广的考试，兄弟俩决定找个清静的地方刻苦攻读，于是搬到怀远驿居住。怀远驿是官署，专门为进贡使节预备，条件比先前好出不少。但兄弟俩一心苦读，对生活境遇全不在意，每天食物不过"三白"。"三白"者，一撮盐、一碟生萝卜、一碗大米饭，食之甚美，不觉艰苦。

两兄弟在怀远驿相伴苦读，差不多有一年之久。

这一次全身心投入的学习，令他们仿佛又回到少年苦读岁月，心中好生一番感慨。

这是兄弟俩至为难得的相处时光。此后经年，两人各自为官，任地遥遥，想见一面实属难事；即便后来同在京师为官，有机会时常走动，但毕竟不是住在一处，再加上各有家室，各有公务和私事缠身，当然不如现在朝夕相伴，互动频密。

苏辙自小身体不好，经常闹病。时值北方八月，白天依然燠热难耐，但到晚上又有凉风骤起。某晚，苏辙起身想要找件衣服披上，苏轼正在读《韦应物集》，韦诗中有"宁知风雨夜，复此对床眠"之句，想到兄弟以后做官不免分离，遂有伤感涌上心头——二十余年朝夕相处，无一日不相从，但不久后却要挥手作别，踏上那遥远的旅途。

苏洵和程夫人一共生养三男三女，长子、大女儿、二女儿先后夭折，小女儿八娘不幸于十八岁去世，只余苏轼、苏辙兄弟，所以两人的亲情比一般兄弟更要浓厚许多。难怪苏轼感慨"嗟予寡兄弟，四海一子由"，对此，苏辙也有同感，"辙幼从子瞻读书，未尝一日相舍"。

苏轼和苏辙不只是兄弟，更像是良师益友，他们从对方身上学到自身所没有的东西。苏轼在一首诗里称："岂独为吾弟，要是贤友生。"而苏轼去世后，苏辙写给哥哥的墓志铭中则有"抚我则兄，诲我则师"之句，亦师，亦友，亦兄弟也。

兄弟情深，深不见底。

就在这一晚，二人做出"风雨对床"的约定：希望有朝一日，兄弟俩一起退休，重回故乡，对床而卧，共寝同食，在风雨之夜，吟诗作词，享受晚年的美好生活。

尚未出仕，二人已做退休之想。

也正是这般亲情紧紧地维系着兄弟二人，让他们同甘共苦，伴他们走过生命中的困难和挫折，荣耀和掌声。

眼看大考将临，苏辙忽然病倒，连他也觉得以当下情形，一定无法参加这次制科考试，由此遗憾不已。丞相韩琦听闻消息，爱才心切，即刻奏明皇帝，言苏辙抱病，恢复需要时日，但苏氏昆仲才华过人，如果其中一人不能参加考试，实不符合广大人民群众的期待，朝廷也将损失优秀的人才，请求皇帝将考期延后。

仁宗惜才，人又通融，于是格外开恩，将制科考试向后推迟二十天，实在开了一个大大的绿灯。

经过规定的程序参加考试，之后又有严格的评选，兄弟二人不负众望，双双取得佳绩。制科共分五等，第一、第二等皆是虚设，苏轼获第三等，苏辙获第四等。施行了三百年的制科考试中，获第三等的仅有两人，苏轼即为其中之一。

得知此消息，连沉稳老练的举荐人欧阳修也无法抑制内心的激动，在写给别人的信中，连呼此为"盛事"。

朝廷诏书下，制词由时任知制诰王安石所撰，对苏轼大加褒奖："尔方尚少，已能博考群书，而深言当世之务，才能之异，志力之强，亦足以观矣。"

《邵氏闻见后录》中有个故事，亦颇值得玩味。说苏轼中制科后，王安石问吕公著："你觉得苏轼制科中所写文章如何？"吕公著大赞，王安石却不以为然，称苏轼文章全类战国纵横家文章，如果他是考官，必不录取。①

这一年（1061年），苏轼二十六岁，苏辙二十三岁。

据曹皇后回忆，仁宗当日主持制科考试之后回宫，面露喜悦之色，对曹皇后说："吾今日又为子孙得太平宰相两人。"两人者，苏轼与苏辙也。

制科考试结束后再调官，苏轼为大理评事，苏辙为试秘书省校书郎——此前苏洵曾被任命此职。

消息公布出来，立马震惊四方，比之前次父子三人初来京师时所引起的轰动更为强烈、更为持久。苏氏父子和他们的文章一朝成名天下知，从此广为流传，士人学子莫不争相效仿之。

陆游《老学庵笔记》中有记："建炎以来，尚苏氏文章，学者翕然从之，而蜀士尤盛。亦有语曰：苏文熟，吃羊肉；苏文生，吃菜羹。"

苏氏文章成为考试的模板和风向标，要想得个较高的名次，拥有光明的前途，怎能不苦读苏氏文章？

苏家在京师的临时住宅立马又热闹起来，客人纷纷来访，门槛几乎要被踏破。有纯粹来一睹父子三人风采的，有请教写作文章方法的，有来传抄新作的，也有来拜苏洵为师的……访客绵延不绝，熙熙攘攘。苏氏父子倒也热情，不论尊卑，皆以礼相待。

苏轼新买了一座宅院，号曰"南园"，将全家迁此来住。这座宅子虽不算大，但幽雅古朴，野趣丛生，堂前有芦，砌下有竹，堂后有石榴树，遍植了各种花草，另有一口水井可以汲水浇花。

宅子里有小花园，旁则有高槐古柳，于开封这样的大城市里，"南

---

① 《邵氏闻见后录》作者邵博系邵伯温之子，邵氏父子在政治上倾向于保守派，其所著书中不乏编造之内容。这个故事也很有可能是邵博编造的。

园"确是难得的良宅，一家人都颇为满意。特别是苏洵，有了相对满意的官位，两个儿子又喜中制科，他可以放松地打理院子、侍弄花草，甚至还在庭前凿了一口方池，引水从假山岩鼻中流注池里。

到现在，苏家总算在京师真正地安定了下来，有了属于自己的家。

不久，朝廷下诏，任命苏轼为大理评事签书凤翔府节度判官厅公事。按宋制，选派京官充任判官，称"签书判官厅公事"，故此一职务又称"签判"。

苏辙的任命尚未到来，哥哥即将远行，老父亲在京，正好由他来陪侍左右。

苏洵于日常的公务之余，开始续写此前未曾完成的《易传》，苏辙从此跟随父亲学习《易经》，以打发就任前无聊的时光。对《易经》的研究和学习，成为苏氏家学的重要组成部分。

苏判官初上任

嘉祐六年（1061 年）十一月十九日，天色刚刚放亮，尚有一轮残月斜挂在天空中，天寒地冻，朔风扑面，坐在马背上的苏轼忍不住打个寒战。

他带着夫人王弗和不满三岁的儿子苏迈，前往自己的任地陕西凤翔，陪他同行的还有朋友马梦得。马梦得本是一个郁郁不得志的学官，因其性格耿直，讲话口无遮拦，总与上司处理不好关系，难见容于官场。因偶然机会，马氏得以与苏轼相识，二人一见如故，遂引为知心好友。马梦得待在京师已久，活得甚为压抑，早想换个环境，便有意跟随苏轼到陕西去，做他的幕僚。

有朋友相伴便少许多寂寞，苏轼正求之不得，自然爽快地答应下来。

苏辙前来为兄长送行，一直送到郑州西门，仍是依依不舍，不忍转身离去。过去的二十多年，兄弟俩朝夕相伴，不曾分离半步。尽管兄弟俩都早已做足思想准备，但迎头而来的告别还是让两人流露出无法抑制的悲伤。

苏轼在后来写给弟弟的诗里描述了分别时复杂的心情：

《辛丑十一月十九日既与子由别于郑州西门之外
马上赋诗一篇寄之》
登高回首坡垄隔，惟见乌帽出复没。
苦寒念尔衣裘薄，独骑瘦马踏残月。

纵有万千不舍，总要别过。苏辙的眼眶里已有泪光微微闪烁，终于还是忍住了。

互道珍重，挥手告别。

苏轼并没有立即动身，他不时回头张望，直到弟弟瘦削的背影渐渐模糊，只依稀看见坐在马背上的苏辙那晃动的帽子，这才想起子由今天衣着单薄，又是一阵心疼。

苏辙自己恐怕也说不清楚，他对哥哥的亲情到底有多深厚，但只要有子瞻陪在身边，他便安心自得，快活无比。凡遇大小事情，都是哥哥在前，他从来不用担心。现在哥哥离开，他顿觉空落落的，无所依靠。自苏辙记事起，哥哥一直是他的良师益友，总是陪伴左右，与他游乐玩耍，为他遮风挡雨。后来兄弟俩一起读书，哥哥才华横溢、成绩傲人，又成为他学习的榜样。哥哥的潇洒风度，更令他钦佩不已。

等到苏辙的身影完全消失，再也无法看见，苏轼这才转过头来，与马梦得一道向着凤翔前行。

此次去陕西的路，却是五年前来开封赶考的一段来路，途经渑池时，

苏东坡传

苏轼重游奉闲老和尚的僧舍。当年接待过他们的奉闲老和尚已经过世，兄弟俩曾题诗的寺院墙壁也已败坏，更无当时字迹可循。"老僧已死成新塔，坏壁无由见旧题"，面对眼前景物，他顿觉人生无常，不由得生出"人生到处知何似？应似飞鸿踏雪泥"之叹。

来凤翔这一路，目之所及，尽是连绵的破败景象——到处是大片的荒地、无人居住的村落、稀稀落落的行人……皆因为十数年前，西夏兵频频侵入陕甘地区，造成巨大破坏。宋朝国力衰弱，官兵的战斗力亦相当不堪，与西夏的数场战争多尝败绩，更是助长西夏的嚣张气焰，致其屡屡侵犯大宋国土，烧杀抢掠，如入无人之境。

眼前这番凄凉的情景，令苏轼内心隐隐作痛。初入仕途，目睹百姓遭受的苦难，他暗暗下了决心：自己任官地方，一定要尽职尽责，务必为老百姓多做实事，以减轻百姓之痛苦，干出一番政绩，实现济世报国的人生理想。

用了将近一个月的时间，于当年的十二月十四日，苏轼到达凤翔，正式走马上任。

苏轼所担任的签判一职是地方上比较重要的官位，为知府的助理官，大体相当于现在的秘书长。苏轼之所以刚一出仕便得到这个不错的职位，皆因他此前在制科考试中的突出表现。

苏轼先在官舍安了家，有了住处，之后再用一段时间，与妻子及仆人们精心打造这个舒适又开阔的院落。他们筑了亭子，引了池水，植入莲藕，养了鱼，又栽了许多树，只待春天一到，浓郁的绿色将覆盖这个院落。

新家初成，处处透着温馨惬意，苏轼和王弗喜不自禁，这是属于他们自己的家。虽然知道在此地居住也不过三年而已，但转念一想，他倒也用不着为以后那些不确定的事而苦恼，且与娇妻稚子享受当下的生活。

苏轼初任，赶上新年假期，有大把空闲时间。趁着这时日，他开始寻访当地的古迹。这是他早年养成的习惯，每至一地，必去参观古迹，感怀先人，凭吊过往。

他先去了当地的孔庙，见到了听闻已久的十个石雕大鼓。石鼓的表面刻有铭文，铭文系古文字，纵然他是学富五车的青年才俊，竟也只认得十之一二，心下不免惆怅，只觉得知识浩瀚，此生所学不过其中一角而已。

之后游开元寺、天柱寺等地，每去一地，必作诗以记之。年轻的诗人灵感常常无来由地向外喷涌，抑制不住，形之于诗。诗中他怀古论今，感慨世事，抒发性情，不无妙语。

但是，凤翔可玩的地方不过数处，逛了一圈就再无地方可去。四周景色多是山秃水浊，与家乡眉州的青山碧水相比，真是天上地下。由繁华京师到这荒凉之地，苏轼心中不免有说不出的失落和困顿。每当无聊乏味之时，书信便成为苏轼消遣余暇的最佳途径。他与弟弟之间信件往来频繁，两人把新近所作之诗寄予对方，并以互相唱和为乐。事实上，这是一种极佳的锻炼文笔的方式，这时期正大步奔向而立之年的青年苏轼写出了诸多广为流传的诗作。

苏轼这一阶段的诗作，比之先前更上一个新台阶，不仅在技巧上有了较高造诣，思想上亦开始散发迷人的光辉。

苏轼新官上任，热情满满，积极地投身基层公务中，四处体察民生疾苦，想要在自己的职责范围之内争取发挥最大的能量。

苏轼所就任的签判一职，掌管两大日常事务：一是核判五曹文书；二则是"编木筏竹，东下河渭"，供应皇家用木以及集运粮米、刍秣供给西部边防。

终南山特产的优质木材，每年都要编成木筏，由渭水放入黄河，

苏东坡传

运往开封，供皇家建造之用。而凤翔又是大宋对西夏作战的兵站基地，有集运粮米、刍秣供前线之责。这两件事情均由官府征召百姓义务完成，如果遭遇物品损失，百姓还要赔偿。凤翔原本是富裕之地，历经战争洗劫后，已经贫困不堪，再服此两大劳役，加上赔偿风险，破产者更是不计其数，人民为此痛苦难忍。

苏轼调查走访，想要找出问题的根源所在。有经验丰富、谙熟内情的将士告诉他，如果官府将时间安排恰当，趁渭水黄河未涨时放筏，就可以将木筏的损失降到最低，服役的百姓亦不用承担那么大的风险。

经过一番研究，苏轼认为此说甚是有理，随即着手修订衙规，令服役百姓有自主选择木筏下水时间的权利，经由当时的知府宋选核准后实施。苏轼此番的努力争取，将百姓的损失降低一半之多。

苏轼初到凤翔的第一个春天，就遭遇严重的干旱，他为此忧心不已，向当地父老询问，何处可以祈雨，乡亲们告诉他太白山神有灵，祈无不应。苏轼遂向知府宋选主动请缨，愿担任祈雨之责，为纾解旱情出一把力。老天爷卖了些面子给苏轼，分别在三月初七和十六日下了两次雨，但都是微弱的小雨，百姓认为雨水太少，无法真正解决干旱问题。于是知府宋选亲自助阵，与苏轼一起求雨，老天爷这一次表现得甚是大方，于三月十九日可着劲儿下了一场。这雨连下三天，水量充沛，众百姓为之欢欣不已。

整个凤翔府弥漫在一片喜气洋洋的气氛当中，苏轼受大家情绪感染，写下名作《喜雨亭记》，记录下这次求雨的盛事："官吏相与庆于庭，商贾相与歌于市，农夫相与忭于野，忧者以喜，病者以愈。"

初入仕途的苏轼，虽有着年轻人特有的热情和激情，但理性稍欠，看起来甚至还有点儿毛躁。

比如，他见到不公平的现象容易着急上火，动辄就上书朝中大臣，要求改变现状。要知道，朝中大臣一般都着眼于大局，不会对地方上的小事给予太多关注，人家的精力也不可能顾得过来。更何况苏轼现在只是一个小小的签判，纵然名头不小，文章极佳，但位低言轻，亦不会获得过度的倾斜和照顾。好在苏轼的热情并不会因这些打击而减少。

无法逃脱的上司之手

苏轼为人，有股子心直口快、豪爽耿直的劲儿，有话就说，不吐不快。观其一生，他这种个性惹来不少是非。在为人处世方面，反倒是小他两岁的弟弟苏辙显得更为练达。苏辙性情和善，深沉稳重，不事张扬，凡事以理性约束，少惹了许多祸端。

初入仕途之时，苏轼年纪尚轻，个性一贯大大咧咧的，嘴上更是没个把门的。好在妻子王弗贤惠机敏，时常在他耳边提醒："此地不比京师，先前父亲和弟弟在旁，遇事有人指点迷津，出谋划策。今日你独自在外，不得不谨慎行事。"

王弗是个精明干练的女人，顾大局，识大体，给丈夫各种建议的同时又不伤及他的面子。也正因为有夫人的指点和提醒，苏轼少犯了许多错误。对于王弗，苏轼基本是言听计从，夫妻俩默契十足。

每每苏轼在家里会客，王夫人常于屏风后，倾听他和客人的谈话。至会客完毕，夫人便出来和丈夫讲："这个人一向逢迎拍马，你不要跟这种人交往。"有些人过来苏府套近乎，热情得有点儿过头，夫人一眼便看出其中端倪："交情来得这么快，去得也必然快。"

时间一久，苏轼就发现夫人的话常常得到验证，便不得不佩服其犀利之眼光、独到之见解，自此更加信任和依赖夫人。他有些事情拿不定主意时，首先想到的就是王弗。

王弗常引用公公的话对丈夫加以劝告，有时，她还会搬出自己已故的婆婆程夫人。苏轼本是孝子，对双亲敬爱有加，对父母的教诲铭记于心。聪敏过人的王弗知道，拿出二老过往的教训比自己给他讲大道理更管用。

某年冬，一场大雪后，庭前积雪甚深，唯古柳树下有片地方竟一点儿雪也没有，等到天晴，此片土地却又隆起数寸。苏轼怀疑是古人窖藏丹药之地，好奇心上来，非要挖掘一下探个究竟不可。王弗只说了一句话，就令苏轼主动打消了这个念头："假使先姑①在，一定不会许可的。"

早先在苏氏的眉山故宅中，地下曾埋有大瓮，当时便有人主张挖出来，独程夫人不准。想起这往事，苏轼羞愧不已，挖掘的事情便不了了之。

官府公务实在无聊，又因为已将凤翔玩遍，苏轼竟然生出些许厌倦之情，而此时距他到任不过一年光景。

他开始思念弟弟和父亲，怀念在老家和开封的时光。

嘉祐七年（1062年）九月九日，凤翔群官聚会，同僚们饮酒狂欢，苏轼觉得无趣，压根儿未去参加，只独自一人跑到寺庙游玩，触景生情，想起子由，忍不住作诗一首。

《壬寅重九不预会，独游普门寺僧阁，有怀子由》

花开酒美盍言归，来看南山冷翠微。

忆弟泪如云不散，望乡心与雁南飞。

明年纵健人应老，昨日追欢意正违。

---

① 姑即夫之母，先姑即夫之亡母，这里指程夫人。

不问秋风强吹帽，秦人不笑楚人讥。

意之切，情之深，让千年以后的今人亦能感同身受。

对家人的思念得不到纾解，是苏轼内心深处的感情困扰之一，但更深的困扰则源自与同事的相处。这个初入职场的新人，一时陷入人际关系的泥潭里无法自拔。

嘉祐八年（1063年）正月，苏轼的顶头上司换了一位叫陈希亮的。正是这位知府陈希亮，让苏轼实实在在吃了苦头。

陈希亮，字公弼，身材矮小，目光犀利，为人清正，对下属要求特别严厉，常常当面指责别人的过错，让人无法下台。所以，与陈希亮打交道的下属在这位顶头上司面前，大都战战兢兢，生怕受其责备。

但凡此君在场，再融洽的气氛也会立刻沉闷，几乎没有人敢在他面前大声说笑。偏偏苏轼所任的判官，需要天天与这位知府打交道，他所经手的一切事务最终均需陈希亮签字确认。面对如此严苛的上司，一向不拘小节的苏轼也变得小心翼翼。

论籍贯，陈希亮是苏轼同乡，系眉州青神县人；论辈分，他是苏轼父亲苏洵的长辈，换句话说，是苏轼的爷爷辈。按理讲，苏轼对这位既是前辈又是老乡的上司，理应尊重有加才对，但两人个性水火不容，以及陈氏对人事的苛责态度，让苏轼彻底打消了这个念头。

苏轼开朗豁达、为人豪放，又是初生牛犊，常常锋芒毕露，丝毫不加掩饰，但凡占理的事情必然据理力争，几不相让，更不肯屈从于来自上司的压力。

果然，矛盾由此爆发。

苏轼在制科考试中以"贤良方正能直言极谏科"被皇帝点为第三等，所以诸同僚私下里戏称其为"苏贤良"。有一天，某同僚又叫他"苏贤良"，结果被陈希亮听到，愤而大骂："判官就是判官，有什么贤良不贤良的！"

不只如此，陈希亮借题发挥，将那位叫他"苏贤良"的同僚打了板子。如此一来，将苏轼置于极为难堪之处境，那板子明里打在同事身上，暗里却是在敲打苏轼，让他的怒火腾地熊熊燃烧起来。

若非陈希亮是自己的顶头上司，苏轼几乎要当场发火。

苏轼工作中撰写的公文，这位陈大人也是涂抹删改，害他反复修正好几次方才通过。向来以文章广受好评且连当今文坛领袖欧阳修都极为注目的天才人物，怎么可能咽得下这一口闷气？

是可忍，孰不可忍？！

又有一次，七月十五中元节官府聚会，苏轼出于对这位上司的厌烦，赌气未去。陈希亮居然上奏朝廷纠劾他，苏轼被罚铜八斤。这点处罚倒也不算什么，却让苏轼感觉颜面严重受损，心想：不过一次小小聚会而已，凭什么你陈希亮官大一级压死人，非要跟我过不去，拧着来？

种种矛盾累积下来，苏轼郁闷不已，有时甚至咬牙切齿：前生得作过多大的孽，这辈子才能倒这么大霉，在这么个不通情理的糟老头子手下干活？于是，他发牢骚的诗句里便多了"虽无性命忧，且复忍须臾"的慨叹。

唉，摊上这种不近人情的上司，真是不幸中的不幸。

有恶气在胸无法出，心情自然也变得烦闷。愤愤不平的苏轼便刻意要寻个机会，来一次痛快淋漓的报复。

他一定要让陈希亮拉不下那张老脸，尝尝被整的滋味。

果然，机会真的来了。

陈希亮筑了一台子，称作"凌虚台"，供官员们休闲时使用，台成，请苏轼作记。

苏轼发挥行云流水的文采，不多时间遂成文章，其中有一段话是这么说的：

> 尝试与公登台而望，其东则秦穆之祈年、橐泉也，其南则汉武之长杨、五柞，而其北则隋之仁寿、唐之九成也。计其一时之盛，宏杰诡丽，坚固而不可动者，岂特百倍于台而已哉？然而数世之后，欲求其仿佛，而破瓦颓垣，无复存者，既已化为禾黍荆棘丘墟陇亩矣，而况于此台欤？夫台犹不足恃以长久，而况于人事之得丧，忽往而忽来者欤？而或者欲以夸世而自足，则过矣。盖世有足恃者，而不在乎台之存亡也。既已言于公，退而为之记。

意思是说，登凌虚台远望，方圆四周都是秦汉隋唐以来的帝王宫室遗址，想当初，它们是多么富丽堂皇，不可动摇，岂不比这小小的凌虚台风光百倍？然而多年以后，再想要看它们的模样，却已无法寻到，早变成一堆破泥烂土。帝王宫室如此下场，你这小小的凌虚台又算个什么啊，估计很难长久。

现在你陈希亮是我领导，在这儿耀武扬威，但你的未来又如何？何必借助凌虚台来炫耀自己的权力？

一句话：早晚玩儿完。

虽是拿台子说事，但苏轼的同僚都能看得出来这不过是苏轼的春秋笔法，借机来讽刺他的上司陈希亮。所有受过陈氏教训的官员看完这篇文章，内心都不免有一丝报复后的暗爽，偷偷为苏轼竖起大拇指。

从文句上来看，向来喜欢直抒胸臆的急性子苏轼，此时还并不擅长这种春秋笔法，他为图一时的宣泄，有些放肆和随意。不管如何，反正这篇《凌虚台记》让苏轼倾吐了胸中不少恶气。

这篇文章简直有杀人于无形的功效，语气着实刻薄，用词十分犀利，借古喻今，极尽讽刺。

然而，陈希亮的反应却叫苏轼大为不解，他非但没有愤怒，反而笑言以对，并一字不改地让人把这篇文章刻上石碑，并将其立于凌虚台旁。

宋人邵博所著《邵氏闻见后录》中，记录了陈希亮看完这篇文章之后的感慨：

> 吾视苏明允犹子也，某犹孙子也。平日故不以辞色假之者，以其年少暴得大名，惧夫满而不胜也，乃不吾乐邪？

大意是：我把苏洵看成儿子一般，自然把苏轼看成孙辈。平时对这年轻人分外严厉，故意不给他好脸子看，是怕他年少轻狂，自得自满，把握不住自己。我的所作所为不过是让他冷静一些，别过度膨胀而已。

事实上，这位令苏轼倍感困扰的上司陈希亮，看上去虽然不近人情，骨子里却是个地地道道的好人。他在几个地方为官，都取得了不错的政绩，也深得百姓赞服。陈希亮并无害人之心，对苏轼的严厉态度却也是发自内心为他着想，担心这青年因背负文名而骄傲自大，迷失方向，不利于今后的发展，所以故意给他一些打击。

总之就是一句话：给你点挫折，有利于成长。

多年后，苏轼在为陈希亮撰写的《陈公弼传》中深刻地表达了自己的悔意，他反思了年轻时意气用事，并深感自己不应该用伤害上司的方式回报他的关爱。

> 方是时，年少气盛，愚不更事，屡与公争议，至形于言色，已而悔之。

有趣的是，苏轼虽与陈希亮甚不相得，却在凤翔任上与陈希亮之子陈季常成为好友。陈季常潇洒风流，喜欢舞剑饮酒，挥霍钱财，颇有游侠之风。当苏轼在岐山遇到陈季常时，他正和朋友骑在马背上打猎，两人结识，相谈甚欢。

多年以后，苏轼被贬至黄州，身处厄运之时，与陈季常偶然邂逅，而后多有往来。陈季常为劫难中的苏轼带来意料不到的温暖。此为后话。

在凤翔期间，他还收获了另外一个好友——章惇。

说起来，章惇与苏轼系同年进士，那一届的状元章衡便是他的族侄。章惇耻于在族侄之下，愤而归家苦读，又一次考中进士。

章惇此时任职商洛令。商洛属于商州，商州隶属于永兴路，凤翔府则隶属于秦凤路，永兴路和秦凤路同属陕西路，永兴路和秦凤路的州试常在一起举行。嘉祐七年秋，章惇与苏轼同为州试考官，因而结识，自此定交，之后常在一起游玩。

章惇是福建人，个性强悍。他曾与苏轼同饮山寺，听人说山上发现老虎，两人趁着酒意骑马同往观看。离老虎还有几十步距离时，马已吓得不敢前进，苏轼酒意也醒了几分，觉得不要再往前行，免生危险。偏章惇不管，撇下苏轼独自前行，待靠近老虎时，他从腰间拿出一面铜沙锣，对着石头猛敲，老虎闻之受惊，竟落荒而逃。

两人也曾同游终南山，至仙游潭时，章惇执意拉苏轼到对面的峭壁上题字。要知道，潭深万丈，不可见底，中间仅有一条横木，苏轼往下看了一眼便已心惊肉跳，哪里还敢过去？章惇则镇定自若地走过去，并且在峭壁上书写"苏轼章惇来此"，令苏轼佩服不已。

与章惇相识相知，在苏轼人生的境遇里又埋下一个重要伏笔，他后半辈子的流离失所、灾难重重，与此人大有干系。

总的来说，苏轼在凤翔的三年并没有多少政绩可言，就连心情也似乎以郁闷居多。

理想在现实面前，常常被打回原形，他本有意多为百姓做事，但个人的力量又无法左右现实。

基层工作让苏轼深谙百姓的疾苦，同情百姓的遭遇，被内心强烈的责任感驱使着，他尽其所能发挥个人所能发挥的作用，只为减轻一点百姓的苦难。可是人微言轻，无法做到更多、更好。

他思度，自己最能帮助百姓的还是手中那支笔。于是，他在公务之余写文章，总结政策得失，提出个人建议。当然，出于种种原因，苏判官的建议并未受到足够的重视。

任期届满，苏轼要离开凤翔这个他官场生涯的起点，回想三年来的工作，五味杂陈。

收获也不是一点没有。他知晓了民间疾苦，懂得了官场礼仪，明白了人际交往之道，而与妻子王弗的感情也因为相互扶持日益加深。

比之刚来陕西时，他已明显成熟不少，无论说话、做事，都比先前少了一分生涩，多了一丝稳重。

人生中无尽的伤

治平二年（1065年）正月，苏轼回返京师，与父亲和弟弟团聚。

亲人相见，都开心不已。三年不见，父亲头上白发愈多，苍老些许；弟弟苏辙则更为沉稳内敛，言谈举止甚是平和得体。兄弟俩数日长谈，诉说分别之苦，分享彼此的见闻与感受。

以宽厚著称的仁宗皇帝已于两年前崩逝，此时在位的是年轻的英宗。仁宗无后，将堂兄赵允让十三子赵宗实收为养子，后改名赵曙，继承大统。英宗久闻苏轼大名，听说其人返京，爱才心切，便想要把他召入翰林院，授知制诰，负责起草诏书，即皇帝身边的机要秘书。

但宰相韩琦等一班大臣建议英宗慎重考虑，他们认为苏轼自是远大之器，他日当为天下用，但现在苏轼年资尚轻，担此等大任，恐外人不服。不妨给他时间，多加锤炼，到时候天下之士都希望朝廷进用他，则可取而用之，外人自然无话可说。

英宗爱才，不忍卒弃，故又发问："既然知制诰不行，那让苏轼做修起居注如何？"修起居注，为记录皇帝言行的官员。

韩琦亦认为不妥，理由是知制诰与修起居注差异不大。朝廷更应该依照一般通例，召试学士院，授予馆职。所谓馆职，是指"三馆"的职务。"三馆"指集贤院、史馆、昭文馆，负责校雠典籍、管理图书、修史等事项。

韩琦身为一代名相，本应是惜才爱才之人，身负为朝廷选拔人才的重任，面对才华横溢如苏轼者，却不能破格提拔，只是一味约束于陈规，也真是个相当保守的官僚。事实上，年轻时的韩琦锐意进取，敢于争先，曾以文官身份率领军队与西夏作战，拒强敌于国门之外，庆历年间又与范仲淹等人一起实施新政，端的是个英雄人物。哪想到晚年的他思想却越发保守，一味老成持重，暮气沉沉。

馆职最看重的是文才，要获得馆职，须先试论文。馆职有四等，职位最高为修撰，次为直馆，再次为校理，最次为校勘、检讨等。苏轼凭借两篇论文，以最高成绩入选馆职，于治平二年二月被任命为殿中丞直史馆，负责编修国史。

苏轼回京供职，有了更多机会照顾父亲，这也让苏辙得以腾出手来，谋取仕途上的进步。三月时，苏辙成为大名府推官，是负责审理案件的官员。

到这年五月时，苏家再遭不幸，又添噩耗，苏轼的妻子王弗突然去世，时年二十七岁。而他们的儿子苏迈，此时才六岁。

苏轼和王弗的完美婚姻只存续十一年的时间，而这短短十一年中，苏轼又因赴京考试而和王弗有很长一段时间两地分离。

两人结婚不久，丈夫便离家求取功名，苏家分散两端，王弗在家乡伺候婆婆，勇敢挑起家庭重担。及至丈夫初仕凤翔，她又随夫前往，助夫君辨别人事，处理人际关系。在她的帮助下，丈夫才在官场历练中渐渐变成成熟的男人。

王弗的细心谨慎、机敏干练、善察人事，正是苏轼所不具有的性格特质。因此，苏轼凡遇任何棘手难事，总是先向夫人请教，久而久之已养成习惯。

在他眼里，王弗就是最可信任和依赖的伴侣。

而今，她如此年轻就离别人世，抛下自己和六岁的孩子，叫他如何不难过？悲伤抑制不住，苏轼放声恸哭，父亲和弟弟也在一旁默默流泪。

对于这个懂事能干的儿媳，苏洵一向满意。王弗去世，老人家亦哀伤不止。他特别嘱托儿子："你妻子是在我们苏家最困难的时候嫁过来的，以后若有机会，一定要将她葬在你母亲身边。"苏轼点头答应。

在给王弗撰写的墓志铭中，苏轼回忆起妻子对公婆的孝顺，对自己的关切和爱护，情意溢于言表。在铭文结尾，他写道："君虽没，其有与为妇何伤乎。呜呼哀哉！"这篇文章字字含泪带血，苏轼锥心的苦痛令读者无不为之心伤。

及至十年后，苏轼人在密州任上，梦中突然看到亡妻，醒来之后，久久无法平静，伤感涌上心头，提笔写下了名绝千古的词作《江城子》：

十年生死两茫茫，不思量，自难忘。千里孤坟，无处话凄凉。纵使相逢应不识，尘满面，鬓如霜。

夜来幽梦忽还乡，小轩窗，正梳妆。相顾无言，唯有泪千行。料得年年肠断处，明月夜，短松冈。

家有丧事，苏洵是最受打击的人。算起来，前后三十余年，苏洵先后失去七位亲人，先是早夭的孩子和仙逝的父亲，接着是八娘、程夫人、大儿媳。身为苏家前代与后代之间的联结，失去亲人的痛，以苏洵感受最为真切，用他的话说，乃是"悲忧惨怆之气，郁积而未散"。经此一事，苏洵的精神之树倒下了。

苏轼的妻子王弗在年仅二十七岁，人生刚刚展开之时便与世长辞，身为家人何其不幸；更为不幸的是，在王弗去世十一个月后，苏轼的父亲苏洵也于治平三年（1066 年）四月病故，享年五十八岁。

六月初六，苏轼将先前置于京城之西的王弗灵柩，与父亲的灵柩一起运回蜀地。

苏洵一生颇不顺遂，其年少游荡不学，二十五岁开始发愤读书，结果屡试不中，之后求官不得，直至来到京师，经欧阳修大力举荐终于为世人熟知，却空有一身才华不为世用，最后博得个清闲职位，"书虽成于百篇，爵不过于九品"[1]，内心真真满满的不甘。

苏洵去世的消息传开，一时之间，"自天子辅臣至闾巷之士，皆闻而哀之"[2]，人们纷纷撰写文章纪念这位蜀地名士，"朝野之士为诔者百三十有三人"，其中既有苏轼、苏辙请欧阳修所撰《苏明允挽歌》，请曾巩所撰《苏明允哀词并序》，亦有人们自发创作的悼念文章，如张方平所撰《文安先生墓表》等。一向对苏洵颇有微词的宰相韩琦，亦作《苏员外挽词二首》，内有"名儒升用晚，厚愧莫先予""美德惊埋玉，瑰材痛坏梁"之句，后悔没有及时给苏洵机会，令他未得重用。

惜才之士无不悲伤，上至朝廷，下到黎民，人们都惋惜不已。英

---

① 缺名《老苏先生会葬致语并口号》。

② 曾巩《苏明允哀词并序》。

宗下诏予以赏赐，苏轼兄弟辞谢，只为父亲求赐官爵，朝廷于六月九日特诰封苏洵为光禄寺丞，并命官船运其灵柩回蜀安葬。诸多朝内大臣亦有馈赠，苏轼兄弟均谢绝不受。

老父去世，对自小在父亲膝下学习的苏轼和苏辙兄弟而言，打击非同小可。

苏洵临终前，特别交代了两件大事：其一是自己未完成的《易传》，希望两个儿子能够续写成书，成就苏氏家学的荣光；其二是他忧心的眉山苏氏家事：长兄苏澹过世甚早，子孙未立，希望苏轼兄弟格外给予照顾，他的小妹、苏轼的姑姑死而未葬，让苏轼负责丧事。

以上这两件事，兄弟俩先后照办，借此告慰老父亲的亡魂。其中，《易传》的写作由苏轼、苏辙通力合作，耗费多年心血，最终得以完成。

六月，苏氏兄弟护送父亲和王弗的灵柩回籍安葬，依旧在家乡遵礼守制，他们将父母合葬于此前苏洵选定的老翁泉边的墓地。同时，将王弗葬于苏家父母之侧的"西北八步"。苏轼希望自己死后，也可以和王弗埋在一起，因而在王弗的墓里凿了两个墓穴。

守制期满后，苏轼在家乡完成了另一件大事——熙宁元年（1068年）十月，苏轼续娶了王弗的堂妹，二十一岁的王闰之。

十年前，苏轼回乡为母亲守制，常到王弗家乡青神县，与妻子的家人见面叙谈。便是在那时，苏轼认识了王闰之。彼时王闰之年纪尚幼，还是个对未来有诸多憧憬的小姑娘，但她已隐约可以从这个姐夫的谈吐中看出此人不同凡响。在王闰之的心目中，苏轼的偶像地位业已树立。

现在，她终于可以嫁给自己的偶像，实是无比幸福之事。

王闰之虽不如堂姐王弗那般精明能干，但她个性温柔，随遇而安，容易满足，对丈夫体贴备至，亦不失为一贤内助。

既已完成婚事，苏轼便带着弟弟和新婚的妻子再次回到京师。

半路杀出来的王安石

要列举影响苏轼一生命运的关键人物，王安石算得上顶顶重要的一个。苏轼大半辈子的浮沉辗转，都与此君有或多或少的联系。两人关系的演变也颇令人唏嘘：先是政治上互不相让的对手，后来却发展为惺惺相惜的忘年之交。

王安石，字介甫，号半山，临川（今江西抚州）人，是北宋杰出的政治家、改革家，主导了中国历史上规模最为宏大的变法之一——王安石变法。他还是广有影响的诗人，其诗被称为"荆公体"，以简洁峻切的散文跻身于"唐宋八大家"之列。

端的是厉害人物，也是广受争议的人物。

即便在近一千年后的今天，人们对王安石的评价仍然存在巨大分歧：爱他的爱到发疯；恨他的恨到齿冷。

纵观五千年中国史，富于争议的历史人物并不鲜见，但像王安石这般谤誉参半、评价如此对立的人物却实在少有。

所谓"时势造英雄"，宋神宗任用王安石变法，自有其复杂的背景。

宋朝建立之前，已历经安史之乱、黄巢起义、五代十国的军阀割据，经济凋敝，民不聊生，积弱积贫久矣。赵匡胤建宋之后，虽然励精图治，试图尽快"脱贫"，无奈本朝底子太薄，办法不多，局面一直未得到明显改善。

开国不到二十年，边患又起，北方契丹人建立的辽国屡屡南下中原，多次交手后，宋败得一塌糊涂，最后不得不订立澶渊之盟。此条约规定，宋每年向辽提供银十万两、绢二十万匹，以相对较低的代价换得了表面的和平。

这边战乱才刚平息，那边风波又起。活跃在西北的羌夏亦把目标指向大宋，彪悍的骑兵不时出没于大宋的边境，骚扰掳夺，成一巨患。为保护自身安全，大宋不得不在边境设置重兵，如此一来，则又要消耗大量军费。

后来宋夏议和，西夏向宋称臣，宋册封李元昊为西夏国主，岁赐绢十三万匹、银五万两、茶叶两万斤，节日再另行赏赐。

大宋原本贫弱的国力，再经辽和西夏盘剥，可谓雪上加霜，越发不可收拾。

更要命的是，辽与西夏并没有消停的迹象，仍旧虎视眈眈地觊觎着大宋江山，随时都可能威胁到赵氏政权的安全。

两个方位皆有强敌，宋朝的处境仍然十分危险，如果不改变现状，随时有亡国灭种的可能。

大宋自身亦问题多多，最为明显的就是极度缺钱：为保障国家安全，不得不大量增兵，致使军队庞大，开支浩繁。又因是文官治国，要养一支庞大的文官队伍，又增一笔巨额开销。国库入不敷出，朝廷只好增加赋税，却又容易致社会矛盾激化，可谓危机重重。

英气勃勃的神宗皇帝，早已按捺不住，欲有一番作为。他知道，唯有富国强兵，方为终极解决之道。财力雄厚，兵强马壮，各种危险就会自动解除。

神宗赵顼是英宗长子。英宗体弱多病，于治平四年（1067年）正月去世，年仅三十六岁，在位只有短短四年。

二十岁的神宗即位，他最想做的便是改革当下政治的弊端，解决内忧外患，抗击辽和西夏，解除让大宋屈辱的和约。

神宗曾向人说起当年宋军兵败于辽，太宗被穷追猛打，屁股上还挨了两箭的旧事，一时难掩情绪，竟痛哭失声。国仇家恨，不共戴天！他发誓要报仇雪恨，一洗赵宋王朝前耻。

但令神宗尴尬的是，大宋自开国以来，起用文人治国，不言兵事已久，朝里朝外早已形成封闭保守的政治风气，民心与士气皆萎靡不振。就连朝中一班大臣也都已适应了这种情况，昏昏沉沉，只知享受高位，沉湎于美食华服而不知为国分忧。

纵使神宗想变法，也面临无人可用之尴尬。

神宗曾有意试探，想在朝中找出几个支持者，他曾先后向文彦博、富弼等人询问改革的可能性，这些大臣均顾左右而言他，答非所问，与神宗的想法根本不挨边儿。改不改革、变不变法，根本未在他们考虑的范围之内。

皇帝在大臣们那儿碰了软钉子，不免深深失望，眉毛都快皱成一团疙瘩了——想我堂堂大宋，儒士名家辈出，不乏饱学之才，到头来竟找不到一个愿意改革的人。失望是可想而知的。

神宗深深地感到寂寞，即使自己要求改革的声音叫得山响，却没人主动站出来振臂一呼，积极回应。

便是在这般窘迫的情形之下，神宗才想起一个人来。

这人叫王安石。

早在神宗坐上皇位数年前，有关王安石的逸闻传说便在京师广为流传，彼时神宗亦多有耳闻。王安石的所作所为颇不同于世俗，神宗不由得对此人留下深刻印象。

此前，朝廷曾数次要求王安石来京工作，并许以不错的职位，可他一一辞让不就，甘愿在地方上一待就是二十余年。若说待个十年八年，尚有博取名声乃至捞取政治资本的嫌疑，但二十年里，王安石一直都在踏踏实实做他的地方官，断非一般人物可以做到。

而且，王安石为官一任，造福一方，政绩突出，曾经主政之地皆有口碑流传。

后来朝廷又有数次任命，王安石无法推辞，才终于来到开封。朝

苏东坡传

廷上下一片欢欣鼓舞，人人都想一睹王氏风采。

王安石在京为官，仍是特立独行，总要据理力争，因此得罪不少王公大臣。

曾巩与王安石同为江西抚州人，且有姻亲关系，二人少小相识，熟知对方脾气秉性。曾巩亦竭力向欧阳修推荐其人，欧阳修初见王安石便为其才华倾倒，寄予厚望，赠诗一首：

《赠王介甫》

翰林风月三千首，吏部文章二百年。

老去自怜心尚在，后来谁与子争先？

朱门歌舞争新态，绿绮尘埃试拂弦。

常恨闻名不相识，相逢樽酒盍流连？

欧阳修称赞王安石诗文绝佳，直追唐代李白、韩愈，感慨自己虽然雄心在，但年华已老，未来定是属于王安石这个年轻后辈了。王安石亦有回赠，前四句为"欲传道义心犹在，强学文章力已穷。他日若能窥孟子，终身何敢望韩公"，看上去是自谦之语，实际却透露出另一种志向：我以传承道义为自身职责，对写诗作文兴趣不大，我尊崇的是孔孟之道，而非韩柳之文。

王安石以清高自诩，不愿攀附权贵，即便与欧阳修相识，此后亦保持一般关系。他对后来结识的朝中权贵，态度亦如对欧阳修一般，这更增加了人们对他的崇敬。

仁宗嘉祐年间，王安石曾作《上仁宗皇帝言事书》，建议仁宗皇帝锐意改革，以改变"财力日以困穷，风俗日以衰坏"的局面。但自经历过"庆历新政"之后，仁宗进取之心全无，以不折腾为原则处理朝政，因此对王安石这篇雄文并无太大兴趣。

后因母死，王安石回乡守制。英宗在位，王安石被数次征召而不赴。

彼时的北宋官场，争权夺利是再平常不过的现象，说乌烟瘴气也不算夸张。而王安石的做派不啻一股清新之风，吹得人浑身舒服。

有这样的故事做铺垫，再加上王安石在朝中的一众"粉丝"的宣扬和追捧，令他暴得大名，其人品和学问越来越为人称道。先是韩维和吕公著大力宣扬王安石的人品文章，后又有欧阳修、富弼、文彦博、韩琦、司马光等朝中大佬以之为"圣人复出"，表达发自内心的钦佩和敬意。

由此，王安石被层层光环围绕，渐渐形成了一个"王安石神话"。

神话亦不免传入神宗的耳朵，对于这个传说中的人物，他积攒了相当多的好奇心。即位未久，他便火急火燎地召王安石觐见。结果，同仁宗朝、英宗朝一样，他的任命并不好使，这次王安石也没给朝廷面子，拖着就是不来，借口生病无法赴任。

王安石搞得越神秘，就越能激发神宗的好奇心。乃至某天朝堂上，着急的神宗向各位宰相询问："安石在先帝时期，屡召不赴，人们都认为他态度不恭。今召又不至，他到底是生病，还是想借此谋取更大官位？"

适时左相韩琦专权，右相曾公亮想要借机用王安石来牵制韩琦，因此曾公亮提供的答案自然别有用心，他拍着胸脯向皇帝保证："王安石绝对是个相才，应该委以重任。"

韩琦哪肯权力旁落，便以退为进，要求神宗将自己下放到地方。

神宗刚刚即位，屁股还没坐热，大臣就请求离任，这是万万不可的，于是极力挽留，无奈韩琦去意已决。

临别，神宗向韩琦问政："您走后谁来当国？王安石这人如何？"

韩琦当然不同意曾公亮的建议："王安石做翰林学士尚可，但当宰相，恐怕还不够资格。"

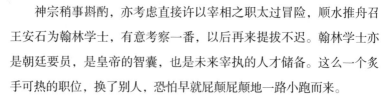

苏东坡传

神宗稍事斟酌，亦考虑直接许以宰相之职太过冒险，顺水推舟召王安石为翰林学士，有意考察一番，以后再来提拔不迟。翰林学士亦是朝廷要员，是皇帝的智囊，也是未来宰执的人才储备。这么一个炙手可热的职位，换了别人，恐怕早就屁颠屁颠地一路小跑而来。

王安石果然是王安石，依然保持着一贯特立独行的做派，并未急着赴任。本来急切变革的神宗，这大半年等下来，也早没了脾气。他只得一再告诫自己，心急吃不了热豆腐，心急等不来王安石。差不多六七个月后，他的身影才姗姗出现在开封，着实吊足了神宗的胃口。

生怕王安石再闹出点什么幺蛾子，神宗便迫不及待地召见这位自己未曾谋面却对其故事烂熟于胸的传奇人物。

他劈头就问："治国最重要的是什么？"

王安石答："择术为先。"术，就是政策、大政方针，现在人们称之为"总路线"。

神宗问："唐太宗也是这么干的？"

王安石对神宗的问题颇不以为然："陛下学习的对象应该是尧舜，而不是唐太宗。尧舜之道，至简而不繁，至要而不迂，至易而不难，但从未有人领略到其精髓，大家都以为太难而不可学。"

王安石这番话一出口，神宗对他的好感和信任便立马提升了几分，此时已经认定，他要找的那个辅佐自己完成改革大业的人就在眼前。

终于找到一个愿意变法的知音！早就雄心勃勃想要干出一番事业的神宗，对朝中死气沉沉的气象忍耐已久，王安石的出现总算让他看到些许希望，正如黑暗中的一道光。王安石的识见与观点恰如及时雨，洒在神宗干涸的心田。他隐隐觉得，王安石于他，正如商鞅之于秦王、管仲之于桓公、诸葛亮之于刘备、魏徵之于唐太宗，他仿佛依稀看到大宋光明的前途和未来。

王安石无疑是上天送给自己的最佳拍档，是来助他改革的关键人物。

这一次深入的对谈，在神宗的心底究竟掀起怎样的波澜，无人能知。但可以明确的是，此次谈话后，王安石在神宗心目中的地位已无人可以替代。

神宗虽有变法的雄心，但真正要下定变法决心时又犹豫起来。

某日退朝，他将王安石单独留下，诉说自己的担忧："唐太宗要有魏徵辅佐，刘备要有诸葛亮协助，才能干出一番大事业，但是我们都知道，魏徵和诸葛亮也不是随时都有的人物。"

王安石对曰："陛下大可不必担心，您只要能做到像尧舜那样，自然不会缺少贤者前来助治。所以有此担心，是因为您择术未明，对人才未做到诚心相待，即使有贤人，也被小人给阻挡了，他们就会转身离去。"

神宗说："哪个朝代没有小人？即便尧舜时也有四凶。"

王安石答："惟能辨四凶而诛之，此其所以为尧舜也。"

这段对话是二人心态的真实呈现。神宗担心没有贤人助治，变法可能中途而废；王安石则信心满满，认为只要下定决心，选准方向，成功自在掌握之中。

但这段对话又暗藏机锋，是神宗和王安石分别给对方提要求、提条件。神宗的意思是，你要做魏徵和诸葛亮那样的贤臣，竭尽全力，辅助我干一番事业；王安石的意思则是，您要有足够的变法决心，敢于排除万难，若有小人阻挡变法，请您一定要将他们踢出去。

之后的一段时间，两人交流十分频密。

隔三岔五，神宗就要找王安石讨论改革事宜，从人才任用到风俗法度，从主导思想到大小事务，年轻的神宗皇帝怀着极大的热诚，听取王安石的宏见和设想。他虽然心急，但仍需要王安石帮他分析改革的可行性，促使他下定改革的决心。

仅有谈话还不够，王安石亦趁热打铁，整理思路，分析局势，形成系统性的意见，以《本朝百年无事札子》上奏。文中首先回顾了大宋开国以来太祖、太宗、真宗、仁宗四位君主的作为，并对仁宗进行了详尽点评，他赞美仁宗的宽仁恭俭、无为而治，然后话锋一转对仁宗朝的朝政、官员考核选拔、农业、军事、财政等方面进行了不留情面的批评。

王安石指出，宋朝表面上承平百年，安乐祥和，实则暗流涌动，弊端百出，因有这诸多弊端，致使今日国不富、兵不强，若不加以变革，势必将堕入前所未有之困境。所以，"大有为之时，正在今日"。

这篇札子对时下问题的认识和分析，可谓鞭辟入里，洞若观火，直指问题要害。

王安石札中所言，一字一句说中了神宗的内心隐秘，令其深以为然。

当初仁宗无子，众臣极力相劝，这才选堂兄赵允让十三子为继子，带入宫中交由曹皇后抚养。仁宗一直希望后宫诸妃能诞下皇子，迟迟不立赵曙为太子，赵曙惊惧忧虑，惶惶不可终日。

待坐上皇位，赵曙被压抑的情绪终于爆发，先是和曹太后失和，后是为"尊仁宗为皇考，还是生父为皇考"引发众臣争议，双方据理力争，史称"濮仪之争"。英宗在位时，一直承受着巨大的精神压力，心事重重的他在三十六岁便英年早逝。如今神宗主动变法，亦有为父亲和自己证明的考虑——通过建功立业向天下人表明——英宗、神宗皆是大宋王朝的合法继承人，是真正的天选之子。

看到了问题所在，自然要找办法医治，看起来疗救大宋的重任非王安石莫属。

神宗遂卜定决心，要尽快任用王安石进行变法。

虽然颇是心急，神宗还是想要探探群臣口风，了解他们对王安石的看法。尽管年轻，但神宗并不毛躁，一方面要大力支持王安石，另一方面也要适当照顾舆论。

问了一圈下来，仅有曾公亮明确表示支持。

神宗征求参知政事唐介的意见。唐介认为安石"不可大任"，神宗不高兴，反问："卿谓安石文学不可任邪，经术不可任邪，吏事不可任邪？"难道王安石样样都不行？

唐介曰："安石好学而泥古，议论迂阔，若使为政，恐多变更。"唐介认为王安石拘泥于古训，不切实际，如果真正执政，可能会来来回回变更政策。

神宗又问侍读孙固："安石可相否？"

孙固说："安石文行甚高，处侍从献纳之职可矣。宰相自有度，安石狷狭少容。必欲求贤相，吕公著、司马光、韩维其人也。"王安石为人偏激狭隘，无法容人，没有做宰相的气度。

神宗不为所动，仍然坚持重用王安石。

他跟王安石说："人皆以为卿但知经术，不晓世务。"

王安石对曰："经术，正所以经世务也。但后世所谓儒者，大抵多庸人，故流俗以为经术不可施于世务耳。"

神宗问："卿所设施，以何为先？"

王安石答："变风俗，立法度，今之所急也。"

王安石认为，在礼崩乐坏的时代，秩序和价值颠倒，这是社会变坏的根源，因此，必须改变社会风气，重塑礼乐之价值，是为"变风俗"；仅有礼乐仍嫌不够，还要有刑名法度辅助，是为"立法度"——此为王安石变法的指导思想、施政的基本方针。

王安石之识见确实超乎常人，比之那些庸庸碌碌但求无过的官员，他也自有大干一番事业的雄心。但王安石的个性让人不那么舒服，倘若仅是一介平民，个性好坏倒无多大妨碍，最多不过影响自身，然而一旦执政，个性的重要性就会完整地呈现出来，受影响的将会是整个国家。

正是王安石的个性，为变法埋下一个不小的祸根。

他过度偏执，只认自家的死理儿，听不进别人的观点。他认准的事，十头牛也难拉得回来。他喜欢用怀疑的眼光看待周遭一切。满朝大臣在他眼里，不过是非庸即奸、非恶即坏，没有一个好人。即便是那些曾经提拔过他、奖掖过他的人，在他看来多数也不值一提。

王安石跟人争论朝政，难免有面红耳赤的情况发生。每至此时，他就会尽其所能，极尽攻击之能事，动辄贬低人家，称"小人"，又或者讲些损人自尊的话，诸如"公辈坐不读书耳"之类，是典型的攻击型人格。

他将所有与他意见不合的言论，不分青红皂白，一概归为"流俗之见"。就这点讲，他确确实实算不上大度。

王安石甚至还有一套关于流俗之见的逻辑，从他对神宗说的话可以看出端倪："陛下欲以先王之正道胜天下流俗，故与天下流俗相为重轻。流俗权重，则天下之人归流俗；陛下权重，而天下之人归陛下。"在他眼里，政见只有两种，一种是先王正道，另一种是天下流俗。他所坚持的就是正道，反对之人自然就是流俗。

将别人一概归入流俗，无异于将所有反对派一棒子打死，等于激化矛盾，犯了大而化之的错误。朝政争论本属正常，意见不同亦可商量，但王安石刚愎任性，武断倔强，甚至让那些原先支持他意见的势力也走向对立面。

于是我们也就不难理解，为何朝廷上下对王安石的恶评一度如涨潮般凶猛。客气的，说他"不通世务"；严重的，则认为他是"狷狭少容"。

神宗起用王安石，想必内心亦经历一番斗争，但他对王安石的信任不曾因外界的质疑而有太多变化。现在箭在弦上，不得不发。内忧外患不止，经济民生凋敝，表面歌舞升平，内部则危机重重，此等恶劣情形，再不改革求变，大宋王朝的未来又在何处？

与其说是宋神宗选择了王安石，不如说是历史选择了王安石。

一场轰轰烈烈的改革，眼看着就要拉开大幕。二十一岁的神宗皇帝和四十八岁的王安石，即将组成一对变法的最佳拍档。

熙宁二年（1069年）二月，王安石被任命为右谏议大夫、参知政事，一步到位，直升宰执，之所以如此，是要他掌握权柄，为变法迅速扫清障碍。

本月，苏轼、苏辙兄弟也终于回到汴京。

王安石上台后，将偏执的个性带入工作当中，形成大权独揽之局面，以致整个行政中枢陷入瘫痪状态。眼下的中书省诸大臣，死的死、病的病、老的老，只剩王安石一人在发挥作用。变法是一个浩大的工程，涉及全国上下、方方面面，须有庞大的官僚机构的支持，方能推动前行。不管王安石本事有多大，仅凭一己之力，绝无成事可能。但在朝内，他得不到足够多的支持。面对此种情形，王安石只得大量起用自己的下属和支持改革者，委以重任，比如章惇、吕惠卿，其中以吕氏最得安石信任，是其前期开展变法的最重要的助手。然而，因人才需求急切，也导致诸多小人乘虚而入，泥沙俱下，为变法埋下了又一个祸根。

王安石深知，如果掌握不了人事，他的变法将遭遇到强大的阻力。

为给变法开绿灯，宋神宗应王安石请求，特别设置"制置三司条例司"，以此单位专门负责变法大计的策划和制定，并统筹改革户口、赋税、财政收支、粮食漕运等关系到国计民生的重大事宜，实为全国最高的财政机关。这一特别机构是王安石揽权的产物，是为了让变法能顺利进行而特设的临时机构。

宋代中央权力，集中于二府三司。枢密院为最高军事机构，长官为枢密使，与最高议事机构政事堂（后改称"中书门下"）合称"东西二府"，政事堂长官为同平章事。三司（户部、盐铁、度支）主管财政，长官为三司使，地位略低于二府长官，称"计相"。二府三司各自独立，互不统属，直接对皇帝负责，构成最高辅政机关。枢密使与同平章事承担的即为宰相职责，又另设参知政事，参与宰相职责。上述官制表明，宋代的相权实际是一分为三，这出自开国皇帝赵匡胤的设计，目的是限制一人独大，防止揽权。

制置三司条例司的设立，实为绕过二府三司，方便变法实施。

制置三司条例司名为变法机构，但实际上亦负责财政大事，由此说明王安石变法的要义即为"聚财"，增加财富。借助该机构，王安石推出一系列财经、军事、农业等方面的新政策，宋神宗和王安石的宏大志向由此便大张旗鼓地展开了。

王安石是急性子，其新政多有创举，但因为他过于性急，缺乏调研，缺乏对可行性的有效论证，也没有与其他重臣协商，获取更多的支持，凡遇反对，一律排斥，因此，那些新政中不够完善的地方亦成为被朝中诸人攻击的把柄。

后来朝堂之上，群官互相争斗，一时乌烟瘴气，王安石对此负有不可推卸之责任。

变法之初，正值苏轼刚回京师不久，他担任判官告院，掌管文武官员的封赏事务，是一个清闲职位。眼看着王安石变法所引致的种种混乱，性情耿介的他心生不满，但碍于其职责范围，并没有找到发泄的机会和上达意见的通道。

而他的弟弟苏辙，到京不久即旗帜鲜明地反对变法。苏辙上疏朝廷，其观点与王安石相反，认为国富的核心不是从百姓那儿敛财，而是祛除"害财"的因素，即冗官、冗兵、冗费三者，总结下来，就是简政、精兵、少花钱，用两个字概括其主张，就是"节约"。

正全心支持王安石变法的神宗，当然不会理睬苏辙的意见。

但看过苏辙的奏章，神宗认为他考虑周详，头脑冷静，心思缜密，对当下形势有清醒的思考和判断，实堪大用。

神宗惜其才，非但不予责备，还特意将苏辙拉入变法的阵营，任命他为制置三司条例司检详文字，负责撰写或起草相关文件、材料等工作。

与苏辙差不多同时进入条例司的，还有苏轼此前就交好的章惇、曾巩的弟弟曾布，以及吕惠卿。这四人都是嘉祐二年的进士。

王安石对吕惠卿尤为推重，此前向神宗推荐此人时大夸特夸，他强调吕氏贤才，非但当今之士无法与之相比，即便前世儒者也不能轻易与之相较，"学先王之道而能用者，独惠卿而已"。

吕惠卿与苏辙一样担任检详文字，王安石对其信任有加，事无大小皆与吕氏相商，奏章等相关文案多出自其手。

不过，王安石只说对了一半，吕氏高才，书读得透彻，办事能力强，但人品上却有极大瑕疵——他背叛了王安石，后文将有详细交代。

因为观点相左，苏辙与王安石及其手下诸人彼此之间的矛盾完全不可避免。对于变法的种种细则，初时王安石等人还会找苏辙商议，但他经常提出种种不同的意见，令王安石颇为恼火，他认为苏辙身为属下，没事总爱找碴儿，大有阻挠新政实施之意。

以苏辙眼下的地位和影响力，并不能影响和左右王安石的政策，反而他因为反对王安石的新政而被王视为绊脚石，欲除之而后快。没有办法，苏辙只得辞去该职，申请外放。

苏家与王安石的芥蒂并非自变法开始。早在苏洵在世时，成见的种子便已悄然在双方心里埋下。据说，王安石应神宗之召抵京之时，尚在人世的苏洵就极其讨厌这位特立独行的人物。文坛盟主欧阳修因欣赏王安石的才华，曾劝苏洵与之结交，性情耿直的苏洵生生给拒绝了，

苏东坡传

他的理由是："如此不近人情者，定是未来天下的祸害。"

更有传言说，苏洵曾在所著的《辨奸论》一文中痛骂王安石，"误天下苍生者，必此人也"。不仅如此，文中更是指斥王安石阴险狠毒，异常自恋。这篇文章极有可能属伪作，不过是某些人要借苏洵之口咒骂王安石罢了。

苏家不买王安石的账，王安石对苏家的评价也不高。当初苏家父子凭着横溢的才华名震京师，偏偏王安石不以为然，他不喜欢苏轼文章中的策士之气。苏轼制科高中时，王安石说："如果我是考官，就不取他。"

不得不说，双方未有矛盾爆发之前，便已互相看不顺眼。

如果仅是一个位低言轻的苏辙反对变法，对王安石尚造不成实质性的影响；朝中一众官员的反对才是王安石苦恼的原因。一方面，他忙于制定新法的种种细则；另一方面，还要抽出精力面对朝中诸官的弹劾或攻击。

王安石执政的宝座尚未坐热，就遭遇御史中丞吕诲上章弹劾。吕诲的奏章强调，王安石虽有一时之名，但个性偏激，轻信奸恶邪僻之人，又喜欢别人追捧，必然不利于国家前途。神宗刚刚任用王安石，哪里肯听，于是吕诲求放外地。

范仲淹次子、知谏院范纯仁亦上书弹劾，以三点攻击王安石：一则变更祖宗法度，搜刮民财，导致民心不宁；二则只顾眼前，不管长远；三则急功近利，黑白颠倒，为害社会。神宗不听，范纯仁亦去了外地任官。其后，一班反对变法的御史亦步范纯仁后尘而去。

从王安石的角度来看，变法真不是件容易的事。动辄有人弹劾，若非有颗强大的心脏，谁能支撑得住？

还好王安石的身后有一道坚实的防火墙，名曰"神宗"。

最佳代言人

王安石施行新政之初，就注定了争论必将与之形影不离。

其中最受瞩目的一次，当属王安石和司马光这两位当代的大儒之间的争论，争论的焦点是变法有无必要。

王安石是激进的改革派，他企图通过疾风暴雨式的变法，尽快去除政治的弊端，改革已造成顽疾的现行制度，促进经济发展，增加国家赋税收入。他坚定地认为，以增加财富的方式充实国库才是正途，一味依靠"节约"，对于国家的富强起不到任何作用。

司马光则是稳健的保守派，他强调"养民"的重要性，主张不要增加民间的赋税；要想国富兵强，减少开支、积累余财才是正途。

这两个对立的人物正是朝中的两股主要力量，王安石代表的是改革派，司马光代表的则是保守派。

随着新政推行日渐深入，两派的矛盾也越发激化，彼此争辩时有发生。甚至有许多次，他们当着神宗皇帝的面也吵得不可开交、唾沫横飞，除差点动手之外，能使的招儿都使出来了。

争论火爆激烈，没有人能耐着性子好好说话，这些名重一时的大臣再也无法顾及读书人的斯文，彼此互不相让，势同水火，谁也无法说服对方。

某次司马光给皇帝讲课，论及变法，王安石的得力干将吕惠卿不同意司马光的观点，起而与之辩论，两人唇枪舌剑，脸红脖子粗，仿如战场上的斗士一般。吕惠卿因一时语塞，就学起王安石的"套路"，对司马光展开人身攻击。

每遇针尖对麦芒的戏码，神宗颇觉无奈，他只能做个和事佬，对大家好言劝解："相与论是非，何必如此？"有话好好说，非要唾沫星子溅得到处都是？身为人臣，你们好歹要讲点礼仪是不是？

苏轼对这场变法的立场和态度值得我们深究。纵不论他与保守派诸多大人物之间扯不断理还乱的深厚关系，单从他个人的思想原点出发，他是否亦从根本上否定新法？其实不然，他也早已看到大宋所面临的艰难形势，承认有改变现状的必要。

只不过苏轼要改变的形式和途径与王安石相较，有实质上的差异：他更喜欢和风细雨式的渐进式改良，倾向于以节约和减少开支作为解决财政问题的根本。王安石动作太大，在他看来容易丧失立国之本。

苏轼之所以自觉将自己归于保守派，大约出于如下几个原因。

其一，他认为王安石变法的方法和手段都过于激进，其立足点也大有问题，这新政未必会使宋朝富强，更有可能使之陷于泥潭当中。苏轼称"国家之所以存亡者，在道德之浅深，不在乎强与弱；历数之所以长短者，在风俗之厚薄，不在乎富与贫""陛下当崇道德而厚风俗，不当急功利而贪富强"。

其二，苏轼和保守派诸大臣之间存在着错综复杂的利害关系，他与他们的认知未必完全一致，但总体上相差无多，与其关系亲密的保守派重臣的态度直接影响着苏轼的态度。

其三，先前苏家父子和王安石，彼此间已有甚深成见。反对新政的朝中大佬，诸如张方平、范镇、富弼、司马光等人，都很看重昔日他们奖掖提拔的青年才俊苏轼，欣赏他行云流水的议论，因而在改革派与保守派的论争中，苏轼渐渐成为保守派所倚重的理论家。

为了对革新派发动有效的攻击，苏轼亦不失时机地炮制了数篇文章，上疏神宗。以今人的角度来看苏轼的观点，多数也站不住脚，甚至相当浅薄。

苏轼的议论文章纵然铿锵有力，却使意欲改革的神宗不悦，亦激起王安石的愤怒。王安石已经切实地意识到，先前自已就不喜欢的苏轼现在更成了一块改革的绊脚石，如果不想办法把他撵走，肯定会坏了变法大计。

苏轼年轻气盛，虽已经在官场上历练几年，仍然不改脾气秉性。对方越逞强、越得寸进尺，他越不示弱，不会善罢甘休。苏轼以决绝的姿态表明，与改革派的斗争绝非一时心血来潮，自已反对变法的态度也将是坚定的、长久的、不可逆转的。

王安石变法的这趟快车一旦进入了预定的轨道，就已无停下来的可能。

为更好地推行新法，王安石不惜将严刑酷法作为助推的手段。地方官吏无不畏惧刑罚，为了完成推行新法规定的任务，则不惜以更严厉的刑罚向底层的百姓施压。原本已经贫困的百姓经此重压，家破人亡者并不在少数。

苏轼以此作为把柄，向王安石展开措辞更为严厉的攻击。他批评古代以严刑苛责的变法家，说他们是"蛆蝇粪秽"，言之则污口舌，书之则污简牍。意思是，你王安石跟他们无甚差别，我现在连骂你都懒得骂，主要怕污了我的嘴。

这也是典型的人身攻击。

以苏轼当下之地位，与王安石本非同一个量级，但王安石清醒地知道，苏轼绝非一个人在战斗，在他身后站着的是以司马光为首的一众保守派老臣。苏轼就是这些老臣的舆论代言人，此人言论绝对不可小觑。

苏轼文采斐然，其所撰之文有着极为强大的攻击力，影响甚巨。改革派中大多数人都认为，苏轼不除，始终是新法实施的大患。

不可避免的是，苏轼半主动半被动地投入党争之中。

凶险的政治渐渐露出它本来之面目。

逃离京师

王安石大权独揽后，便以峻急、迫切的态度推行新法。在他看来，大宋积弊已久，病入膏肓，必须急火猛攻，绝对不能错过如今这个风口。

不到四年的时间，王安石仓促出台了青苗法、保甲法、募役法、农田水利法、市易法等近十项内容，其核心当属青苗法、保甲法、募役法。

所有这些新法，单就其内容来讲，大多是王安石经过深思熟虑之后推出，假如执行得当，未必不能实现当初设定的种种目标。

然而，从推出到落实，中间还有很长的路要走。初心虽佳，倘若执行不好，最后往往走样；倘若用人不当，非但达不到设定的目标，结果可能比不推行新法更坏。

青苗法之提出，源于先前陕西地方官府的实践。当地百姓缺粮时，官府借贷给他们一定的粮，待谷熟后还给官府。青苗法构思甚妙，无论官府还是百姓，皆可以从中受益，百姓通过借贷缓解困难，官府则让仓库里的余粮流转起来，并利用这余粮获取利息。

王安石、吕惠卿据此经验制定青苗法。这项新法规定，把以往为备荒而设的常平仓、广惠仓的钱谷作为本钱，每年分两期，即在播种前的正月及夏秋季庄稼未熟的五月，按照自愿原则，由农民向官府借贷，收成后加息，随夏、秋两税纳官。

实行青苗法的目的，在于使农民在青黄不接时免受兼并势力的高利贷盘剥，并使官府获得一大笔"青苗息钱"的收入，从而补充国库的亏空。

按理说，这是一项极好的措施：其一，它为农民提供贷款，令他们有能力恢复生产，免于饥饿和流离失所；其二，它限制了土地兼并，阻止了贫富差距进一步加重；其三，国家可以借此赚取利息，广开财源。

政策是好政策，但问题的关键是在实施的过程中有两个致命缺陷：一是设置的利率较高，竟达百分之二十之多，极大地加重了农民负担；二是功利主义严重，为追求放贷的效果，本属自愿的放贷，因地方官吏追求政绩，执行时过于严苛，结果变成了强迫，官府强制农民借贷，以增加官府收入。

这种做法所导致的结果是许多农户借贷后没有偿还能力，不得不选择逃亡。更为夸张的是，青苗法这一针对农户进行的放贷行动，却因官吏需要完成任务和邀功，彰显其放贷的成绩，竟然强迫城市居民也接受放款。

青苗法的执行不当造成了许多恶果，不少农户卖田、卖妻女，甚至上吊自杀，酿成了一幕又一幕的人间悲剧。

保甲法则是为解决兵制而设，主要内容是：凡乡村住户，不论主客户，每十家（后改为五家）组成一保，五保为一大保，十大保为一都保。凡家有两丁以上的出一人为保丁，以住户中最有财力和才能的人担任保长、大保长和都保长，同保人户互相监察。农闲时集中训练武艺，夜间轮差巡查维持治安。

此前，宋朝一直采用佣兵制，官府将大量失去土地的游民组织起来，收编为军队，解决了游民的生活问题。但保甲法的实施迫使游民失去了生存的唯一出路，因生活所迫，他们被逼沦为盗贼，重新成为社会的不安定因素。

募役法的主要内容则是：州县官府出钱雇人应役，各州县预计每年雇役所需经费，由民户按户等高下分摊。上三等户要分八等交纳役钱，随夏秋两税交纳，称免役钱。原不负担差役的官户、女户、寺观，要按同等户的半数交纳役钱，称"助役钱"。

这本又是一良法，体现社会资源最大化的利用，合乎"有钱出钱，有力出力"之原则，但执行依然不到位，各地官府以追求增加役钱为目标，将其变为敛财的另一工具，且役钱的征收标准过高，变成了明目张胆的搜刮。

综上种种可以看出，王安石变法自一开始就有先天不足的迹象，也预示着必然失败之命运。

新法的问题层出不穷，引发的惨剧越来越多，保守派的领导人看在眼里，急在心头。出于人臣及士大夫的责任感，他们勇敢地站出来，不停地阻挠王安石变法，甚至不惜以安身立命的职位为代价。

一众德高望重的老臣纷纷反对新法。

欧阳修、韩琦、张方平、富弼等人上疏直言新法之害，指出王安石的种种不是以及新法流弊，但执意改革的神宗仍然不予理会，他把变法中出现的种种问题归结为变法所必须付出的代价，并坚定地站在王安石一边。他明白，倘若自己决心稍一松动，先前所有的努力必将付诸东流。

王安石则借助神宗的支持，排挤走大批老臣，并以自己看中的新人顶替，布置改革派的势力，吕惠卿等人得以迅速上位。

身为保守派的一分子，苏轼也没闲着，他利用各种机会反对新政，并公开表达自己的意见。虽知位微言轻，不足以撼动神宗所信任的改革派，但于他而言，唯有如此，才可以问心无愧。他身为朝臣，自有为朝廷澄清迷局、指明前路的责任。

在许多次行动无果后，这个八品的京官于熙宁四年（1071年）二月，将满腔的愤怒、为民请命的决心、骨子里天生的果决和豪情化作一篇《上神宗皇帝书》。这篇洋洋洒洒近八千字的文章，除对王安石推行的新法进行详细评判之外，又对谄媚乱世的"小人"进行了生猛的鞭挞，希冀皇帝看清当下现实，做出合理的改变，以防大宋在错误的道路上越行越远。

在这篇文章中，苏轼特别强调，实力强弱不是影响国家存在与否的关键，道德的深浅才是影响国家存在与否的根本；如果只重视经济发展，不重视道德修养，更有亡国之可能。苏轼为宋王朝开出的药方内含三味猛药：结人心、厚风俗、存纪纲。

结人心者，就是施行仁政，与百姓休息，得百姓之拥护。变法扰民太甚，"坏常平而言青苗，亏商税而取均输"，官府在经济领域无孔不入，与民争利，百姓受害，民心尽失。王安石变法扰乱民心，将使百姓背弃统治，坏之极矣！

厚风俗者，是说要以德治国，使民风归厚。用人要循序渐进，不宜起用新进勇锐之人，"近岁朴拙之人愈少，巧进之士益多，惟陛下重之惜之，哀之救之……以简易为法，以清净为心，使奸无所缘，而民德归厚"。王安石变法导致道德败坏，风俗沦丧，害之大矣！

存纪纲者，强调的是要鼓励台谏官说话，台谏官代表社会之公议，可以救治朝廷之缺失。"臣恐自兹以往，习惯成风，尽为执政私人，以致人主孤立，纪纲一废，何事不生？"王安石把控朝政，孤立皇帝，长此以往，大宋危矣！

文章语气相当凌厉、尖锐，甚至有点儿狂妄。事实上，这篇文章恰恰暴露了苏轼的问题所在。

文章中的论调和说辞只能证明他是一个富有救世思想的人物，但对经济的所知十分有限，其主张解决不了大宋面临的根本问题，亦不能设计出一套比王安石更为高明的制度。换句话说，无论是结人心、厚风俗还是存纪纲，都不能变出钱来，不能让大宋摆脱眼下的困境——国库空虚，做任何事都掣肘；辽国和西夏的威胁仍在，社会矛盾无法消除。

接连几个月之内，苏轼数度上疏，言辞激烈程度远超一般臣子。他直言："今日之政，小用则小败，大用则大败，若力行而不已，则乱亡随之。"

不得不说，苏轼冒犯龙颜、不顾生死的态度让人尊敬，但在执意改革并希望走上强大之路的神宗看来，尽管苏轼是一个满怀激愤、文采飞扬、忧国忧民的臣子，却缺乏富有建设性且可以帮助国家走向强大之路的建议。

神宗宽恕了苏轼，宽恕了他过激的表达方式，但显而易见，这位年轻官员几次触犯龙颜，已令神宗心中不悦。

而对于王安石，神宗仍是一如既往地支持。

变法遭如此反对，为何神宗对王安石的信任不减毫厘？

其一，神宗深谙"用人不疑，疑人不用"的道理。

其二，历史的种种经验表明，任何新政的推出都会付出一定乃至相当的代价，有人反对亦是正常。

其三，神宗变法的决心坚如磐石，牢不可破，否则大宋必然回到积贫积弱的老路，永无出头之日。

神宗知道，自己稍一含糊，正在推行的新法就有面临夭折之危险。

苏轼的朋友们都替他捏了一把汗，纷纷予以提醒，说话要悠着点，应当注意态度，调整语气，如此犯颜直谏、冒犯天威，怕是要招来不良后果。

苏轼不以为意，他对朋友说，以自己的个性，实在没办法忍而不发，这跟吃饭时吃到苍蝇一样，不吐不快。

改革派与保守派的争斗越发激烈，刚开始时尚可以说是政见不同所引起的正常纠纷，但渐渐就上升到人身攻击和谩骂，最后竟演变成了党争。支持改革的即新党，保守派则被归为旧党，两派皆欲置对方于死地。

这就大大不妙了。最不愿见到如此境况的就是神宗。

一群栋梁之材，不将才华奉献于国家建设，只将个人超群的能力付诸无穷的争斗，实在是朝廷的极大损失。

保守派领袖司马光因无望改变现状，上疏请辞，其语气决绝生猛，即便神宗也挽留不住，便只得从其所请。司马光去了洛阳，邀集一帮学者继续编撰由他领衔的煌煌历史巨著《资治通鉴》，不再过问政事。

司马光离朝而去，标志着保守派势力暂时得到抑制，新旧党争的平衡被打破，王安石的改革派占了上风，所遇的阻力大大减小。

在司马氏的带动下，旧党人物纷纷离朝，或求放外地，或告老还乡，或称病不出……凡此种种，令苏轼越发孤独，眼看着战友纷纷败北，心情不免灰暗，不免亦生逃离之想。

在党争过程中，苏轼不只指斥过王安石，对其所提拔的手下也是抓住一切机会进行攻击，李定便是其一。

李定本是王安石门生，进士及第后，出任过秀州判官，认识了同在秀州为官的孙觉（字莘老）。孙觉是黄庭坚的岳父，认为李定是个人才，便极力向朝廷推荐。

熙宁三年（1070 年）四月，李定被调到京城任职。这时孙觉因反对王安石变法而放外任，便委托朋友李常照拂李定。这位李常则是黄庭坚的舅舅。

李定又去拜谒恩师王安石，王安石问他青苗法在当地实施之情形。李定不知朝廷上的党争，只是据实相告，说老百姓感到便利，非常拥护这项新政。李定的说辞让王安石十分惊喜，将其秘密推荐给神宗。神宗召李定，闻听百姓对青苗法的拥护十分开心，自变法以来负面消息不断，朝廷内部争吵不休，将他本人搅得疲惫不堪，李定带来的好消息无疑给他吃了定心丸，心气也上来了，更增变法之决心。

神宗想要提拔李定为知谏院。按宋制，皇帝发布圣旨，先由皇帝将内容概要记录下来，形成词头，然后由知制诰撰写诏书。知制诰如认为提拔有违程序，则有权拒绝起草诏书，此程序称"封还词头"。

此次负责升用李定的诏书起草人是宋敏求，他认为对于李定的提拔越级太甚，不合旧制，毅然封还词头。宋敏求拒绝起草，无奈的神宗只好找另一位知制诰苏颂，苏颂亦封还词头，之后又让李大临撰写诏书，依然碰了软钉子。

如此往复九次，九次皆被封还。

神宗震怒，一气之下把三位官员全给罢免了。李定才终于如愿。

对李定的狙击，其实就是旧党对新党的狙击。知制诰没有狙击住对李定的任命，御史台接力而上，以"匿不服丧"的罪名攻击李定，御史们群起围攻。

李定"匿不服丧"的事最先由御史陈荐所奏，他称李定任泾县主簿时，母亲仇氏去世，李定却将此事隐瞒而未回家乡服丧。神宗下诏给江东、淮、浙转运使询问相关情况，调查回复称，李定曾因其父年老要求归家侍养，但没有为其母服丧。李定辩解道，这位仇氏离开李家改嫁甚早，自己当时年幼，不知系仇氏所生，他曾向父亲求证，但父亲一口否定。李定心中疑惑，不敢服丧，只是以侍养父亲为名，解官回乡，代以丁忧。

李定的说法基本可以自证清白，神宗也为其圆场，但保守派诸谏官不依不饶，继续围攻李定，目的是把他赶出京城。王安石则坚定地认为，李定是因为说了青苗法的实情而受到排挤和打击的。

最后结果是神宗和王安石迫于压力而妥协，不得不将李定另行安排。

苏轼亦在攻击李定的热闹中作诗一首。在诗中，他极力赞扬另一官员朱寿昌弃官寻母之孝，对李定不服母丧则极尽冷嘲热讽，借此宣泄对新政的不满。

这让苏轼结怨于李定，为数年后的乌台诗案埋下祸根。

新旧两党斗争的结果可谓两败俱伤：李定没能如愿坐上知谏院官位，旧党也没有占到什么便宜，损失数员战将，参与围攻李定的谏官接连被罢，王安石还趁机完成了对台谏官们的清洗，并借机安插了一众亲信部下。

改革派看苏轼不顺眼久矣，一直有除去之心，只是苦于抓不到把柄。身为保守派的代言人，苏轼言论影响大，对变法危害深，是新政推行的重大障碍。

因此，他们决定使用卑劣的手段罗织罪名，以消除掉这个对新政不利的隐患。

谢景温首先弹劾苏轼，指他在前次运送父亲灵柩回乡途中，有趁机贩卖私盐之实。遭此不白之诬，苏轼着实郁闷，直到这时他才算真正地领教了敌手之毒辣、政治之险恶。谢景温与王安石有一层亲戚关系，其妹嫁与王安石之弟王安礼。

眼看着新党当道，朋辈尽出，孤立无援的他如陷泥坑当中的老牛。苏轼终于下了求放外调的决心。

后经查明，苏轼并无贩卖私盐举动，求放外调也得到了神宗响应，先批"与知州差遣"，王安石把持的中书省认为不妥，遂改为"颍州通判"，而后又改批"通判杭州"。通判为州府的副长官，掌管粮运、家田、水利和诉讼等事务，并且对州府长官负有监察之责。

从苏轼初仕凤翔到现在，整整十年过去了。

这个曾经豪气干云的科场天才，在政治的乱局中并未建立起如他所构想的事业，并未实现他宏伟而美好的抱负，十年时光一闪即逝，仿若一场大梦。他不由得怅然若失，充满遗憾。

苏轼的内心竟已如死灰一般。

第三章
江湖浪里行

谁不爱杭州

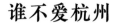

若用世俗的眼光评判，苏轼的问题在于激情有余，理性不足。

他胸怀一番报效朝廷的壮志，随时都要向外喷发，但因个性耿直、策略缺失，以至于一遇不平之事，就会奋不顾身冲上前去，而忘记有伤及自身之可能。

苏轼的个性可以让他拥有深厚的友情，却也是他仕途发展的最大障碍。

如果他能够韬光养晦，等待时机，被重用的可能性还是相当大的，也不必历经重重苦难。江山易改，本性难移，苏轼对自身个性虽时有省察，但就是没办法掩饰——本是耿直性子，没办法拐弯抹角说话，喜欢的就是喜欢的，厌弃的就是厌弃的，为捍卫信仰可以随时挺身而出；想让他颠倒黑白，说违心的话，搞点小手段，简直比登天还难。

此番旧党、新党之争，随变法的开展和深入，大有愈演愈烈之势，几至"不是你死就是我活"之境地。旧党人物中的大多数，迫于权势极盛的王安石集团的强大炮火，或放或辞，一时竟呈现出"树倒猢狲散"的惨状。

苏轼这次离开封而去杭州，心情必是郁闷的。

但终于可以告别沉闷乏味的京师，不再与这一帮敌手争斗，于他而言，又何尝不是一件幸事？

他的心情总处于矛盾当中：一则以忧，离京师越远，离政治的中心越远，理想实现的可能性就越发微小，可望而不可即；二则以喜，没有了闹心的争斗，避开了新党诸人的嘴脸，便可以从容地游山玩水，领略江南的好风光。

显然，忧还是占了上风。

赴任路上，苏轼趁机走亲访友。先去陈州（今河南周口）与弟弟相聚，又一起拜见敬重的前辈张方平。当时，苏辙正跟随外放的张方平在陈州任职，张因不满新政，遂向朝廷请求让自己在陈州任上退休。这次晤面，除去重逢的喜悦之外，不免谈论家事、国事，使苏轼心内平添几分沉重，他虽有为国效力的决心和勇气，却没有实现理想的机会，不免意难平。

在陈州停留七十余天，与苏辙和张方平老人作诗唱和，与侄子们一起玩耍，郁闷的心情稍有缓和，渐渐从党争的颓败中平复过来。

此次陈州之旅，苏轼认识了跟随苏辙学习的张耒，亦即后来的"苏门四学士"之一。

张耒，字文潜，淮阴（今江苏淮安）人，诗学白居易，作品多反映下层人民的生活，文风平实自然，甚得苏轼喜欢。

苏轼之后与弟弟结伴同去颍州（今安徽阜阳），拜会有阵子不见的欧阳修。比之在京师时，欧阳修的健康情况不容乐观：老人家头发花白，苍老愈显，终年牙痛，牙齿已脱落几个，说起话来有点儿漏风，听力亦退化得厉害。欧阳修患眼病，几近失明。他还得了严重的糖尿病[1]，身体瘦弱，形容枯槁，走起路来晃晃悠悠，不免让人生出几分担心。好在老人家头脑尚算清楚，看法仍然犀利，只是言谈之中不时流露出落寞情绪以及对国家前途的担忧。

为宽慰恩师，苏轼作诗相劝："已将寿夭付天公，彼徒辛苦吾差乐。"意思是说，人生寿数自有天定，且让他们辛苦折腾，我们来这儿过快

---

[1] 欧阳修《与王胜之书》："自春首以来，得淋渴疾，癯瘠昏耗，仅不自支。"渴疾，即消渴，中医上泛指以多饮、多食、多尿、形体消瘦，或尿有甜味为特征的疾病。在《内经》中称为"消瘅"。口渴引饮为上消；善食易饥为中消；饮一溲一为下消，统称消渴，西医称之为糖尿病。

乐、逍遥的生活。"他们"当然是指当权的新党诸人。哪知一语成谶，未及一年，欧阳修这位当代大儒便在颍州孤独地离开这个世界。

兄弟俩陪在欧阳修身边，近一个月之久，然后分别。

苏辙回陈州，苏轼继续踏上去杭州的旅程。

这次分离，兄弟俩内心五味杂陈，前途茫茫，谁也不清楚未来究竟在哪儿。

经过几年官场的沉浮以及人际关系的训练，苏辙变得更加成熟、从容，更为注重理性分析，更加懂得保护自身之重要。趁着这次见面的机会，他对哥哥有更多叮嘱，什么样的人值得深交，什么样的事少加评论，与新党人物相处时应该持何种态度以确保不受其害，等等。

苏轼虽也明白官场的利害及当下险恶的处境，但他依然保持了一贯的秉性：有话在胸，不吐不快。他已隐隐地意识到，将来自己有可能因此而招致风险，但他貌似无法控制自己这种行为。

兄弟依依惜别，苏轼心下酸涩难耐，作诗两首送给弟弟，便是《颍州初别子由二首》。在这两首诗中，苏轼感慨良多，有对弟弟的情感依恋，有郁郁不得志的伤感，还有人生易逝的无限感慨。

其一为：

征帆挂西风，别泪滴清颍。

留连知无益，惜此须臾景。

我生三度别，此别尤酸冷。

念子似先君，木讷刚且静。

寡词真吉人，介石乃机警。

至今天下士，去莫如子猛。

嗟我久病狂，意行无坎井。

有如醉且坠，幸未伤辄醒。

从今得闲暇，默坐消日永。

作诗解子忧，持用日三省。

其二为：

近别不改容，远别涕沾胸。

咫尺不相见，实与千里同。

人生无离别，谁知恩爱重。

始我来宛丘，牵衣舞儿童。

便知有此恨，留我过秋风。

秋风亦已过，别恨终无穷。

问我何年归，我言岁在东。

离合既循环，忧喜迭相攻。

悟此长太息，我生如飞蓬。

多忧发早白，不见六一翁。

看来这一次，他伤得不轻，诗中尽是心灰意懒。

苏轼这一路，走走停停，停停走走，倏而已过半年，才终于到达山青水碧的"人间天堂"——杭州。离开京师时，尚是燠热难挨的炎夏；而今，马上是年底了。

杭州在时人眼里乃财富聚集地、繁华的商业中心，绝对算得上江南的第一大城市，堪比今日之上海滩。其风光，其山水，堪称天下最佳。

先帝仁宗在世时，忍不住夸它的如画美景："地有湖山美，东南第一州。"历代文人对杭州多有赞美之词，极尽绮丽卓越，总之就是"人间天堂"，是最宜居的都市。

后来，苏轼写了首《饮湖上初晴后雨》。此诗一出，令其他描述杭州美景的诗句顿时黯然失色。

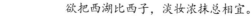

《饮湖上初晴后雨》

水光潋滟晴方好，山色空蒙雨亦奇。

欲把西湖比西子，淡妆浓抹总相宜。

来了杭州，总算开了眼界，让人忍不住感慨：天底下竟有这等胜地！

这里的山水美景，这里的繁华绮丽，这里的悠闲生活，滋养出杭州人与众不同的气质，他们尽情享乐，喜好游戏，从容恬淡。人人向往自然，人人留恋山水，浸淫于这样的城市，杭州人天然地拥有一种独特的审美趣味。

向来热爱山水且沉溺其中的苏轼来到杭州，就像鱼儿看到澄清的湖泊，鸟儿看到可口的麦谷，那神色无不流露出贪婪之意，心中颇觉清爽，精神得到了极大放松。

在凤翔时，他曾经怀恋故乡的山水美景，但此处的山水显然更胜故乡一筹。

在繁忙的公务之余，苏轼努力抽出时间来游山玩水，引朋会友，安然地享受杭州的一切。以他豁达的性格，可以很容易地交到朋友，更何况他早已声名在外，人人争相结交以为贵；他又与人为善，几乎可以和任何身份的人物打成一片。

美景迷人纵是不虚，但叫他难堪的是来到这江南第一都市，依然避不过新政的魔掌。

贵为经济中心的江南，系大宋最为富裕之地，更是王安石推行系列新政的重点。为充裕国库，新党必然全力督促这个地区实施新政。

募役法、保甲法、市易法等，实施起来相对容易，只是青苗法的弊端过多，推行时遇到了诸多阻力。

众多借贷青苗钱的百姓因借贷到期无法还贷，或被官府抓捕、拷打，或被投入监狱。身为一府通判，问因决狱是其职务所在，先前曾激烈反对变法并预言一定会带来恶果的苏轼，现在却也要堂而皇之地端坐于公堂之上，审讯无法还贷的百姓。

想想还真是讽刺！

一批批的百姓被带上来，哭闹喧嚣，申冤诉苦，威严肃穆的公堂一时竟成了凄凄惨惨诉苦鸣冤的大会场。明知新政问题重重，苏轼却无法在行动上给予百姓们太多的同情，只能看着衙役们鞭打他们，自己则在他们的哭叫声中签署判词。

摸摸良心，他总觉羞愧难当，身为朝廷命官，却无力为百姓做些什么，无法阻碍新政带来的恶果。

眼下这情形让他难堪，更让他难受。

每日审案完毕，他的心理上都会产生巨大的负担和亏欠感。百姓只是为了填饱肚子而违法，自己又何尝不是为了这点俸禄而做出违背心愿的事来？自责之情郁积胸中，一时竟无法消除。

苏轼牵挂着百姓，理解着他们的疾苦，感同身受着他们的无奈。

这位来自蜀地的青年官员，自小便有旷达、超远的济世之心。这次再做地方官，他暗暗发誓，除了被动地执行新政，还要寻找机会为百姓做点儿实事。

好茶好酒好友

苏轼虽打心眼里想为当地百姓做实事，但实事却也并不那么易做。在新政当道的大背景下，他工作的重心被迫绕着新政转圈，精力耗尽。

身为地方行政长官的副职和助手，这尴尬的身份让苏轼左右为难：一方面，推行新政是他本职工作所在，即便有一千个不愿意还是要投身其中；另一方面，推行新政有悖于他的立场、原则，最是叫他痛恨。

何况身边还有一帮同事多是恶俗之辈，如在平时，苏轼看都不愿看他们一眼，可如今身在官场，要与人共事，就不得不周旋其间，说些违心之语，怎能不心烦意乱？

苏轼在杭州的饭局一度多到让他不胜其烦，由此还引起了肠胃不适。他跟朋友抱怨说："到杭州做通判，真是入了酒食地狱。"

遇到知音，倒无妨碍，以他的个性和酒量，不醉都为难事；但所遇到的是自己不喜欢的人，也要逢场作戏，对他来说最没意思。

苏轼率真、直爽的个性与世俗格格不入，面对官场的虚伪、浮华，他并不想卷入其中，难免为人不喜。

倒有件公事值得一书，苏轼的威武风采尽在这件公事里得以淋漓尽致地体现。

话说有一批高丽朝贡使者来杭州，他们以为自己是外国特使，身份尊贵，并不把州郡长官放在眼里，而担任押伴的大宋使臣也借外国贡使名义作威作福。苏轼看到这种情况勃然大怒，斥责这些大宋使臣："远夷慕化而来，理必恭顺，如今竟敢这样横暴放肆，不是你们教唆，绝不至于如此，倘不立刻悛改，我马上出奏。"

使臣的嚣张气焰立马没了，只好乖乖地听苏轼的话。

而高丽使者发来的公文上却不写大宋年号，苏轼退还来文，拒不收受，并且告诉他们："高丽称臣本朝，而公文上不禀正朔，我怎么敢收？"

高丽使者只得写了年号，重新递交。几个高丽使者在大宋国土上竟敢如此猖獗，苏轼有意打击一下对方的嚣张，事成之后，他心内的感受必是相当快活的。

熙宁五年（1072年）秋八月，苏轼主持本州的乡试。此时的科举制度也依先前王安石颁布的新政而做了重大改变——废明经诸科，罢进士之试诗赋，只考诸经中的一经。

苏轼很讨厌现在的考试制度，认为不可能选拔出优秀人才。对他而言，主考乡试唯一的好处则是可以趁此机会跑到望海楼上闲坐，喝喝茶，看看钱塘江的秋潮，眯上眼睛睡个小觉，倒也算开心快活。

杭州盛产名茶，是品茗的极佳之地。来杭州之前，苏轼便已好茶，将饮茶当成人生至为重要的享受之一。来了杭州，他获得好茶的机会多起来，对茶更加热爱。

茶是苏轼对抗平淡乏味生活和失意心境的一大利器。在他看来，"从来佳茗似佳人"，好茶一杯，可以消解日常的烦闷，是生活的调味剂。

饮茶舒适而惬意，让人上瘾，正如其诗中所言："乳瓯十分满，人世真局促。意爽飘欲仙，头轻快如沐。"他还认为饮茶可以治病，调养身心，正所谓"何须魏帝一丸药，且尽卢仝七碗茶"。

茶杯可以倒满，人世却如此局促，那就愉快地饮下这一杯，暂时忘掉这个不圆满的世界。

喝茶喝出心得，他还写了首诗，总结煮出好茶的方法：

《试院煎茶》

蟹眼已过鱼眼生，飕飕欲作松风鸣。

蒙茸出磨细珠落，眩转绕瓯飞雪轻。

银瓶泻汤夸第二，未识古人煎水意。

君不见昔时李生好客手自煎，贵从活火发新泉。

又不见今时潞公煎茶学西蜀，定州花瓷琢红玉。

我今贫病常苦饥，分无玉碗捧蛾眉。

且学公家作茗饮，砖炉石铫行相随。

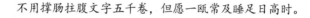

不用撑肠拄腹文字五千卷，但愿一瓯常及睡足日高时。

煎茶的时光最是轻松、惬意。一边研磨茶饼，一边听烧水的声音。水开之时将带着茸毛的新茶放入瓯中，使用二沸的水冲下去，但见杯中碎茶起浮沉落，随之香气*丝丝缕缕*传入鼻中，整个人为之倾倒。

有此一杯好茶，纵世间万千烦恼此刻皆能放下。

好茶的第一要义是新鲜泉水，第二要义是二沸的好汤，第三要义才是新鲜好茶。陆羽《茶经》云："其沸如鱼目，微有声，为一沸。缘边如涌泉连珠，为二沸。腾波鼓浪，为三沸。"二沸是水的最佳火候，三沸以上水则太老，就不能喝了。

手捧清新香茗，慢慢品饮，可谓人生至乐。纵使手边没有什么名贵的饮器，身旁无美女相陪，只要手边常有一杯清茶，还可以睡到自然醒，用不着为公事俗务操心，就已经算天底下最幸福的事情了。

考试结束，对于之后的放榜，他怀着复杂的心情：这样的考试能为国家提拔出什么样的人才？科举改革虽是他关心的事件，但并不像其他新政那么令他忧虑，他也不会与百姓对立起来。

令他最为揪心的，还是那些当下与百姓们密切相关的民生新政。青苗法诸多弊端已不消多讲，新近实施的盐法和水利法也让苏轼头痛不已。

江南是食盐主产地之一。宋代实行的是盐业国家专卖制度，盐户生产食盐，须卖给官府，由于公定的收购价格偏低，导致盐民的生活困苦不堪。很多盐户便将盐卖给私贩者，从中可以得到更多的利润，于是地方上形成盐贩集团，规模很大，甚至可以与官府对抗。王安石认为皆因为盐法不够严苛，所以才不能禁绝贩卖私盐行为，如果加大惩处力度，私盐自然就会消失。

在此认识的支持下，新实施的盐法加大了对私盐的打击力度，加强了对盐业的控制。此法实施后，官府的收入确实有所增加，但新的问题也浮出水面，许多盐户被逼无奈，只得将自己的盐低价卖给官府，最终导致家破人亡。

所见所闻令苏轼心中有诸多不快，他想为老百姓做事，却不得不接受上级指派，处理眼下与盐法相关的事务。他愤愤不平地写道："盐事星火急，谁能恤农耕。"

刚刚处理完盐法事务，他又被两浙转运使安排去湖州视察新筑的堤岸工程。堤岸是为解决吴淞江的水患而筑的。苏轼对这个任务并不热心，干得自然消极、被动。他以为，一来上级的筑堤方案并不可行，二来这事并非自己分内的事。

然而，此行也有意外收获，他见到了在京师时的老友孙觉，还认识了几个志趣相投的朋友。

去湖州前，苏轼就已经给对方寄了首有趣的诗：

《将之湖州戏赠莘老》

余杭自是山水窟，仄闻吴兴更清绝。
湖中橘林新著霜，溪上苕花正浮雪。
顾渚茶芽白于齿，梅溪木瓜红胜颊。
吴儿脍缕薄欲飞，未去先说馋涎垂。
亦知谢公到郡久，应怪杜牧寻春迟。
鬓丝只好对禅榻，湖亭不用张水嬉。

大意是：老孙啊，快将有名的湖州特产准备好，我可要好好享受一番。洞庭湖带果霜的橘子、顾渚山的紫笋茶、梅溪的木瓜、吴兴厨子的脍鱼……苏某都要尝一尝。啊，我口水要流下来了。

孙莘老也没含糊，苏轼刚到便以盛大的宴会招待。

老友相聚甚是开心，但有空闲便饮酒聊天。孙觉将女婿的诗稿取出来，让苏轼过目，并称自己的女婿才华横溢、欣赏者众，只缺少一个像苏轼这样的天才人物称扬引荐而已。

苏轼看后赞不绝口，自此方知世上有黄庭坚其人，也由此开始了他与黄庭坚亦师亦友的缘分。但当时黄庭坚在北京国子监当助教，还未能与苏轼有过往。

巡按新城时，苏轼认识了新城县令晁君成。晁君成是温厚的谦谦君子，一见之下，相谈甚欢，遂引之为友。君成有一子名补之，博闻强识，晁补之带着作品向苏轼请教。苏轼为其才华惊叹，并称赞对方把自己想写的都写尽了，由此这个二十二岁的青年才俊始为人知。"苏门四学士"中，晁补之第一个拜在苏轼门下。

苏轼到任杭州以来，不停奔走在所辖各县之间，亲近百姓，了解民生疾苦。

就他所闻所见各地之情形，新政的实施并没有纾解百姓的困难，反而加深了他们的痛苦。即便江南这等富裕之地，百姓生活也十分悲惨。

为生民立言的良知，常常让他如鲠在喉，不吐不快。只是现在他人不在朝廷，没有机会说话，而先前与新党争斗的经历更让他意识到，即使说了话，也起不到什么作用。他眼下能做的，不过是写几首诗、作几篇文，发发牢骚，表达一下对百姓的同情和对新政的愤怒罢了。

他在湖州写下《吴中田妇叹》《鸦种麦行》，到新城时写下《山村五绝》……苏轼打心底里同情百姓，为他们所受的疾苦而叹，但时时又有无能为力之感。他万万想不到，这一时期所作的与时事相关的诗，大都成为后来"乌台诗案"中讥讪朝政的罪证。

在这些诗文中，他的情绪已有所隐藏。早在刚到湖州饮酒之时，他就与孙觉约定，绝口不谈时事，只管低头饮酒，谁要管不住自己，就要喝下一大杯作为处罚。

既然工作令自己不悦，不如寄情于山水美食。他从美景中汲取养分，平复满腹的牢骚，修炼个人的心境；他从美食中享受自然的馈赠，感怀生活的美好。

在杭州的几年，除了前面提到的晁君成等人，苏轼认识的朋友中还有几位颇值得一提。

陈襄，字述古，福建侯官人，曾因富弼推荐，做京官，一向反对王安石变法，亦为旧党人物。他为王安石所忌，于熙宁五年（1072 年）外放杭州任知州，成了苏轼的顶头上司。此人重视教育，兴办学校，有空时还亲自充当教师授课，做官也认真负责，其品德向来为苏轼敬重。二人共事，知根知底，且意见相似，基本上还是愉快的。及至后来，陈襄侍读神宗皇帝时，还曾大力推荐苏轼等人，此为后话。陈襄好热闹，饮酒赏花之事都喜欢拉上苏轼。二人在官衙是同事，游玩时是朋友，相处十分融洽和谐。

钱唐令周邠，字开祖，著名词人周邦彦之叔，是苏轼在杭州同僚中唱和最相得的诗友，来往之作颇多。

有这些朋友，苏轼自然不寂寞，常常与他们饮酒聊天，诗词唱和，打发掉不少无聊时光。

他沉浸于世俗的享受，明月清风，美景在眼，与一众友人推杯换盏，饮酒赋诗，也能令人开心。他喜欢在热闹的市井中穿行，感受普通人的快乐与自由。

他还爱到寺院去，与方外僧人闲聊，汲取生命的智慧，拯救困顿的心灵。僧人生活在清静的寺庙里，无庸俗生活之烦劳，而且他们饱读经书，十分有见地、有思想。

在西湖边上以及城郊各处，有三百多处寺院。这些寺院大都环境幽美，苏轼身为一府通判，却能和僧人们打成一片，经常聊到尽兴以至于忘却时间。寺僧们也大多喜欢这位没什么架子的官员，听他东拉西扯，听他讲心得体会和人生体验。

苏轼交往的诸僧中，辩才法师与其交谊最深。辩才是个道行甚高的和尚，而且擅长作诗。苏轼慕其声名，常去寺中与其长谈。老和尚身材瘦长，目光如碧，像个老神仙一般，苏轼称他"心具定慧，学具禅律"。

苏轼的次子苏迨生来体弱多病，三岁多了还不会走路。苏轼和夫人王闰之怕养不大，于是请辩才法师为他剃发，做了沙弥，取名"竺僧"。经法师摩顶后，没过几天，苏迨就能像正常孩子一样行走了。

每至寺里，苏轼就像到了自己家一样随便，饿了吃，渴了饮，困了就睡。他在官衙里身穿官服，是个一本正经的官员，而到这寺庙里身着宽松便衣，人们会忘掉他的身份，与他自由交谈。他本是随性的人，到这样的地方来，更没有丝毫掩饰的必要，兴之所至，甚至会手舞足蹈。

和尚们待他也极好，大家知道他爱喝茶，便拿出寺里的好茶与他喝。

来寺里次数多了，他的精神状态慢慢好起来，因公务造成的浮躁急切的心绪总能在寺庙里得以平复，烟消云散。

再面对世俗世界的种种不堪，他发现自己变得宽容了。这或许是境界上的提升。

在种种传说中，苏轼还有一个更为大众所熟悉的和尚朋友，那便是佛印。此处引用两则，当中亦能体现出东坡的性格。

有一个故事说的是苏轼与佛印一起打坐，苏轼问佛印："你看我像什么？"

佛印答："一尊佛。"

佛印问："你看我像什么？"

苏轼答："一坨屎。"

苏轼很开心，以为占了佛印便宜，回到家便得意地跟妻子说这件事。

妻子笑他说："参禅的最高境界是明心见性，你眼里有什么，心里便有什么。"

苏轼大窘。

另一个故事说，苏轼和佛印看到一尊观音像，苏轼看观音手中持念珠，便很不解，问佛印："观音为何又手持念珠？"

佛印说："她在求佛啊。"

苏轼更糊涂："她自己是佛，为什么还求佛？"

佛印答："求人不如求己。"

事实上，苏轼第一次来杭州时还未认识佛印，这些诙谐有趣的故事也多为明代民间编造。传说中的佛印一直被人们津津乐道，不仅是因为他的才学和修养，更因为他调笑人间，潇洒来去，不像一般的正襟危坐的和尚。苏轼和佛印是一对活宝，二人有共同的情趣，且都是喜欢调侃的人，他们在一起就没办法正经起来。从尘世的无聊中寻找乐趣，也正符合苏轼与生俱来的天性。

苏轼在杭州的交游甚广，除了当地官员、社会贤达、寺庙僧人以及慕其名来拜访他的客人，甚至还包括妓女。

而最能体现苏轼待人接物的，便是他和妓女的交往。

宋代的士大夫间，宴游之风甚盛。宴席之间，少不了歌舞陪酒的女子。一般情况下，这些女子是由官府特别指定的出身乐籍的妓女，称为官妓。除正常的营业之外，她们还会应官府之召，在官员们的宴会上唱歌、跳舞、陪酒，以为助兴。

当时，除官妓之外，士大夫间亦风行供养家妓，甚至形成攀比的浮华之风——家妓的数量标志着生活的优越程度，人人以享乐为追求目标。彼时，好色并不被看作人格上的污点，甚至还有值得夸耀的成分。即便是圣贤之辈，都不能免俗。连最负盛名的两个大儒司马光与王安石，都有风流故事流传。

苏轼身为杭州通判，为一州长官，自然不能免俗。于此情况之下，十二岁的朝云进了苏家，成为家妓，而挑选朝云的正是夫人王闰之。后来苏轼还以此事作诗夸耀妻子贤惠。

苏轼喜欢与朋友玩乐，高谈阔论，把酒言欢，这是他的天性使然。他自言"性不昵妇人"，日常参加许多宴饮，置身于衣袂飘飘的众多美女之中，大多只是欣赏其美，未有亵玩之想，绝对称得上正人君子。

但苏轼也不是卫道士，绝不端着架子、摆着样子，而是可以心无芥蒂地与她们相处，放肆地朗声大笑。他可以投入地与她们嬉戏娱乐，而不必负有道德的重担，至酒兴渐浓，彼此已打成一片，欢声笑语，其乐融融。

苏轼交友向来不重出身，这样的态度也很容易让他和妓女们成为朋友。

苏轼和妓女之间发生的故事，民间多有流传，是真是假难以辨别，但从这些故事里可以看出苏轼的通达与智慧。若从心理学的角度解释，那便是人在放松的时候，潜藏于内心的真性情才会彻底地爆发出来。

民间传说，杭州城里最红的歌妓琴操是苏轼平生最爱的妓女，两人一度陷入情感的纠葛，最后琴操姑娘听从苏轼的劝说，出家为尼。

苏轼曾偕琴操同游西湖。

苏轼开玩笑说："我来做长老，你试着参禅。"琴操笑着答应了。

东坡曰："何谓湖中景？"

答："落霞与孤鹜齐飞，秋水共长天一色。"

又问："何谓景中人？"

答："裙拖六幅湘江水，髻挽巫山一段云。"

再问："何谓人中意？"

答："随他杨学士，鳖杀鲍参军。"

还问："如此究竟如何？"

琴操不答。

东坡曰："门前冷落车马稀，老大嫁作商人妇。"

琴操从此削发为尼，于玲珑山别院修行，终日研读佛理，并将心得写下，寄予杭州城中的苏轼。后来，琴操慕苏轼神采及学识，为情所困，郁郁而终。

这故事可信度并不高。"琴操"一词出自东汉蔡邕《琴操》一书，这是本解说琴曲标题的著作，好事者以此为人名，代指多才多艺之女子，并与苏东坡匹配，凑成一对才子佳人，使之更多几分传奇色彩，应是文人们造作故事的一种惯性套路。

但没有疑问的是，对于大多出身不幸的妓女，苏轼向来怀着深深的同情之心，从他后来的诗句中便可看出端倪："自古佳人多薄命，闭门春尽杨花落。"

他与妓女的交往，也自有欢乐的一面。

妓女们大多受过音乐与词曲的严格训练，有一定的审美品位以及对于诗词的爱好。眼前这位名满天下的诗人，是她们敬仰的偶像，与他相识堪称幸事。关系熟络后，她们亦喜欢向这位通判大人求取诗句。

苏轼往往来者不拒。其文采丰盈充沛，信口即可诵出佳作，随手记下赠予她们，便引得姑娘们交口称赞。这些诗不经雕饰，别有意趣，从中可以一窥作者的真性情。

苏轼曾给一个女孩作诗《戏赠》：

> 惆怅沙河十里春，一番花老一番新。
>
> 小桥依旧斜阳里，不见楼中垂手人。

题目虽有"戏"字，但诗中愁绪弥漫，犹如初恋离去，失落占据了全身。想必女孩读过这诗已经泪眼迷离了吧。

他给另一个女孩作诗《赠别》：

青鸟衔巾久欲飞，黄莺别主更悲啼。

殷勤莫忘分携处，湖水东边凤岭西。

女孩要离开此地，向来豪爽洒脱的诗人却低沉起来。他语气深沉地告诉她，别忘了我们曾经一起度过的欢乐时光。

他还曾为一位女孩作词《采桑子》：

多情多感仍多病，多景楼中。尊酒相逢，乐事回头一笑空。

停杯且听琵琶语，细捻轻拢。醉脸春融，斜照江天一抹红。

这词一扫前面两诗的落寞与愁绪，诗人告诉女孩分别与相逢本为人生常事，不妨回首一笑，超脱面对，享受当下，感受生命中所有的惬意和美好。

不得不说，杭州的欢乐生活暂时让苏轼有了寄情之处，有了情感宣泄的可能：自然美景让他心境更为开阔，喝茶、参禅、作诗、交友，甚至与妓女的交往，都让他蓄积了内心的精神力量。

总之，尽管杭州的公务无聊到令人无法忍受，但杭州有美景、朋友和美女，让他不至于太过悲观地活在当下。

年近不惑的诗人，因在杭州的生活，诗情得到最大限度的发挥，人生态度有了新的转向——与其哀怨悲戚，自逐人间，不如放下一切，享受当下。

苏轼懂得了接受一切，笑对无奈。

比之前几年，苏轼不论情感还是理智都已经过历练，这使他看起来更为成熟、通达。

他的愤怒或许还在，但已不如先前那样强烈。

他甚至开始试着不再记恨过去那些刻意迫害他的政敌。这又是另外一个层面的提升。

到密州去

倘若苏轼下定决心做一个隐者，凭他的才智，可以修炼到甚为高深的境界，终成一代大师；但他偏偏是个入世甚深的人物，偏偏又洞察世情——这个出身平民的儒生，有一颗与生俱来的怜悯之心，感同身受着百姓的苦难，由不得他不陷入彻骨的痛苦当中。

这成为他人格中不可调和的矛盾。

在杭州这三年，既是世俗美好生活之所系，也是他个人心灵之炼狱。他享受生活时，固然可以做到乐不思蜀，但一俟进入工作状态，眼前所见、心中所想的仍是因还贷不成而被责打的农户、家贫而三月不知盐味的老翁、借了青苗钱而去城中放荡的农村少年、因贩卖私盐被抓捕的逃亡盐户……他一度非常自责，自己身为执行者，无疑是新政的帮凶，专门以残害普通百姓为业。

他甚至产生放弃做官的念头，想要彻底摆脱这身不由己的官场，回眉山种田，做个田园里自由自在的农夫。

有一次，他寄诗作给苏辙，借以试探弟弟是否有想和他一起回老家做农夫的想法。苏辙沉静内敛，踏实勤勉，为人处世老成理性，情绪不像苏轼一样大起大落。对于哥哥的建议，苏辙用委婉的语气提出批评，劝他及时打消这个念头："近来南海波尤恶，未许乘桴自在游。"这世上还有许多重要的事等着我们去做，哪能这么早就追求所谓的自由自在？

熙宁七年（1074 年），政局发生了巨大变化，神宗皇帝重用的王

苏东坡传

安石被罢相了——从启动改革到现在，也不过五年时间。

促使王安石被罢的原因十分复杂。

首先是实施新法的不良反应，通过各种渠道陆续反馈到宫中。

其次是皇族的反对，其中神宗的祖母光献太后反对最力。

最后是天灾造成大饥荒，乡民背井离乡，四处逃亡。

王安石被罢相最直接的导火索，则是郑侠所绘制的《流民图》。郑侠本是一介地位低微的"监安上门"，即安上门的看门官。他每日都能见到大量流民由此门拥进京师，流民们衣不蔽体，身体瘦弱，形容憔悴，悲惨之状真如人间地狱；还有因新法被押解进京的犯人络绎而至，情形甚为凄切。

郑侠便根据所闻所见绘制了一幅《流民图》，假称密急，发马递送银台司，将灾民之苦归罪于新法，又上《论新法进流民图疏》称"去年大蝗，秋冬亢旱，以至于今，经春不雨，麦苗枯焦，黍粟麻豆，粒不及种。旬日以来，街市米价暴贵，群情忧惶，十九惧死"，并请求废除新法，神宗"反复观图，长吁数四，袖以入。是夕，寝不能寐"。

神宗看到郑侠的《流民图》和奏折，方知晓民间为变法所苦，致生灵涂炭，连着几日长吁短叹，郁郁不乐，也由此决定暂罢新政。神宗变法五年，顶着巨大压力，付出极多努力，现在却要停顿下来，心中的悲哀又有几人明了？

利用负面消息打击王安石，本是旧党常用的一种手段。《宋史·郑侠传》中关于此事的相关记载颇为含糊，有几处疑点：一是郑侠官低位微，并无资格向皇帝奏事，即便假意密急，也没那么容易混过去；二是王安石对郑侠有知遇之恩，即便不同意变法，也没有理由撕破脸皮搞人身攻击，说王安石惹得天怒人怨，"去安石，天必雨"；三是神宗既有变法之决心，便已做好面对困难的准备，为何郑侠一幅《流民图》就能使他改变主意；四是以大宋之广，灾荒几乎年年皆有，"水旱常数，尧、汤所不免"，将灾荒推到王安石变法身上，这样牵强的理由神宗能信？

但不管怎样，《流民图》似乎成了压垮骆驼的最后一根稻草。

当变法的各种负面消息传到神宗耳朵里，边上又有太皇太后添油加醋地说"安石乱天下"，在旧党人物推动下由郑侠不失时机地炮制出的这幅《流民图》，可谓火上浇油，神宗不堪重压，心中的天平已向保守派倾斜了。

改革已至中途，恰是关键时期，就此放弃着实让王安石痛惜不已，但时局至此，他也只好听由形势的摆布了。王安石请辞相位，态度坚决，几无回旋余地。神宗执意挽留，但安石去意已决，规劝不住，只好让他去江宁（今江苏南京）做了知府。失去王安石的神宗，立时感觉像手足被人砍断一样，那个"横身为国家担当重大事业"的好帮手还真是缺不得。

辞行前，王安石特别向神宗推举吕惠卿为参知政事、韩绛为同平章事。只是后来吕惠卿落井下石，因怕王安石东山再起，自己失了相位，便试图设计陷害王安石，此为后话。

苏辙此时已为官齐州（今山东济南），是掌书记，七品官，相当于掌管军政、民政机关之机要秘书。苏轼任期三年即将届满，因弟弟在济南便请调山东，被批准。其职位为密州（今山东诸城）知州，是为地方上军政最高之长官。

这是他真正主政一方之开端。这一年，苏轼三十九岁。

他本来想趁这次调任的机会，顺便绕道齐州看望苏辙，无奈路上耽误时日已多，又必须立马去密州赴任，而且时入寒冬，去齐州必走的青河，已冰冻封航。没办法，他错过了这次见面的机会。

从杭州到密州，一路之上，苏轼又会见诸多老友。在松江的垂虹亭，他与杨绘、陈舜俞、张先、李常、刘述等人，饮酒赋诗，高谈阔论，好不快活。

苏轼抵至高邮时，见到正在这儿为母服孝的老朋友孙莘老。孙莘老拿出秦观的诗文给苏轼看，苏轼大加赞赏，对此人留下深刻印象。

救灾能手

密州是贫穷之地，与富甲一方的"人间天堂"杭州有天壤之别。

苏轼的双脚刚踏进密州境内便感受到一场严重的天灾：土地干旱，蝗虫成灾。

自秋入冬，方圆数千里，久旱未雨，麦不入土，铺天盖地黑压压的蝗虫则更为可怕，"累累相望者二百余里"。

若说天灾还有补救之可能，人祸的猖狂却一时无法避免。

先前王安石变法过程中，由于用人不当、操之过急，再加上新法本身的流弊，致使各地老百姓的生活苦不堪言，密州亦不例外，百姓对新法怨声载道。

上任的第二十天，苏轼便奏报朝廷蝗灾情况，提出减免税收的请求；之后，专门修书给丞相韩绛，信中除强调蝗灾之外，又特地说到实施新政后造成的诸种弊端，以及新近"手实法"的危害。所谓"手实法"，《宋史·志·食货上》有记："其法：官为定立田产中价，使民各以田亩多少高下，随价自占……以其价列定高下，分为五等。"然后据此确定役钱。"手实法"规定，任何人不得隐匿财产，如若发现，一律没收，并鼓励民间告发，此法固然可以增加财政收入，却也使许多中产以上的家庭因为谎报田地等级被人揭发，没收田产，一时人心惶惶。

在这封信中，苏轼还提出要迅速改变眼下食盐由官府专卖的政策，以免造成更为恶劣的后果。

苏轼如实反映当地的灾情，为民请命，要求朝廷选派官员下来视察灾情，体量放税，或者给予补助。但朝廷的响应看起来并不积极，特别是丞相韩绛，此君为人处世向以小心谨慎著称，并无太多改变现实的意愿。

除了积极地从外部争取条件，解救百姓于水火，苏轼还带领当地民众主动抗灾，不等不靠。他访问了众多农夫野老，从人民的智慧中汲取经验，集思广益，经一番研究和实地考察，最终决定采用火烧、深埋的办法坚决铲除蝗害。为了调动群众抗灾的积极性，他还实施了奖励政策，动用部分仓米来奖励捕蝗的民众。

经过一年多的努力，成绩显著，当地的灾情基本得到控制。

除以上事项，苏轼在密州还重点做了以下几件事。

其一，除暴安良，强化社会治安。苏轼疾恶如仇，对仗势横行乡里、肆意殃民者绝不纵容姑息。只要百姓告发，他便要查清真相，迅速出击，一举抓获治罪；对于一时猖獗的盗贼，他广泛发动群众，悬赏缉盗，抓到强盗立即兑现奖金，因此当地百姓人人奋力协助官府缉盗；对于政风败坏的地方官员，他亦直接给予严厉的批评和斥责，甚至对于不按常理出牌的朝廷派驻地方的官员，他也绝不姑息纵容。

其二，关注农事，兴修水利。苏轼一生为官各地，兴修水利无论何时都是他问政的应有之义，在密州亦不例外。他曾经于密州城南数里处发动百姓筑过十里长堤，以"壅郏淇水入城"。他还计划在此修建大坝，既可蓄水以备天旱时灌溉农田，又可在连日下雨的情况下阻挡大水淹城。可惜，这一大型水利工程直到苏轼离开密州时也未能成为现实。除了兴修水利外，他还因旱灾积极地为百姓祈雨。

其三，习武备战。苏轼心怀天下，忧虑未来，有远见卓识。面对辽、夏等国对大宋王朝的骚扰，他力主朝廷不能妥协，用武力来对付武力

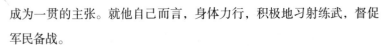

成为一贯的主张。就他自己而言，身体力行，积极地习射练武，督促军民备战。

他常常到一个叫黄茅冈的地方练习骑射，并在农闲季节组织民兵与同僚会猎，训练预备役部队，准备随时打击来犯之敌。在训练之余，诗人因爱国心所驱使，常常豪情万丈，作出动人诗句。

看看这首《江城子·密州出猎》：

老夫聊发少年狂，左牵黄，右擎苍。锦帽貂裘，千骑卷平冈。为报倾城随太守，亲射虎，看孙郎。

酒酣胸胆尚开张，鬓微霜，又何妨！持节云中，何日遣冯唐？会挽雕弓如满月，西北望，射天狼。

苏轼在密州两年，比之在杭州三年，确实做了许多实事。一来因为他是一州长官，有了更多的主动权；二来密州正系多事之秋，天灾、人祸以及混乱的社会治安，都为苏轼施展政治才能提供了用武之地。

有一件事绝不可不提，这件事不只表现了苏轼的机警和聪明，更让他赢得了当地百姓的称颂，让人们对他的爱戴与日俱增。

有一群强盗来到密州境内准备偷盗，安抚转运使派了一帮兵卒捉拿，当地官府予以配合。结果这帮兵卒却比强盗好不到哪儿去，横暴凶残且诬陷百姓。当地百姓奋力反抗，击溃了这帮悍卒。

百姓们跑到太守衙门上告，苏轼看都未看状子便扔在地上，说："怎么可能有这样的事情？！"

那些作乱的散兵听到这个消息，心下安定了许多，慢慢地又聚拢到一块儿。苏轼遂果断下令，派人将其一网打尽，传上各种早已收集来的人证、事证。这帮兵卒无法抵赖，只好招供所犯下的罪行，苏轼将他们一一明正典刑。

以上诸项天灾人祸之外，另有一件事让苏太守揪心不已，那便是弃婴事件层出不穷。苏轼巡行州内各地，不时见到婴儿被丢于荒野的情形，心中十分难过，忙着"洒泪循城拾弃孩"。

为防止更多人弃婴，他专门筹出一笔经费用于此项事务，并张贴告示，明文规定：愿意领养孩子的家庭，由官府每月给米六斗。他希望以此办法鼓励人们善待这些幼小的生命，减少一些人间的悲剧。虽非根本解决之道，但他已尽了个人最大的努力。

如此繁重的公务令苏轼相当疲惫，更无暇到密州各处游览山水。但他有诗人浪漫的本性，即使再忙，也还会偷闲，放松一下紧张的神经。附近的常山和卢山是苏轼最喜欢去的地方，他在密州写下的诸多诗作，与此二山相关者甚多。

在密州期间，他还发挥了一个诗人浪漫的天分和想象力，对荒废的公园进行了成功改造，建造了一个"西园"，并遍植花草树木，绿意盎然，趣味十足。"起行西园中，草木含幽香"，于此偏僻之地也能建立起精神生活来。

但密州与杭州无法相比，较之杭州时，生活品质下降得厉害。

偶有空闲，苏轼和夫人聊起天来，对杭州的生活不无怀念。"灯火钱塘三五夜"，那个热闹的繁华都市有高朋满座，有美食美酒，有衣袂飘飘，任谁不向往？最让他难以适应的，却是密州没有聊得来的人，不像杭州文人荟萃，诗友云集，处处皆有朋友，个个有才思、有智慧。他是个喜欢热闹的人，孤身一人在这偏僻之地，缺乏思想上的交流，无疑相当苦闷。他只能借与朋友书信交流的机会，抒发情绪。这种书信往来，总能令他忆起昔日与诸位友人团聚饮酒的美好时光。

怀念归怀念，他还是要习惯这里的生活。比如酒不够喝，变通的办法是将大杯换成小杯。如此一来，便可以喝到足够多的杯数，他主动安慰客人，"请君莫笑银杯小"。又如饭菜不合口味，他就想想还有百姓连这样的饭菜也吃不上，时间一长，自然习惯。

宋朝官吏本来薪俸优厚，但新法实施后，地方余利被搜刮一空，地方官的俸禄也随之下降。有一段时间，身为一州长官的苏轼竟然连肚子也无法填饱。

无事时，他便和通判刘庭式一起，沿城寻找野生的枸杞和菊花，借以果腹。《后杞菊赋》里对此事有记载："余仕宦十有九年，家日益贫，衣食之奉，殆不如昔者。及移守胶西，意且一饱，而斋厨索然，不堪其忧。日与通守刘君廷式，循古城废圃，求杞菊食之，扪腹而笑。"

饿着肚子还可以笑出声来，这事儿大约只有苏轼才行。

虽是出于无奈才吃这枸杞与菊花，但他服用一年之后，却收到意料之外的效果，不只面色变得红润，精力也更加旺盛，就连先前的白发都有变黑的迹象，一向令他烦恼的眼疾也有好转。此等效果，缘于这枸杞与菊花的药用：枸杞有养肝、滋肾、润肺的功效，其叶可以补虚益精，根皮称地骨皮，有清肺、降火之功效；而菊花则可以抗毒和养肝明目。

苏轼身在密州，虽无法与先前的友人当面进行智慧的交锋、思想的交流，但也正是这孤独让他静下心来认真读书。利用空闲的时间，苏轼重读了《庄子》，这部著作他在少年时代便已熟读，印象甚是深刻。庄子特立独行的处世态度，曾在很长时间内浸淫着他的内心，浸润着他的个性。此番重读，他则有了更深刻的启迪和思考。

庄子思想强调顺应自然，超脱于任何外在的条件，而不为外物所役。

苏轼少年时代涉世未深，没有现实的考量，没有世俗的牵绊，只是喜欢庄子骨子里的潇洒，却未感悟出其最深刻的一面。如今，经历过官场浮沉，名与利的诱惑，亲人的生与死，眼见了人世间的诸多悲苦，再来体悟庄子的思想，便有豁然开朗之感：原来自己所看重的诸多身外之物，就是内在的痛苦根源。

想明白这些，苏轼心下坦然一片，有茅塞顿开之感。他很快从低沉的情绪里拔出双脚，庄子思想由此成为他生命中至关重要的组成部分。

若说之前的他所表现出来的达观只是天性如此，是个性里自然的乐观因子起了作用，偶尔还掺杂强颜欢笑的成分，而如今他却能真正开始从心底里看淡人生的苦难，逐步向真正的潇洒靠近。

偏远、贫穷的密州物质条件极为匮乏，却是他磨炼思想和个性的好地方，他不再是那个科场得意的天才少年，不再是初涉仕途的年轻签判，他开始变得宽容，变得豁达，变得顺应时势，不再强求得失与多寡。

杭州的山水美景激发的是苏轼无边的诗人浪漫；而密州这个民风剽悍、勇猛的地方，则激发出他豪迈、旷达的个性。

辛苦与勤劳之外，他乐观、豁达的本性在困窘之中又发挥了作用。

他在密州建了一座"超然台"，还修了一座聚会场所，取名"盖公堂"。

他运用自己独特的审美，实践于这两处建筑当中。

超然台建在西园北侧的一处高地上，视野开阔，适合远望，冬暖夏凉，宜于休闲。苏轼常常与宾客至此，也算是密州贫乏的精神生活中为数甚少的硕果，每每登台畅饮，都让他仿佛有回到杭州的错觉。

此台之名是弟弟苏辙所取，强调其"超然"之意，这亦是苏轼所喜欢的名字。他特别作了一篇《超然台记》，表明超然物外的思想，正是得益于庄子。正所谓"余之无所往而不乐者，盖游于物之外也"，不受外物束缚，不受情绪影响，人生境界自然大开。

盖公堂则为了纪念盖公兴建，盖公是西汉人，善治黄老之术，强调与民生息的政策。而王安石变法急于求成，不惜动用刑罚来对待百姓，将百姓的财产尽予剥夺。苏轼建造此台亦有深意在焉，他想强调的是现在的统治者应该学习盖公思想，"与民休养"，从而让天下得以安定和发展。

苏轼借建造盖公堂的机会写了一篇《盖公堂记》，抒发忧国忧民的情怀，表达了对新法所造成危害的担心。

熙宁九年（1076年）八月十五，苏轼与同僚聚会，饮于超然台上。至兴奋时不免在这样的佳节里思念起济南的弟弟，于是作了一首流芳百世的《水调歌头》：

明月几时有，把酒问青天。不知天上宫阙，今夕是何年？我欲乘风归去，又恐琼楼玉宇，高处不胜寒。起舞弄清影，何似在人间。

转朱阁，低绮户，照无眠。不应有恨，何事长向别时圆？人有悲欢离合，月有阴晴圆缺，此事古难全。但愿人长久，千里共婵娟。

迷离的醉意加上超人的才情，把思念和孤独抒发得淋漓尽致，从自然现象说到人事变幻、生命无常，虽是短短数语，所思所念尽在其中矣。有此一词，无人可出其右，直至千年以后，它还流淌于现代人的心里，成为永恒的绝唱。

光阴似箭，任期很快结束，熙宁九年（1076年）十一月，朝廷一纸调令将苏轼派往河中府（今山西永济）。

尽管在密州仅有两年时间，苏轼却与当地百姓打成一片，建立起深厚感情。一想到马上要离开这贫穷的密州，心中还真是依依不舍。他知道，此一去，或许再无回来的机会，密州只不过是他旅途迁转中的一站。

临行前，苏轼因为没有在任期内解决百姓的苦难，没能改变当地落后的面貌而心怀愧疚，写了一首《和孔郎中荆林马上见寄》给继任的太守，以表达自责之情："秋禾不满眼，宿麦种亦稀。永愧此邦人，芒刺在肤肌。"

其中的恻隐之心、其中的如坐针毡、其中的救世情怀，都足以彰显苏轼的伟大。

也正是在密州的这短短两年，他更加深入地了解民间，更为关怀百姓的疾苦，更坚定了他"为生民立命"的人生理想。

熙宁十年（1077 年）正月，朔风劲吹，大雪纷飞，苏轼一家冒着严寒上路。

将至济南，任齐州知州的好友李常早已派人远道相迎，苏辙的三个儿子即苏轼的侄子们也前来一睹大伯风采。恍惚之间，又是六年，时光如此无情，都没有给人感慨的机会。苏轼再见侄儿，看他们已经渐次长大，个个聪明可喜，懂事却不失活泼，举手投足间颇有乃父风范。

所谓变化，说起来相当有戏剧性，因吕惠卿害怕王安石重新出山，屡屡予以陷害，欲置其于死地。不想神宗对王安石信赖既深，并不为其谗言所动，吕氏搬弄是非，搬起石头砸了自己的脚。到熙宁八年（1075 年）二月，王安石复相重出，吕惠卿下台，被贬为知州。

重新出山的王安石境况已大不如前，不只是岁月让他变老，雄心饱受摧残，现在又失去了最重要的助手吕惠卿，面临无人可以任用的窘境。

举贤不避亲，王安石大胆起用长子王雱。王雱人如其父，才华横溢，聪明能干，却因为年少轻狂而付出沉重代价。他想要彻底扳倒吕惠卿，除掉这个对父亲不利的祸害，因此瞒着王安石指示御史中丞邓绾弹劾吕氏，不料因为心急，处事不当，被吕氏上疏反咬一口。吕氏称王安石欺君罔上，曾写信给自己，称"无使上知者"，有事情隐瞒皇帝，乃欺君之罪，王雱本想帮父亲一把，不想事情未成，反为父亲惹来祸端。

王安石一怒之下，责怪儿子轻率、莽撞，王雱为此闷闷不乐，竟成心病，后背生毒疮而死，年仅三十三岁。

王安石虽然复相，但神宗变法的决心早已大不如前，原先的诸多新政也已处于废弛状态。又因长子英年早逝，悲痛当中的王安石万念

苏东坡传

俱灰，因而请求辞职，神宗没有办法，只好放他去了金陵（今江苏南京）。此次他担任相职，仅有一年半时间。

新政派的当权人物皆不在朝，旧党人物重新出山的情形呼之欲出。于是，苏辙趁此机会前来京师寻觅机会，以期施展自己的抱负和志向，故他此时并不在济南。

两家已有好几年未曾见面，此番相聚分外亲切。王闰之和史氏妯娌竟有说不完的话。两兄弟的几个孩子初时生分，没几天便熟络起来，亲热劲儿并不比当年的他们哥儿俩差。于亲情的环绕当中，苏轼心生几分欣喜，尽情享受这难得时光。

苏轼在李常和侄子的陪同下，美美地游赏了一番济南。

比之密州，济南是一个较大的城市，城里亦有不少美景：清冽甘甜的各处泉水、碧波如洗的大明湖、香火旺盛的千佛山等，将他深深吸引，没有公务牵绊，没有恼人心事，玩得自然尽兴。

这一个多月对疲于奔命的苏轼来说，也算是弥足珍贵的休息和调整。

兴之所至，每有佳句。像此一首，写尽了济南的美好：

《阳关曲》

济南春好雪初晴，行到龙山马足轻。

使君莫忘雪溪女，时作阳关断肠声。

知州李常热情好客，公务之余，大都陪苏轼高谈阔论，举杯言欢，喝足美酒。李常亦不失时机地拿出外甥黄庭坚的诗稿请苏轼过目，其才情又让苏轼高看一回，印象比之前次也着实更为深刻。

二月上旬，苏轼带领全家继续赶路，行至山东郓城一带，与专程赶来迎接他们的苏辙相遇。兄弟相见，格外激动，欣喜之情全都写在脸上。时隔六年，兄弟二人再次相逢，怎能不心潮起伏？"一樽酒，黄河侧。无限事，从头说。相看恍如昨，许多年月。"

时光改变了他们的容颜，却丝毫改变不了兄弟间深厚的情感。苏辙眼下正闲，便决计陪哥哥去河中。一路上，兄弟尽诉分别之苦，纵论人生短长、政坛流变、未来的朝廷格局等，仿佛有一肚子话总也说不完。

正去往河中路上，苏轼却接到朝廷的诏令，改知徐州，兄弟俩掉转马头又奔徐州而去。

再次经过京师，他们便决计往见神宗。至于二人进城的原因，无人可知其详，或许兄弟二人在对未来政局走势分析过后，得出旧党必将再度上台的结论，又激起他们为朝廷建言的豪情。转眼已至不惑之年，此时再不作为，更待何时？

当然，这只是大胆的推测而已。但一定发生了什么大事，才让他们在京城停留了很长时间。

在京师的陈桥门，兄弟二人被阻于门外，苏辙有记"及门却遣不得入"，但并未给出具体原因。兄弟俩只好同回范镇家的东园，借居于此。

其间，与范镇自然也有许多话要说。这位前辈是反对变法的重臣之一，对苏轼兄弟亦很看重。熙宁三年，他曾举荐苏轼为谏官不成，反而连累苏轼为人诬告，范镇愤而致仕。

苏轼在东园住了两个多月，并为长子苏迈办了婚事。其时，苏迈年十九，跟乃父结婚的年龄相差无几。只是苏轼为儿子举办婚事的时间令人费解，他人在旅途，尚未到达徐州，而且还借居在别人家里。

可以想见的原因或许是女方家在京师，且是在这两个多月内提的亲，这婚事很有可能属于现在流行的闪婚。

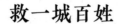

救一城百姓

苏辙陪同哥哥来到徐州时，已是熙宁十年（1077年）四月，自苏轼离开密州已有近半年之久。

下车伊始，苏轼便累身于繁忙的公务，一时竟无法抽出时间和弟弟聊天或者出游，只好托了朋友代为相陪。

他为此苦恼不已，一心只想着待到退休之时，此种烦恼便可自动解除。"退归终作十年游"，到那时，再无公务缠身，再无俗事牵绊，一对亲兄弟，两个小老头，同游名山大川，赋诗唱和，谈笑间尽让往事灰飞烟灭，任岁月静静流逝，该是何等潇洒和自由！

苏氏兄弟自入仕以来，茫然已是十余年，其间各自忙于迁转，聚少离多，彼此相隔千里，只得凭书信和诗句来慰藉。如今二人相聚一处，却又因公务繁忙没时间天天相处，真是好矛盾的人生。

当下的朝政一片混乱，前途看起来仍然缥缈无绪。人生已至中年，极易幻生出一事无成之感。就连当年兄弟俩在怀远驿"风雨对床"的约定，于冰冷的现实面前看起来依然遥遥无期，苏轼不由得心中焦虑。

一向旷达乐观、老成持重的苏辙，面对前后皆无着落的当下也变得感性起来，他在徐州写下的诗作尽显悲凉，情绪几乎要跌入谷底：

《逍遥堂会宿二首》
逍遥堂后千寻木，长送中宵风雨声。
误喜对床寻旧约，不知漂泊在彭城。

秋来东阁凉如水，客去山公醉似泥。

困卧北窗呼不起，风吹松竹雨凄凄。

读过弟弟的诗，苏轼更为难过，便和其诗劝解弟弟：

《子由将赴南都，与余会宿于逍遥堂，作两绝句》
别期渐近不堪闻，风雨萧萧已断魂。
犹胜相逢不相识，形容变尽语音存。

但令朱雀长金花，此别还同一转车。
五百年间谁复在？会看铜狄两咨嗟。

他虽是在宽慰弟弟，甚至还开了个小小的玩笑，但总给人强颜欢笑之感。子由读后，怕也笑不出来吧。人生易老，岁月急遽，却无半点办法，只得慢慢等待转机。昔日的天才少年，转眼已是中年，若一直这样等下去，人生岂不是白白荒废？

这一次时间充裕的见面，于兄弟二人而言弥足珍贵。

人在江湖，身不由己，能在一起多待上几天，便是难得的福分，谁也不知道未来究竟怎样，也只能随时光的消逝苦等到退休，到时再去践行"风雨对床"的约定。

兄弟俩比任何时候都更珍惜在一起的时光，但凡有机会，便同游徐州的名胜古迹，作诗赋词，互相唱和，一解七年思念之情。

不多久便有朝廷新命，苏辙的下一站是南京，仍随前辈张方平任职。苏轼坚持留弟弟在徐州过中秋。他邀请了众多朋友，陪子由一起饮酒赏月，以为其送别。虽然明月当空，觥筹交错，气氛热闹，但总有一丝抹不去的惆怅，在兄弟二人的内心徘徊不去。苏辙当晚所作的《水调歌头》，正是此种复杂心情之写照：

离别一何久，七度过中秋。去年东武今夕，明月不胜愁。岂意彭城山下，同泛清河古汴，船上载《凉州》。鼓吹助清赏，鸿雁起汀洲。

坐中客，翠羽帔，紫绮裘。素娥无赖，西去曾不为人留。今夜清尊对客，明夜孤帆水驿，依旧照离忧。但恐同王粲，相对永登楼。

相聚的幸福、分离的忧伤掺杂于字字句句当中。中秋节的第二天，弟弟别去，苏轼心中又是一番痛苦的煎熬。

刚到徐州任上的苏轼，就经受了一场严峻的大考验。

七月十七日，黄河澶州（今河南濮阳）决口，水势凶猛，瞬间淹没了四十五个州县，毁良田三十万顷。到八月下旬，决口已有月余，而徐州城内的汴河尚在干旱当中，人们暗自庆幸这次大洪水应该淹不到徐州。

不料四天之后的二十一日，情况突变，不仅汴河河水猛涨，而且又突降倾盆暴雨，终于形成洪水，如猛兽下山一般，直扑徐州城内而来。不多时，再看城下，已涨起一丈多深的大水，水漫城壁，水位渐渐抬高。若是雨水浸泡过久，城墙倒下，整个徐州城都有被淹于水底的危险。

情势危急，苏轼必须当机立断，果断处置。他没有怠慢，立即调集五千民夫，火速加固城墙，以防大水漫进城内。

他一边指挥民夫筑城，一边又来安抚人心浮动的百姓。

当时，城中有一批富人听闻大水即将漫城，即刻聚集到城门口，要求出城避难。苏轼清楚，现在一旦有人出城，民心必将因此大乱，他必须坚决地予以拒绝。

苏太守迅速来到城门口，用异常坚定的语气告诉现场的百姓："一旦有人出城，民心必将大乱，守这个城的意义何在？只要有我在，就绝不能让它遭受水淹之灾。"

看太守有此决心，百姓这才安宁下来。

民心刚定，苏轼又急着赶往禁军营地，动员禁军首领一同护城。禁军本由皇帝直接统率，地方官员无权调动，但眼下事态严峻，十万火急，苏轼已经顾不得那么多，只求能保住徐州，保卫徐州百姓的生命和财产。

禁军首领眼见知州大人身先士卒，雨水里奔波来去，深为其爱民之心感动，对他的要求亦不含糊，遂迅速集合全体将士，与百姓和地方官府一起投入抗洪当中，共同奋战。军民通力合作，用了一个月时间筑起一道坚固的堤防，终使徐州免于被淹的噩运。

堤防筑得十分结实，百姓们放下了悬着的心。但大雨还是下个不停，大水依然冲击着城墙，一时之间，警报并无解除的迹象。

苏轼不敢大意，自筑堤开始，从不曾睡过一个安稳觉。每个日日夜夜，他都在城墙之上巡视，生怕出一点娄子，破坏防洪大计。夜里困到不行，亦不回家，直接和衣卧倒，在城墙上眯会儿，为的就是可以随时处理一切突发事件。

大水围困徐州七十余天，终于在十月初五消退，警报方才解除。

劳累过度的苏轼，直到此时才敢喘上一口粗气。

疲惫至极的当地军民听闻这个消息，亦是开心不已，人们走上街头互相问候致意，祝贺大水消退，感念苏太守的功绩。

苏轼更是激情满怀，特别作《河复》一诗贺之：

君不见西汉元光元封间，河决瓠子二十年。

巨野东倾淮泗满，楚人恣食黄河鳣。

万里沙回封禅罢，初遣越巫沉白马。

河公未许人力穷，薪刍万计随流下。

吾君仁圣如帝尧，百神受职河神骄。

帝遣风师下约束，北流夜起澶州桥。

东风吹冻收微渌，神功不用淇园竹。

楚人种麦满河淤，仰看浮槎栖古木。

开心之余，他还有更加长远的打算。

为使徐州以后免于水患，他决定为徐州兴建防洪石堤，彻底断绝被淹的可能。他主意既定，便上奏朝廷，请准兴建，并于年底动工。及至第二年的正月，朝廷并无半字消息。苏轼猜度可能因为经费过多，遂又缩减了原先开列的预算项目，再次上奏。

努力总算有了结果，元丰元年（1078 年）二月初四，皇帝下诏，肯定了苏轼率领军民抗洪的成绩，并对其表示嘉奖。同时，苏轼的请示也得到批准：朝廷拨款一部分，动用地方财政一部分，并拨粮食和人工若干，准予筑堤。

但是，这年春天，刚刚经历过水灾的徐州又遭遇数年难得一见的春旱，土地干裂，禾苗枯黄，农业生产面临巨大损失。

刚领导徐州军民抗完洪，苏轼又不得不去抗旱。三月，他亲到城东二十里的石潭求雨，当地百姓告诉他，石潭和泗水相通，水中有龙神，如果把虎头放进去，令龙虎相斗，就可以下雷雨。苏轼依法而试，居然灵验，一场大雨从天而降，实在是天遂人愿。

苏轼大喜，饮酒庆祝，越发开心，与前来围观的百姓热情招呼，相互问好。他一口气写出五首《浣溪沙》，把农村生活和田园风光描述得活灵活现，并称自己亦是村民中的一分子，"使君元是此中人"，他与百姓之间已无任何隔阂，打成一片了。

至八月中旬，中秋节前后，徐州防洪大堤竣工。与此同时，在外围的城墙上，一座十丈高的楼台建成。苏轼为其取名"黄楼"，取五行当中土能克水之义。弟弟苏辙还特地写了篇《黄楼赋》，以资纪念。

九月初九重阳节，苏轼和徐州军民一起，在黄楼下举行盛大的庆典：一庆大堤竣工；二庆抗洪胜利；三庆未来得以保障。

一时间，乐声大作，喧闹沸天，人们且饮且舞，好不热闹。

这是苏轼从官以来最难忘的一件政事了，抗洪的胜利及朝廷的嘉奖给了他前所未有的成就感。

他私下里定会有所安慰，高兴于又为百姓做成一件实事。

苏轼在徐州当政的这几年，心情大为好转，比之密州时的悲苦，此时则算顺风顺水。因防洪修堤及勤勉之功，再加上为政清廉，苏轼深受徐州百姓的欢迎。

当下的文坛上，德高望重的欧阳修老先生已经过世，苏轼凭其才气和名声望重士林，风头正劲，成为实际的文坛领袖和新盟主。徐州本是文人荟萃之地，因此，慕名前来拜访的各路人等一时络绎不绝。

凡有入了苏门的，皆被人高看一等。

扬州高邮人秦观，字少游，于元丰元年五月去京师应举，特地折来徐州。他带着李常的介绍信拜访苏轼，愿执弟子之礼。来徐州之前，秦观先投书表明心愿："我独不愿万户侯，惟愿一识苏徐州。"苏轼喜欢秦观的文章，嘉许他的观点，如今见到真人，更为他身上所散发出来的洒脱劲儿折服，遂引为同道，此人后来成为赫赫有名的"苏门四学士"之一。

苏轼设宴招待秦观。席间，秦观滔滔不绝，辩才无碍，众人皆以为他是一位异士，但对其高论有所怀疑，唯有苏轼认定此君是豪杰之士，未来定能有所作为，"江湖放浪久全真，忽然一鸣惊倒人"，因而勉励他，"纵横所值无不可，知君不怕新书新"。所谓新书，是指王安石颁布的《三经新义》成为科举取士的新标准，此句恭维秦观才学过人，应该不会被《三经新义》难倒。

只可惜这年的秋试秦观名落孙山，苏轼还特别写信宽慰。

正是因苏轼的大力肯定，秦观大名方为世人所识。

民间有自作多情的好事者还为苏轼杜撰了一个妹妹，名曰"苏小妹"，许配与秦郎，后来以讹传讹，竟派生出苏小妹于洞房花烛夜三难秦少游的故事。此类故事多为明人编撰，只能算是来自民间的美好愿望，而非史实，苏家也根本不曾存在过这个小妹。

先前频频被好友孙莘老与李常提及的黄庭坚也从北京写信，寄两首《古风》向苏轼请教，并表达对其敬重之义。诗中黄庭坚将苏轼比作高崖上的青松，自己则是深谷里的小草，他谦虚地表示："小大才则殊，气味固相似。"

苏轼则回赠两首《古风》，他一点儿也没吝啬自己的夸奖，把黄庭坚比作千年难得一遇的蟠桃，而自己是路边无人采摘的苦李。

黄庭坚的才气确实让苏轼狠狠地惊叹了一把。他评价黄庭坚的诗"托物引类，真得古诗人之风"，他评价黄庭坚本人"耸然异之，以为非今世之人也"，由此可见他对黄庭坚的欣赏和称赞。

而两人的晤面，还要在很久之后才能实现。

来徐州拜访苏轼的还有一位方外高人，乃"诗僧"参寥。其人以诗见长，苏轼在杭州时就读过他的诗，甚为喜欢，如今在徐州才看到本人。相谈之下，颇为投契，两人做伴同游，作诗唱和，一时极为痛快。参寥在徐州待了足足有三个月，二人朝夕相处，遂成为知己好友。参寥由此成为苏轼人生中最重要的方外朋友之一。

陈师道也专程来徐州拜访苏轼。苏轼亦看重陈师道的才华，到后来任颍州知州时还特地询问陈师道，是否愿意入苏门做其弟子。陈师道以诗相赠，内中有"向来一瓣香，敬为曾南丰"之句，意思是当初已拜曾巩为师，不宜再入他门，婉言予以拒绝。性情耿直的陈师道令名满天下的文坛新盟主碰了个软钉子。

苏轼不以为意，反而更为器重他。多年以后，苏轼的心愿终于达成：陈师道被后世之人归为"苏门六君子"之一。

第四章
陷害与围剿

能不忆江南

元丰二年（1079 年）三月，苏轼移知湖州（今浙江湖州）。

离开徐州当天，城中百姓和官吏前来送行，人们怀着深深的依恋和伤感，纷纷拥到街前来告别这位父母官，并对其抗洪筑堤之功表示由衷的感谢。

"洗盏拜马前，请寿使君公。前年无使君，鱼鳖化儿童。"百姓希望他长寿百岁，祝愿他一生平安。人们想起前年的水灾，假如没有这位苏太守，后果实在不堪想象。如若洪水击溃城墙，徐州人都可能会变成水里的鱼鳖。

苏轼则不以为然："穷人命分恶，所向招灾凶。水来非吾过，去亦非吾功。"后两句是自谦之语，前两句虽有自我调侃的成分，却也几属实情。苏轼为官几任，每个地方均有程度不同的灾情，这似乎也喻示了他多灾多难的一生。

马上要离开徐州城，忆起与当地军民共同抗洪筑堤的情景，仍然历历在目。

为官一任，能为当地人民做些实事，心中尚有些许快慰。他与徐州百姓已结下深情厚谊，要说再见了，从心底又生出几多不舍。

从徐州南去的路上，向来重感情的诗人难免心生萧瑟之意，便写下这首《江城子》：

天涯流落思无穷。既相逢，却匆匆。携手佳人，和泪折残红。为问东风余几许？春纵在，与谁同？

隋堤三月水溶溶。背归鸿，去吴中。回首彭城，清泗与淮通。欲寄相思千点泪，流不到，楚江东。

　　短短三年，什么都来不及做好，什么都做到中途罢手，又要匆匆赶往下一个地点上任，苏轼自己也不知道哪里才是最后的归宿。

　　他开始厌倦这样的仕途迁转，厌倦这样的奔波无定，他依旧梦想过上乡野田夫的生活，每日于田间地头，守望碧绿的庄稼，呼吸自由的空气，饮杯清茶，哼支小曲，写诗、绘画、习字、读书，喂喂牲口，浇水锄地，心思全在一亩三分地间，无牵无挂。再无口舌相争，再无机关算尽，比什么都惬意。

　　在路途中，他寄给弟弟的诗依旧表达了归隐乡里的想法。苏辙依然不为所动，冷静而理智地置之一旁。兄弟秉性有大不同：苏轼的精神里多的是激情和浪漫，遇到挫折，易产生退隐之想；苏辙冷静沉着，偶遇挫折，也不会自甘沉沦，而是审时度势，随时等待机会，筹划未来。

　　这一次重游江南正是万紫千红竞相争艳的春季，桃红柳绿，五彩缤纷，处处皆是美景，但苏轼的情绪并不算高。一路上熟悉的风景，勾起的却是许多往日情怀。如今触景生情，他竟至不能自抑，只得任其泛滥——时光飞逝如闪电，第一次来江南任杭州通判至今，业已过去了九年！

　　而这无常的人生，却又有几个九年？

　　这条去江南的路，他已是第三次行走。熙宁四年，由京师至杭州；熙宁七年，由杭州调密州；而今移知湖州，无一不是在此路上奔波游历。

　　他先至金陵，与弟弟苏辙会晤，再次拜谒张方平，一住半个月。相见固然是欣喜，但政局依旧不容乐观，朝廷上一堆改革派当权，新政的荼毒仍在，让他们如何不忧虑，让他们如何能开心？

苏东坡传

过扬州时，老友鲜于子骏在此地做知州，设盛宴于平山堂招待苏轼。平山堂是欧阳修移知扬州时所修建的著名建筑，身临其地，先师的音容笑貌仿佛就在眼前。苏轼抚今追往，感慨万千，在一众名士的注目下铺纸展笔，一气呵成写就这首《西江月》：

三过平山堂下，半生弹指声中。十年不见老仙翁，壁上龙蛇飞动。

欲吊文章太守，仍歌杨柳春风。休言万事转头空，未转头时皆梦。

京口的万松岗、松江的垂虹亭，皆是五年前与老友结伴同游之地，不想仅仅五年时间，老友中却有几人先后故去。而今回转于他脑海的，却是朋友的音容笑貌，只能在心底长叹一声：叫我如何不想他！

苏轼至秀州（今浙江嘉兴）时，往白牛村，哭于陈舜俞之墓。陈舜俞，字令举，湖州人，庆历六年进士，又举制科第一。熙宁三年，以屯田员外郎知山阴县。青苗法始，舜俞拒不执行，上疏自劾，因而被贬为监南康军盐酒税。舜俞弃官居秀州之白牛村，自号白牛居士，不久郁郁而终。

苏轼哭令举，亦是苏轼之自伤。他感慨此君不得志，也是感慨自己不得志。

这一次江南的游历，给他带来的感伤多于欢乐。

这与前两次的情景大相径庭：第一次走这条路是离开沉闷的京师，挣脱被新党把持的朝廷，他尚有逃离的快感；第二次走这条路，一路上因有众多好友招待相伴，谈天说地，也不寂寞。

而这次，却只徒增了无限的忧伤。

这忧伤不只是因为朋友的离去，不只是因为弟弟对农夫之梦的不理不睬，不只是想到了先师，更多的是老大难为的寂寞。

他本想洒尽一腔热血，偏偏无用武之地，对一个满怀雄心壮志的官员而言，人生的悲哀莫过于此吧。

对手偷袭，谏官群殴

来湖州前，苏轼从来算不上政坛的中心人物，也不是新旧党争的关键所在。

但为何一到湖州，他便会凭空遭遇一场无妄的灭顶之灾？

这不得不从当前的政局说起。

元丰年间的朝廷人事，已与熙宁年间有很大不同，当年如日中天的新党与旧党人物，现今皆已不在其位。司马光闲居洛阳，召集一干人等，撰写煌煌历史巨著《资治通鉴》；王安石二次罢相，退居金陵；韩绛和吕惠卿也已从朝中退位。

朝廷上已无变法之争，已无新党与旧党之争，权力纠纷才是当下的重点。

现任的两位丞相分别是吴充和王珪。吴充是新旧党争的中立派，神宗显然是为调解新党与旧党之矛盾而起用此人的；王珪则是个典型的乡愿式人物，虽然衷心拥护新法，但并无能力领导群臣。他处理政事，只是"请圣旨，得圣旨，传圣旨"，人称"三旨相公"。他是个只传旨不干活的主儿，并无自己的主张和见解。他之所以如此循规蹈矩，只不过是想保住自己的相位而已。

王珪能力不佳，但搞权势却有一套。为了巩固自己的地位，一方面，他不停地通过各种手段打击肉中刺、眼中钉，看谁不顺眼，必欲除之而后快，吴充也是他陷害的对象之一；另一方面，他则联合御史中丞李定与权监察御史里行何正臣、舒亶等人，结成同盟，集中火力，清扫可以预见之敌人。

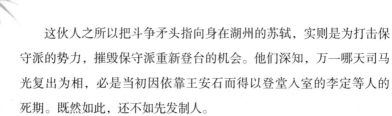

这伙人之所以把斗争矛头指向身在湖州的苏轼，实则是为打击保守派的势力，摧毁保守派重新登台的机会。他们深知，万一哪天司马光复出为相，必是当初因依靠王安石而得以登堂入室的李定等人的死期。既然如此，还不如先发制人。

那么旧党人物中，为何偏偏选定苏轼做靶子？一则是他日益壮大的声名，苏轼文章诗词传天下，望重士林，为各路英才敬仰，已是实际上的文坛领袖；二则苏轼是司马光倚重的人物，若有朝一日司马氏返朝任相，苏轼必将成为其得力的助手。

但要想陷害苏轼，看起来并不容易。苏轼近年外派地方，政绩虽不至于特别辉煌卓著，但也有诸多过人之处，他先灭密州蝗灾，再抗徐州水灾，维护任地治安，打击盗贼惯犯，为官又清正廉洁，每至一地皆为当地百姓称颂。

一切看起来无懈可击，令他们几乎无从下手。但小人终究是小人，经过一番苦想及合计，终于有了办法。许多学者认为，李定等人构陷苏轼的灵感，来自沈括过去对苏轼实施的陷害和算计。

沈括，字存中，号梦溪丈人，杭州钱塘（今浙江杭州）人，科学家。沈括长苏轼六岁，王安石变法前一年，因母病逝回乡守制。再回京师后受王安石重用，一路升迁。沈氏晚年以平生见闻，在镇江梦溪园撰写了笔记体巨著《梦溪笔谈》，因之名垂于世。

关于沈括构陷苏轼一事，后世所述史料来自宋人王铚的《元祐补录》。苏轼在杭州任通判时，朝廷命沈括以钦差大臣身份去两浙视察工作，临行前神宗特别关照，说苏轼在杭州为官，要加以善待。沈括到杭后，与苏轼论旧，沈括请苏轼手录一首近作送他，留作纪念。哪想沈括心生歹意，对此诗妄做一番解释，然后到皇帝那儿告了苏轼一状，称苏轼讥讪朝廷。

王铚将沈括描述成一个见风使舵、喜欢告密的小人——这可能与真实的历史相去甚远。连将这段史料引用进《续资治通鉴长编》的李焘，亦对这份史料表示怀疑："此事附注，当考详，恐年月先后差池不合。"而王铚被后人证实是一个造伪的高手，其所述之事因而更值得怀疑。

在苏轼、苏辙兄弟及同朝人物的相关记载中，我们尚找不到沈括构陷苏轼的证据。相反，两个人似乎处得不错，虽然来往并不算频密，但不妨碍他们互相欣赏。

苏轼曾写过一篇文章《书刘庭式事》，讲其密州任上的同僚刘庭式有情有义，不因自己中科举后显达而解除先前婚约，不因女方眼瞎家贫而嫌弃对方，婚后夫妻融洽。后来妻子去世，直到一年多后，刘庭式仍处于悲痛之中，不肯再娶。沈括读到这篇文章深受触动，将此事引入《梦溪笔谈》，并感叹说："苏子瞻爱其义，为文以美之。"苏轼还曾撰文赞美沈括用石油燃灰所做之墨，"沈存中帅鄜延，以石烛烟作墨，坚重而黑，在松烟之上"。彼时制墨多用松烟，沈括独辟蹊径，用石油燃灰制墨，墨迹又重又黑，深受一众文人喜欢。

宋朝历代皇帝对官员颇为宽宏大度，不但与宰相、大臣们共治天下，且有不杀士大夫之传统，李定等人为何还要一门心思陷害苏轼？

这不得不提当时的台谏制度。

宋代台谏，实即御史台、监司、谏官的连称。当时，台谏的地位非常高，各位谏官均由皇帝亲自选择，他们不但可以进谏君主，且负有监察百官之责。自宋建国以来，历来谏官更有说错话而不负责任的传统，借以表明朝廷对言路重视。

这本来是一项不错的制度，朝廷可以借此广纳善言，而百官因受监督，亦不敢胡作非为。但问题是，台谏制度赋予谏官的权力过大，而对他们约束太少，令不少谏官可以借职务之便对他人肆意构陷。反正他们不用负责，构陷起来也便无所顾忌了。

所以，一俟抓住了把柄，这帮小人便无情地拿苏东坡开刀了。

所谓的"把柄"，是苏轼的湖州上任谢表。上任谢表是指地方官到任，向皇帝寄送的表示谢意的例行性公文。苏轼这篇谢表本无特别之处，即便认真品读，也难找出毛病，并无任何不妥之处。

但小人们偏偏有个本事，可以从鸡蛋里挑出骨头，他们在此表上大做文章，由此揭开苏轼一系列的"罪证"。

为便于了解乌台诗案之缘起，特将该表录于此：

臣轼言。蒙恩就移前件差遣，已于今月二十日到任……伏念臣性资顽鄙，名迹堙微。议论阔疏，文学浅陋。凡人必有一得，而臣独无寸长……才分所局，有过无功；法令具存，虽勤何补……伏遇皇帝陛下，天覆群生，海涵万族。用人不求其备，嘉善而矜不能。知其愚不适时，难以追陪新进；察其老不生事，或能牧养小民……敢不奉法勤职，息讼平刑。上以广朝廷之仁，下以慰父老之望。臣无任。

李定等人为干掉苏轼，进行了周密的策划，准备工作可谓充分、细致。

按照预先安排的顺序，元丰二年六月二十七日[①]，由监察御史里行何正臣率先发难，针对苏轼谢表中"知其愚不适时，难以追陪新进；察其老不生事，或能牧养小民"，指斥苏轼"愚弄朝廷，妄自尊大"，其所作所为尤为可恨，"固未有如轼为恶不悛，怙终自若，谤讪讥骂，无所不为"；又批评苏轼一有水旱灾害，动辄归咎新法，横加指责，还经常写一些讥讽朝政的文章，流布甚广，影响极坏。

---

① 朋九万《东坡乌台诗案》载，时间为"元丰二年三月二十七日"，与苏轼到任湖州日期（四月二十日）矛盾。此处取自李一冰的《苏东坡大传》，该时间更为合理，但似无史料支持，或为李先生推断。

　　何正臣义正词严地提出，对苏轼必须"大明刑赏，以示天下"，这才是他要表述的重点。可见，这帮人对苏轼的攻击早有预谋，并已为他的未来命运做好了安排——非置其于死地不可。

　　七月二日，权监察御史里行舒亶出场，他指出新法自实施以来，有很多人反对，但都不如苏轼恶劣，"至于包藏祸心，怨望其上，讪渎谩骂，而无复人臣之节者，未有如轼也"。舒亶从收集而来的苏轼在杭州时所作诗中，选出数首，一一挑刺。

　　舒亶举例称：陛下发钱以本业贫民，则曰，"赢得儿童语音好，一年强半在城中"；陛下明法以课试郡吏，则曰，"读书万卷不读律，致君尧舜知无术"；陛下兴水利，则曰，"东海若知明主意，应教斥卤变桑田"；陛下谨盐禁，则曰，"岂是闻韶解忘味，尔来三月食无盐"。舒亶指斥苏轼全面否定和讥讽朝廷新政，实是"大不恭"，因此"伏望付轼有司"，要求用法律来严惩苏轼。

　　与舒亶同一天攻击苏轼的，是一个叫李宜之的国子学博士。国子学即国子监，是最高学府。此人为国子监高级教员，他攻击苏轼的动机最难揣测，所有资料均未显示其为李定等人的同党。李宜之攻击苏轼的理由是，前不久他出差路过宿州灵璧寺，听当地一位叫张硕的秀才说，苏轼给他家写了一篇《灵璧张氏园亭记》，其中有"古之君子，不必仕，不必不仕，必仕则忘其身，必不仕则忘其君"。李宜之说苏轼想教坏天下读书人，让他们丧失进取心，"以乱取士之法，无尊君之义，亏大忠之节"，实在可恶，应该严肃查办。

　　七月三日，压轴出场的乃御史中丞李定，此人先前因匿服母丧，苏轼曾写诗极力嘲讽，梁子那时便已结下。而今，苏轼落在李定手里，他又怎么能错过这个复仇良机？对于苏轼的陷害，李定比任何人都更加卖力，非要置对方于死地，方可解心头之恨。

　　李定给神宗的这封上札充满了针对性，几乎字字句句都欲置苏轼于不义。他声称，苏轼此人认为朝廷对自己不提拔奖用，于是衔怨怀怒，肆意诋毁，讪上骂下。苏轼有可废之罪四，简单概括为：其一，怙恶不悔，朝廷对他厚爱宽大，却不见其有悔改之意；其二，傲悖之语，经常口出狂言，讽刺新政，处处违逆；其三，鼓动流俗，煽动老百姓的负面情绪；其四，怨不用己，骄傲自大，诋毁朝廷。

李定罗列的每一项罪名，皆以苏轼对抗朝廷为要义，句句直戳神宗的心窝。

短短六七天之内，以如此密集的火力射向苏轼，显见这是积蓄已久的预谋，也可看出这帮人欲置苏轼于死地的决心何其之大。

朝廷向来看重的谏官如此挑拨，神宗不可能一点儿不为所动。而神宗皇帝自己对往事的追忆，非但不能帮到苏轼，反而更令神宗认定苏轼牢骚满腹，讥讪朝政。事实上，在先前实施新政的过程中，苏轼确有几次对神宗的冒犯，这惹得神宗甚至怀疑自己当时是不是对苏轼过于宽宏大量。

苏轼早前激情四溢的上疏冒犯，未激怒神宗，但这一次，经由小人的煽风点火，神宗倒有点儿沉不住气了，于是便下旨将苏轼一案交由台谏院查办。这下，遂了李定等人的意思，可以想见他们已经开始庆祝第一回合的胜利了。

一朝成囚徒

拿了圣旨的李定一帮人，得意之情自是溢于言表：事情远比他们设想的还要顺利，做梦都不曾想到，竟然这么快便可名正言顺地查办苏轼。

李定奏请皇帝，先罢免苏轼的湖州知州，再派官员捉拿归案，正

136

在气头上的神宗未有犹豫，即刻批示："御史台选牒朝臣一员，特乘驿马追摄。"追摄即追捕捉拿之意。

事不宜迟，须抓紧行动。李定选派前去湖州抓捕苏轼的，是太常博士皇甫僎。太常博士是教职。此人机敏聪明，胆大心细，李定择定此人前去执行任务，必经过一番辛苦挑选。

即便如此，李定仍然不放心，为确保万无一失，又亲自向皇甫僎面授机宜若干，千般叮咛，此次抓捕事关重大，必不能有丝毫闪失，务必捉拿到苏轼本人。

布置好抓捕细节，皇甫僎便带领两名御史台兵丁即刻出发，一路上换乘驿站快马，不敢有歇脚停驻的时间，以免发生意外。

苏轼在京师的朋友中，最先知晓御史台派人去湖州逮捕苏轼的是驸马王诜，其身份特别，自然有消息灵通的便利。王诜得知这一消息后，心急如焚，赶紧派身边亲信去通知人在南都（今河南商丘）的苏辙。苏辙得信大惊，立即又派人骑快马往湖州告知哥哥，好让他有个心理准备。

皇甫僎带着儿子和两个兵丁，不敢耽搁，一路狂奔，速度比之苏辙所派之人当然快出许多。若不是到润州时，因皇甫僎的儿子生病，不得已耽误了一些工夫，苏辙派去的人根本没办法赶在皇甫僎的前边到达湖州。

七月二十八日，离苏轼湖州上任不过两个月零八天，皇甫僎带着两个兵卒气势汹汹地闯进州衙。在几个时辰之前，苏轼得到弟弟的情报亦是吃惊不小。他匆忙办了告假手续，将州中事务移交通判祖无颇，并由祖氏代理知州。

皇甫僎身穿官袍官靴，手持笏板，当厅而立。两名士兵分列左右两旁，白衣青巾，露出一副凶狠的表情，杀气十足。衙门的人从不曾见过这等阵势，故而人心惶惶，不知道将要发生何事。

苏轼虽已知道朝廷要逮捕他，但到现在还不明白自己究竟所犯何罪，但看皇甫僎的气势，怕是所犯不轻，一向甚有主意的他，惊慌之下竟茫茫然不知道如何应对。

他只得和祖通判商量，是不是需要出来见朝廷来人，祖通判的建议是："事已至此，没有办法，还是出去见他们为好。"

苏轼问："我是穿便服，还是应该穿官服？"

祖通判答："现在还不知道是何罪名，当然要穿官服。"

苏轼只好穿官服出来，祖通判及一班官员跟在苏轼后面。

气氛十分凝重，比皇甫僎刚出场时更为紧张几分。

皇甫僎并不说话，空气如凝结一般。

苏轼只得开口："我一直以来激恼朝廷甚多，您今日前来，一定是赐死的，死固不辞，只求能与家人诀别。"

铁青着脸的皇甫僎这才说话："不致如此。"

众人大松一口气。

祖通判向前一步，小心翼翼地问："长官您一定是带着逮捕令来的吧？"

皇甫僎不客气地回："你是什么人？"

祖无颇说："在下为代理知州。"

皇甫僎这才从怀出掏出诏命，交与祖无颇，原来只是令苏轼革职进京的普通公文，并无生命之忧。众人又是长出一口气，悬了半天的心终于放下——看起来，事情并没想的严重。

皇甫僎担心生出枝节，一心想着复命，遂催促苏轼立即上路，都没有给他跟家人告别的机会。

两名士兵上前把苏轼绑了，即刻就要走人。

得了消息的苏轼夫人王闰之急切地从苏府奔跑出来，全家老少紧随其后，个个慌慌张张，人人以为苏轼此去凶多吉少，忍不住号嚎大哭。

苏轼心如刀割，但也不知道应该如何安慰妻子。

无妄之灾从天而降，他自己都还没能回过神来。

为让妻子宽心，苏轼故作轻松地开了个玩笑："你不能像杨处士的妻子一样，写首诗给我吗？"

苏轼这句话缘于朋友给他讲过的一个故事，这个故事也被他记在了《东坡志林》里。从前，宋真宗下令寻隐访贤，有人推荐杞人杨朴，说他善作诗。真宗很感兴趣，于是召见杨朴，令他现场作诗。

杨朴忙说不会，真宗问："临行前有人赠诗于你吗？"

杨朴答："只有臣妻送我一首：'更休落魄耽杯酒，且莫猖狂爱咏诗。今日捉将官里去，这回断送老头皮。'"真宗大笑，放其归山，并令其一子为官。

王夫人自然是听苏轼讲过这故事的。现在听苏轼如此说，知道夫君是为让其宽心，假以安慰而已，王闰之凄然一笑，仍旧无法放下心来。

经苏家人一再请求，皇甫僎同意让苏轼长子苏迈随行。为防夜长梦多，立马上路。

据现场目击者祖无颇回忆，"顷刻之间，拉一太守，如驱犬鸡"，身为一州长官的苏轼，以毫无尊严的方式被逮捕出门，让他情何以堪。

可想苏轼的内心，受伤程度何其之深。这于他而言，不啻为平生少见的奇耻大辱。

气氛如此肃杀恐怖，令苏轼从人人想要结交的文坛盟主，一下子变成烫手山芋，无人敢碰触一下。先前相处友好的同僚，皆避之不及。众人沉默之时，掌书记陈师锡却挺身而出，来送别苏轼。

困厄面前最能彰显人的品性，陈师锡此举令苏轼大为感动。及至元祐初年，苏轼曾向宋哲宗建议任命陈师锡为校书郎，内中或有感佩其为人，知恩图报之义。陈师锡为人为文，皆有可取，于哲宗朝任侍

苏东坡传

御使时弹劾翰林学士蔡京，称其好大喜功，迷国误朝，理应外放，免得祸乱朝廷。

众多朋友或亲戚也多害怕这阵仗，更害怕连累到自己，都远远地躲开。只有王回、王适两兄弟胆大仗义，两人把苏轼送到郊外，并宽慰他："死生祸福，天也，公其如天何？"

王回、王适是苏轼在徐州时认识的青年才俊，与苏轼交好，被其引为同道，彼时苏轼对二人多有照顾。后来苏轼迁湖州新任，王氏兄弟亦随行而来。弟弟王适还当上了苏家的家庭教师，专门教授苏轼几个孩子课业。

出于对王适的喜爱，后来苏轼做主把弟弟苏辙的一个女儿许配给王适，这样王适成了苏轼的侄女婿，关系更进一步。

王回、王适不但贴心安慰苏轼，免除他紧张焦虑的情绪，还及时地帮助他安排家眷，将苏家老少二十余口送往南都苏辙家暂住。在此患难之际，王适兄弟的帮助无疑是雪中送炭，异常珍贵。

城内百姓听闻苏轼被抓，也纷纷走上街头，成群结队前来相送。

这个新任的知州尽管来湖州仅有两个月，但因此前良好的名声和政绩，让百姓对他怀有强烈的好感。

人们挥泪如雨，感慨湖州失去一个好官。

苏轼又是好一番感动。

被押解至京的途中，苏轼曾有过自杀的想法。

那是坐船行至太湖时，停舟修舵。苏轼左思右想，总觉得此去京师凶多吉少，更害怕连累亲朋好友，倒不如趁此机会跳水溺亡，一了百了。只因身边两个兵丁看得紧，不给他机会，求死却也不得，苦不堪言。

但仔细想想，如果他此时匆匆求死，倒反给弟弟留下负担。并且，他若一走，相依为命的两兄弟再无相见机会，此心着实不甘。

140

或者，在这关键时刻，是生的渴望比死的诱惑更能够攫取他的心，令他在生死线上做了一阵徘徊挣扎之后，仍然对生充满希冀。现在，他才四十四岁，生命的华章刚刚开始，他还有数不清的事情要做。

前次路过扬州时，好友扬州知州鲜于子骏曾设宴招待自己。这一次以犯人身份路过，鲜于子骏竟也不例外，又要前来见他。

苏轼身份已变，可鲜于子骏的友情未变。只是这一请求被皇甫僎拒绝，鲜于子骏才只好郁郁而归。

纵在危难之中，友情的阳光始终在苏轼的心头照耀，这是他最应该值得宽慰的事了。

苏轼尚在被押解的途中，他的家眷已在奔赴南都投奔苏辙的船上。这时，御史台来了一道命令，要求船行所在的州郡协助搜查苏家所乘船只。

于是，州郡官员派出大批士兵，连夜追赶苏家乘坐的船只，在宿州将其拦截，并进行了仔细搜查。他们一阵翻箱倒柜之后，弄得乱七八糟，更把全家老少吓得要死。

这帮虎狼般的士兵走后，一向温和细致的王闰之心生怒气，竟忍不住发作起来："苏先生是好著书，可这些书有什么用，为苏家带来过什么？只会让我们担惊受怕！还是烧了它们吧！"

王夫人一气之下将残存的手稿付之一炬。

苏轼的大批诗文在她的怒火中化为灰烬。

这把火烧掉的不只是苏轼的诗作，还有中国文化的一部分。

是年八月十八日，苏轼被押至京师，投入御史台监狱。

他所住的囚室是一个单间，阴暗幽闭，狭小潮湿。

人在其中，极为局促，好在屋顶上有个小小的天窗，可以让他一窥外面的世界。

这小小的囚室将一代伟大的诗人困于其中。

生死一念

御史台四周遍植柏树，许多乌鸦栖居其上，因此又被称为"乌台"。人们也常戏称御史们为"乌鸦嘴"，苏轼此案史称"乌台诗案"。

宋朝法律规定："群臣犯法，体大者多下御史台狱，小则开封府、大理寺鞫治焉。"

苏轼的案子早已由皇帝亲笔批示，属于理所当然的大案，交由御史台审理。

御史台群小百般构陷，想置苏轼于死地，必然需要搜集和整理大量的证据，借此以正视听，也可以让皇帝确信：苏轼怀有二心，是自带恶意地讥讽朝政。

为一劳永逸地置苏轼于死地，这班官吏不敢怠慢，他们利用御史台办案的便利，大肆搜集苏轼此前发表过的众多文字。除了收集能够公开找到的各种版本的苏轼诗文，御史台发公文至各地州郡，向各关系人求证。凡此前与苏轼有过书信往来诗词唱和的，皆为搜查之对象。苏轼曾经任官的各个地方及旧同事，更是搜集罪证的重点。仅杭州一地，搜到的诗歌便有数百首之多。

对苏轼的审讯，从八月二十日开始。

甫一上堂，李定等人就给苏轼来了一个下马威。他们按照审问死刑犯的程序，问苏轼五代以上有无誓书铁券。所谓誓书铁券，是皇帝赏赐给功臣享受优待及免罪的诏书。

苏轼出身布衣，凭科举而走上仕途，哪里可能有什么代表着特权的诏书？

李定等人欲置苏轼于死地的决心，再一次暴露出来。

从公开收集的各种版本的苏轼诗文集里，他们共找出百余首认为有问题的诗文，逐一加以审问，不放过任何蛛丝马迹。

客观来讲，苏轼这些酬赠诗文大部分与朝政无关，小部分诗文系反映民生疾苦之作，是对百姓生活的同情，并无直接对新政进行讥讽。当然，反对新政的诗作亦是有的，数量却不算多，这些诗作是不同政见的表达，是偶发的牢骚——宋朝自开国起对文臣格外优待，即便发表出格的政见或言论，也极少有人被治罪。

况且此前写过此类作品的，绝非仅有苏轼一人。

审问之初，苏轼自己所承认的讽刺朝政的作品，仅有《山村五绝》，其他作品一概否认。李定等人当然不肯罢休，使尽了各种手段对苏轼进行折磨，以迫使其交代出更多的内容，极力诬陷，坐实罪行。

在御史们看来，现在正是摧毁苏轼及其同党的良机，因此，绝不可轻易放过一字一句。

苏轼与亲戚朋友的应答唱和之作以及书信等，一一被收缴，一一被审查，与苏轼多有往来的王诜、黄庭坚、王巩等三十余人被牵扯进来，甚至早已闲居洛阳不问世事的司马光也未能例外，更不消说他的亲弟弟苏辙。

近两个月的审问，李定等人轮流上阵，夜以继日，令苏轼经历了不堪忍受的侮辱和折磨。

曾被关押于苏轼隔壁牢房的开封府代理府尹苏颂，对御史台审问苏轼的情形有过真实的记录："遥怜北户吴兴守，诟辱通宵不忍闻。"

苏轼在狱中受审，精神和肉体之创伤令他不堪忍受，一度想到以自杀求得解脱，故将常服的青金丹藏于狱内，以备不时之需。他甚至写了两首诗作为遗言，让狱中负责看管他的狱卒梁成送给苏辙。梁成是个好人，对眼前落难的大诗人十分照顾，几乎有求必应。苏轼睡前喜欢洗脚，梁成就每天夜里给他烧壶热水。闻苏轼以诗为遗言，宽厚的梁成还安慰他不至于如此，只要活下来就有希望。苏轼说，不死倒还罢了，如若死了，请你一定帮我送到，否则真的是死不瞑目了。

梁成这才接过来藏好。诗题甚长，曰《予以事系御史台狱，狱吏稍见侵，自度不能堪，死狱中不得一别子由，故作二诗授狱卒梁成，以遗子由》，录如下：

> 圣主如天万物春，小臣愚暗自亡身。
> 百年未满先偿债，十口无归更累人。
> 是处青山可埋骨，他时夜雨独伤神。
> 与君世世为兄弟，再结来生未了因。
>
> 柏台霜气夜凄凄，风动琅珰月向低。
> 梦绕云山心似鹿，魂惊汤火命如鸡。
> 眼中犀角真吾子，身后牛衣愧老妻。
> 百岁神游定何处？桐乡知葬浙江西。

在诗中，苏轼抱了必死的决心将后事一一安排。

关于这两首诗，还有一段插曲。

苏轼坐牢时，儿子苏迈每天送饭。父子俩约定，每顿只送菜和肉，如有不测，就撤掉肉而改送鱼，苏迈每月照这个约定执行。某天因粮食已尽，苏迈到外地采购，委托一位亲戚代为送饭，但忘了告诉人家父子俩关于送饭的约定。而这位亲戚偏偏送了条鱼过去，令苏轼大吃一惊，以为末日来临，于是便有了这两首诗。

其时，杭州百姓听闻苏轼入狱的消息，专门为他做解厄道场，祈祷神灵保佑这个好官平安无事。苏轼的仁厚和清正、风采与才情，早已通过他的事迹、他的诗句被当地百姓所熟知，人们感谢他曾经的付出，感恩他对民生的关怀。

后来，苏轼听到这个事情十分感动，还生出死后葬于西湖附近山上的愿望。

诗案审到最后，苏轼已然明白这帮人从开始就欲置自己于死地，无论如何，恐怕都难逃此劫，再加上无休止的折磨，着实令他不堪忍受，只好一一招认，并写了长达两万多字的供状，遂了御史台的意思。

御史台根据其供状整理摘要，形成"勘状"，类似于现在检察机关的起诉书，呈送给宋神宗，只等皇帝大笔一挥，将苏轼定刑治罪，也不枉他们这两个月来的辛苦审问。

在此审问阶段，有一件事极有必要提起。

气焰嚣张的主审官之一李定，某日与众官等候早朝时，忽然跟同列的官员说："苏轼确是奇才！"

众人不解，亦不敢搭腔，李定环顾后说道："二十年前所作的诗文，他居然可以引经援史，随问随答，无一字差错，此非奇才而何？"

众皆默然。

当年旧党一众人等攻击李定不服母丧，司马光更是大骂李定"禽兽不如"，其实际目标指向的是王安石，是新法，是改革派，是为阻挠新法之执行；而今，李定等人如此劳师动众，大兴诗狱，极力陷害苏轼，本质上仍然是新旧两党之间争斗的延续，不幸的是，苏轼被选为攻击的靶子而已。

李定等人所要打击的是整个旧党，绝不止苏轼一人。

所以，在御史台所出具的勘状中，除为苏轼定罪之外，亦试图将与他关系密切的旧党重要人物一网打尽：他们列举了张方平、王诜、司马光、范镇等数十人，说他们收受苏轼讥讽朝政的文字，又未及时上缴，也应该同苏轼一起问罪。

终可以获救

自苏轼入狱之始，营救的行动就逐次展开，参与营救的人数越来越多，营救的场面越来越大，以至于大难临头的最后时刻，苏轼终于摆脱厄运，算得上一个不大不小的奇迹。

与苏轼最为亲近的，当然是弟弟苏辙，他最先上疏神宗，诚心表示愿意解除自己现在的官职，以代兄长赎罪，并殷切地期望皇帝能够宽大处理此事，免兄长一死。苏辙这篇情理交融的文字语气恳切，态度真诚，即便神宗铁石心肠，也不免心中生起微澜。

曾经的朝中重臣，现在已经退休的范镇、张方平二人，作为苏轼亲密的先辈和挚友，听闻他被逮捕的消息后，亦先后上书朝廷。他们以知情人的身份试图向皇帝证明，苏轼是国家难得的人才，且有报效朝廷的雄心壮志，从来不曾想要和朝廷作对，只是他过于耿直的个性，在处理某些事情时存在不当，说了一些不应该说的话而已。但皇帝拥有圣明宽大的德行，不必跟他一般见识，希望豁免他的罪行，云云。

范镇上疏皇帝时，家人怕他会被连累，多加阻止，老人家将个人安危置之度外，仍然坚持。而张方平的上疏本欲让地方官代呈，但地方官因害怕招惹祸端，予以拒绝，张方平便命自己的儿子呈送，哪知这位张公子胆小怕事，更担心罪及张家，及至京城之后居然一直没有呈送。东坡直到出狱后才看到上疏之副本，感动不已。

范镇与张方平都曾是朝中重臣，昔日声威尚在，现在又颇有点儿豁出去的架势，令李定等人不敢稍加大意。

京师中苏轼的其他朋友因惧怕被牵连进案，个个心怀恐惧，竟无几人敢为他出头讲话。

其中一个敢于为苏轼说话的人，竟是与新党、旧党皆无利害关系的丞相吴充，他看不过李定这帮人欺苏轼太甚，便站出来说几句公道话。

有一天，吴充问皇帝："魏武帝曹操这人怎样？"

皇帝说："这个人根本不值一提。"

吴充说："陛下您一言一行皆以尧舜为榜样，而鄙视魏武帝。但向来喜欢猜忌别人个性的魏武帝，尚且可以容忍击鼓骂曹的祢衡，陛下怎么就不能容忍苏轼呢？"

神宗被问得有点儿难堪，只好说："我并没有其他意思，只不过想问清一些是非，马上就会放了他。"

按我们的猜度，神宗原本就没有治苏轼死罪的想法，只是御史台系舆论所在，监察百官亦是他们的职责。作为皇帝，他要表明自己的立场，表明自己是个重视舆论的开明帝王，就须加以过问。

但他可能对御史台众人的居心并无真正的了解，亦想不到会弄到今日之地步。

我们可以推测，神宗秉持祖辈教训，向来重视人才，尤对制科出身的苏轼高看一等，但对这位天才言语的放纵兴许有些恼火，因此还不曾重用此人。站在神宗的角度，亦不难理解他为何恼火：他作为一国之君，向来励精图治，想要通过变法干出一番事业，充实大宋国力，实现富国强兵之梦，苏轼或许早已在他想要使用的人才之列，而此人太不识相，竟不时作些让人扫兴的诗词，扰乱官场民心，是何道理？

因此，神宗对苏轼的态度更像是一时的气恼，而绝无置其于死地的决心。

王安石诸弟之一的王安礼，时为直舍人院同修起居注，是负责记录皇帝言行的官员，跟皇帝接触的机会较多，其作风大胆，为人豪爽，敢于仗义执言。李定初时怕他为苏轼说话，还特别警告："苏轼讥议新法，反对你哥哥王安石，你一定不要帮苏轼说话。"

对于李定的警告，王安礼非但不予理睬，还当面向神宗直言："自古大度之君，不以言罪人，苏轼以才自奋，若定罪于他，恐后世以为陛下不能容才。"

众人营救苏轼的言行或许尚不足以打动神宗，使他做出彻底赦免苏轼的决定。

但可以说，这前期所积攒下来的量变确有助于促成最后的质变，以让苏轼在这场诗案中得以全身而退。

苏轼最大的救星则是光献太皇太后曹氏，她是神宗皇帝的奶奶。其实早在苏轼入狱之初，太皇太后就知道了此事。

当时太皇太后正在病中，有几天见到神宗皇帝，发现他面相阴暗，眉头紧锁，言谈举止间颇显不快，便问他发生何事。

神宗回答说："国事艰难，变法未能奏效，有一个叫苏轼的居然写了许多诗文，讥讽朝政。"

曹氏问："可是眉州苏氏兄弟中的苏轼？我曾记得，先帝仁宗策试制举回宫后面露欣喜之色，告诉我'朕今日为子孙得太平宰相两人，虽我老矣，已不能用，朕将留遗后人'。"

太皇太后又问："苏轼和苏辙现在在哪儿？"

神宗只得据实相告，称苏轼被关押于御史台狱中。

太皇太后忧心忡忡地告诉孙子："以诗作入狱，开国百余年尚无先例，他一定是受了小人的中伤，不过写了几首诗，还不足以致死。我已经病成这样了，希望不再发生冤屈之事，以免伤中和之气。"

病中的曹氏说到此处，竟流下热泪。

神宗向来孝顺，听了奶奶的话，忍不住心中一震，亦陪着流下热泪，一边答应"谨受命"，一边已经下决心对苏轼宽大处理了。

太皇太后病情日重，神宗希望通过大赦天下，为太皇太后求寿。

太皇太后认为，不必赦天下凶恶之徒，只需放了苏轼即可。

太皇太后亲自开口为苏轼求情，这作用便不可估量了。

十月十五日，神宗正式发布大赦天下的诏令："死罪囚流以下，一律开释。"苏轼暂时免去了性命之忧，亲戚朋友的心都跟着轻松了一些。

李定等人当然不甘功亏一篑，到嘴的肥肉哪能让它溜走？御史台又一次紧急行动，罗织新的罪状，设法曲解苏轼的言论，试图再次激怒神宗，定他个"大逆不道"的罪名，以致其进入无法赦免之列。

这次，李定等人背后的大靠山——丞相王珪亲自出场。

王珪觐见皇帝时，言之凿凿地对他说："苏轼确有不臣之意。"

王珪拿出苏轼所谓的新罪证，即苏轼在杭州时，以桧树为题所作的诗句，"根到九泉无曲处，世间惟有蛰龙知"。王珪向神宗揭发，陛下身为真龙天子，而苏轼却要求知于地下的什么蛰龙，显然是有不臣之心。

凭神宗的知识功底，他对这诗的意思还是很清楚的，知道王珪穿凿附会，便没好气地回答："苏轼是在咏桧树而已，关我何事？"

而一旁的章惇早已看不惯王珪的嘴脸，忍不住插嘴："龙者，非独人君，人臣也可以称龙。"

神宗说："可不是嘛，自古称龙者多矣，如荀氏八龙，孔明卧龙，也不都是人君。"

王珪自讨没趣，脸上一阵儿红一阵儿白，尴尬无比。

及至退朝后，章惇气不过，追至王珪跟前，愤怒地责问他："你真要对苏轼赶尽杀绝吗？"

王珪慌不择言，极力推卸自己的责任："这是舒亶说的。"

章惇更为恼怒："舒亶的口水也可以吃吗？"

直叫王珪下不了台来，老脸又是一阵儿红一阵儿白。

王珪与李定一伙，虽目标一致，都是为坐个好位子，争取更为光明的政治前途，但其目的有差异。王珪更想坐稳相位，其加害苏轼多出于"妒忌"二字。李定一伙则是为确保新党在朝廷的地位，抑制旧党的重新崛起，而高高在上的王珪则可以为他们在斗争中提供一定程度的保障。

李定等人和王珪纯因利益而站上同一阵线。

不管怎样，皇帝已经下了赦免苏轼的决心。

皇帝派人复审此案，所得结论与御史台无甚差别。因此，苏轼的罪名便被定为"以文字谤讪朝政"，本应处徒刑二年，因案子在大赦期内，故应赦免。这最后的论断实在大出李定、舒亶等人的预料，如若这次陷害苏轼的行动不力，非但打击不到旧党势力，而且一旦旧党上台，他们的日子便不可能好过。

所以，李定这帮人着实慌乱了一阵，再经一番仔细的商讨之后，心怀侥幸，要对苏轼发起最后一波攻击。

先是李定向皇帝进言，将苏轼从人品到德行贬损得一塌糊涂，他试图让皇帝相信，如果苏轼不除，必将留下大大的祸根。苏轼的妖言乱语迷惑了百姓和官员，害处巨大。

接着舒亶上疏，更是变本加厉、丧心病狂，他以为不但苏轼该杀，其他被牵连进此案的苏轼的同党数十人亦应该处死，其中包括范镇、司马光、张方平等人。

若说先前李定等人对苏轼的陷害，神宗并未知觉，也相信苏轼确实是讥讪朝政才被举报，但现在，李定等人如此不淡定的作为，以及表现出来的欲置苏轼于死地的决心，让神宗开始警觉起来。很快，神宗发现了李定等人险恶用心的蛛丝马迹。

作为一个英明的皇帝，神宗不得不有所警惕，他可不想因为杀掉苏轼而毁了自己一世英名，被后人讥笑。

这时，远在南京的王安石听说了这件事，也给神宗皇帝写来了一

苏东坡传

150

封信。

王安石与苏轼向来政见不合，但这次王安石却可以抛弃旧怨，从容淡定地替苏轼说话，他从国家的大局出发，劝神宗珍惜人才，勿杀苏轼，足见其涵养和风度。

在决定苏轼命运的关键时刻，发生了一件奇妙的故事，配合苏轼富有传奇色彩的人生听起来别有一番趣味。宋人何薳的《春渚纪闻》对这个故事有详细的记载：

某天夜里，苏轼正要睡觉，有一人径直走进他的牢里，一句话也没说，直接在地上扔个枕头就睡了。四更天时，熟睡中的苏轼被那人摇醒，对方说："贺喜，贺喜。"

苏轼转过头，问有何喜可贺。那人说，你只管安心睡觉，以后自然知道。说完，他便匆匆离去。

原来，此人是神宗派来的一个小宦官。这个小宦官向皇帝汇报，苏轼在狱里十分坦然，一夜酣睡，鼻息如雷。

神宗听到小宦官的报告十分开心，对左右人等说："朕知苏轼胸中无事者。"

这故事是真是假，已然无法求证。但眼下的一切信息都显示出这个有着神仙气质、旷达个性的天才人物，纵然躲不过一时的劫难，却也不会这么轻易地死去。

冥冥之中，总有些什么护佑着他，令小人无法伤害他。

李定等人不得不承认自己失败，至少大部分如意算盘落空。

二月二十八日，除夕的前两天，乌台诗案终于做出最终判决：

苏轼被贬官至黄州（今湖北黄冈），任团练副使，不得签书公事。

绛州团练使、驸马都尉王诜，勒令停职。

著作佐郎、签判应天府判官苏辙，贬为监州盐酒税务。

王巩被谪至宾州，贬为监州盐酒税务。

苏东坡传

收受讥讽文字的张方平等二人，各罚铜三十斤；司马光等二十人，各罚铜二十斤。

收受无讥讽文字者，无罪。

从以上判决可以看出，这件案子的处理遵循了"大事化小，小事化了"的原则，尽可能缩小打击面，呈现了神宗处理此事的态度。

在此案中，受牵连最深的当数驸马王诜，他与苏轼过往甚密，不只因收受其讥讽文字而被定罪，还因他向苏轼通风报信。王诜先前送苏轼的酒食茶果、笔墨纸砚，甚至帮助苏轼装裱字画等，皆被详细记录在案，成为定罪依据。若非王诜系皇亲国戚，罪责怕是更重。

王巩之定罪并无实际证据，只因过往甚密，便也成了罪证，说起来也真是冤枉。王巩到徐州访苏，捎带着张方平诗稿一卷，苏轼于卷末的题诗被指讽刺新法，因而获罪。李定等人本来针对的是张方平，而张是三朝元老，动不得，所以迁怒于其女婿王巩，将他贬至最远的广西。此次诗案中本不相关的王巩却承受了最重的惩罚。

乌台诗案就此告一段落。苏轼于宣判次日出狱，自是年八月十八日入狱，至十二月二十九日出狱，共有四个月零十二天，对苏轼而言，不啻十年之久。

那是一生都难忘的噩梦。

第五章
黄州黄州

陈季常

一百多天的牢狱之灾，让苏轼精疲力竭、形容俱损，也消瘦许多。

待被释放出来，他看一眼外面的世界，呼吸一口自由的空气，有感于心的竟是从未有过的幸福。人大约只有在被剥夺自由之后，才会格外懂得自由之可贵。

进狱时尚是初秋，转眼却是此年的除夕！

休整一天后，苏轼就要和儿子苏迈马不停蹄地赶往自己的谪地。

出于过年的缘故，一向繁华的京城街道显得冷清不少，路上遇到的人们也大都行色匆匆，赶着回家与家人团聚。傍晚时分，噼里啪啦的鞭炮声从各家各户传出来，此起彼伏，气氛逐渐热闹起来。别人家都在团圆，吃香喷喷的年夜饭。唯苏轼父子无法与家人相聚，爷俩只好弄点小酒、几个小菜，相对而饮，权当过了这个年。

寒风凛冽，天地苍茫，世界仿佛已经冻透，但苏轼的内心却满是欢欣愉悦，先前不曾尝到过失去自由的滋味，如今经历过这一场从天而降的牢狱之灾后，从此对幸福的理解则更深了一层。

汹涌的情感快要喷薄而发，他忍不住又作诗两首：

《十二月二十八日，蒙恩责授检校水部员外郎黄州团练副使，
复用前韵二首》

百日归期恰及春，余年乐事最关身。

出门便旋风吹面，走马联翩鹊哔人。

却对酒杯浑似梦，试拈诗笔已如神。

此灾何必深追咎，窃禄从来岂有因。

平生文字为吾累，此去声名不厌低。

塞上纵归他日马，城东不斗少年鸡。

休官彭泽贫无酒，隐几维摩病有妻。

堪笑睢阳老从事，为余投檄向江西。

　　这一番不请自来的磨难，令苏轼对生命的醒悟以及人际关系的理解越发深刻，其心胸更为豁达，他未有睚眦必报的情绪，全是重获生命与自由的喜悦。

　　他决定，从此以后再不写诗文，皈依佛法，潜心念经，做个维摩诘那样的居士，求得永久的心灵解脱。

　　话虽如此，当他意识到自己刚刚又在写诗时，立刻掷笔于地，自嘲地笑起来："怎么还不改？"

　　元丰三年（1080 年）正月初一，当新年的阳光刚刚洒满开封，京师还沉浸于新年的喜庆之中，苏轼却要在御史台兵丁的押送之下，和相随的长子苏迈启程前往被贬地黄州。

　　他虽是刚刚出狱，却有许多现实的问题需要考虑。

　　因此前乌台诗案的牵累，他的家眷二十余口尚寄居于南都的弟弟家中。苏辙的家庭负担一向甚重，新添了这二十余张嘴，经济状况无异雪上加霜。如今，苏辙被贬至筠州，自己再也不能拖累弟弟，须把家人接走。而分离近半年的一家人，也可以借此机会得以团聚。

　　另有一件重要的事。他的从表兄、画家文同，于元丰二年正月在陈州去世，至今已有一年之久，但因为文家凑不齐路费，无法运其灵柩回蜀。无奈的文氏全家只能寓居陈州，别无他法。

　　苏轼认为，让从表兄安心回乡安葬是他这个做表弟的责任，自然责无旁贷，须尽力完成，以慰文同的在天之灵。

苏东坡传

　　文同，字与可，著名画家，与苏氏兄弟交往颇为密切。文同和苏轼同为画竹高手，二人一起开创了著名的湖州画派。苏辙则更是亲上加亲，和文同做了儿女亲家，苏氏兄弟对其人品、文品赞美有加，苏辙在祭文中称："昔我爱君，忠信笃实。廉而不刿，柔而不屈。发为文章，实似其德。风雅之深，追配古人。翰墨之工，世无拟伦。"

　　苏轼约了弟弟子由，赶往陈州见面商量这些家事。

　　这是兄弟二人自乌台诗案至今的首次相晤，一番感慨必不可少。虽说人生无常，但感情甚笃的兄弟俩直至案前都不曾想过，两人几乎再无见面之可能。若苏轼罪名成立，则难逃一死。

　　如今想想，后怕连连。

　　在兄弟俩这次谈话中，苏轼当然会交代自己在狱中那些难熬的时光，以及受尽的非人折磨。性格沉稳的苏辙则再一次真切地劝告哥哥，以后凡事须尽可能地谨慎，为免祸从笔下生，不要再写那些与时政相关的诗文，免得授人以柄，再生出此类不必有的是非。这次能逃过罪责，实属万幸。

　　兄弟俩商量了家眷的安排，共议了文同归丧的办法。三天时间，匆匆而过，而眼下又各有事情，必须分别上路。离别前，弟弟不免担忧起苏轼未来的生活，立时愁肠百结。

　　而苏轼则有意识地淡化伤感，用诗句宽慰子由：

《子由自南都来陈三日而别》

夫子自逐客，尚能哀楚囚。

奔驰二百里，径来宽我忧。

相逢知有得，道眼清不流。

别来未一年，落尽骄气浮。

嗟我晚闻道，款启如孙休。

至言虽久服，放心不自收。

悟彼善知识，妙药应所投。

纳之忧患场，磨以百日愁。

冥顽虽难化，镌发亦已周。

平时种种心，次第去莫留。

但余无所还，永与夫子游。

此别何足道，大江东西州。

畏蛇不下榻，睡足吾无求。

便为齐安民，何必归故丘。

子由，我最亲爱的兄弟，不必太过牵挂、太过担忧，这不过是一次小小的分别，更何况还有长江把我们联系在一起。自此之后，为兄会听从你的劝告，不作诗文，天天蒙头睡觉，以求自保。到黄州后，一定安分守己，不再鲁莽行事。

与苏辙分别后，父子俩继续赶路，行至蔡州，遇大风雪，道路倍加难行。从新息渡过淮河，进入湖北，至加禄镇，天色向晚，他们便在此地的驿所投宿。

天寒地冻，雾气茫茫，于这阴冷、破败的驿所，苏轼的内心涌起说不出的荒凉。渡过了淮河，从此与中原大地隔绝，政治理想更无实现之可能，想到自己已是四十五岁的年纪，沧桑写满脸颊，白发渐染头顶，却还是一事无成，该是何等悲哀。

唯一让他感觉安慰的是随行的儿子苏迈，这个刚刚二十一岁的青年后生，跟随父亲经历了过去一年的困苦之后，思想和品格都成熟了许多。苏迈目光坚定，身形矫健，有敢于面对任何困难的勇气，与当年的苏轼相比，有过之而无不及。

在他的《过淮》一诗里，对儿子的夸奖毫不吝啬：

独喜小儿子，少小事安佚。

相从艰难中，肝肺如铁石。

便应与晤语，何止寄衰疾。

度关山，过麻城，转入岐亭以北二十余里。

在这个偏僻的地方，人烟甚是稀少，正在行路的苏氏父子却看见对面有一人骑匹白马，头戴高帽，自山上奔驰而下。及至近前，那人稍一愣神，却在马上跟苏轼打起招呼来。

苏轼惊愕之下亦认出了对方，竟然是他的朋友陈季常！这意外的邂逅令他一时回不过神来，做梦也想不到陈季常竟然会出现在这个地方。

陈慥，字季常，是苏轼在陕西凤翔任签判时的上司陈希亮之幼子，此人生性豪迈，挥金如土，颇有侠士之风。他不愿读书求仕，只想要享受快活人生。陈季常之气度和风采，见者皆以为异人。苏轼与陈希亮相处，自是苦恼不已，但和陈季常在一起却十分融洽，并成为情投意合的好友。

后来，陈季常随父亲居洛阳，游历四方。大约五年前，因厌倦了世俗生活，他带家人来到黄州的岐亭镇，筑室而居，一反常态，过起了怡然自得的隐居生活，不与世人往来。当地的人不认识他，因看他戴方山巾，便以"方山子"呼之。

有一件事颇能说明陈季常少年时的放浪。某次，他回到家乡眉州青神县，携来两个美貌的侍妓。陈季常叫她们换上戎装，骑着骏马，招摇过市，引来乡亲围观，家乡父老看到这个情况莫不惊讶异常。

算起来，他与陈季常不相见已经有十九年，却在此地意外邂逅，真叫人惊喜不已——久旱逢甘霖，他乡遇故知，枯索的旅途顿时不再乏味无趣。

两人握手，寒暄，叙旧。陈季常问及苏轼缘何来到此地，苏轼便将诗案的来龙去脉讲了一遍。得知苏轼贬官经过，陈季常不置一词，只是大笑起来，从此绝口不提此事。

陈季常热情地邀苏轼父子到家里小住。陈家住在山上的一个木屋里，内中摆设相当俭朴，遍观全屋，居然没有一件像样的家具。但看陈妻及几个奴婢皆泰然自得，并无任何愁苦表情，苏轼忍不住暗暗称奇——陈氏本系富裕人家，拥有众多良田，在洛阳也置办了相当家产，怎么会甘心居于如此简陋之地？

他虽然不解，但知陈季常本为奇士，不能以常理度之，心下便也坦然。

十多年的时间足以改变一个人。当年的潇洒公子、放荡不羁的游侠，而今却成了安居于世外的隐士，"龙丘新洞府，铅鼎养丹砂"，心无旁骛，安享这山中的幽静岁月。

苏轼不免有几分羡慕，这份真正的愉悦一直是他追求的目标。

陈季常向来以好客闻名，此次偶遇老友，更加不能例外，一家上下齐齐出动，忙着张罗酒食。鸡鸭鱼鹅，特产果蔬，一概吃够，好好为这位朋友压惊。

苏轼把这一路的疲惫和寒冷，借此机会通通赶走，心中的凄楚和悲哀也一下子消减许多。友谊像温暖的炉火，让他这颗冰冻的心渐渐复苏。

于清新空旷的山林当中，多年不见的老友对坐，一边饮酒一边闲聊，是苏轼很久未有的享受。他酒量一般，但却喜欢杯中物，皆因为借酒助兴，谈话更容易深入，情致越发高昂。

在陈家小住的这几天，是他这一路上最为温暖的日子。

在陈家待了五天之后，父子俩继续上路。

元丰三年（1080年）二月初一，终于到达黄州，用时一个月整。

父子俩进到黄州地界时，但见此地群山连绵，竹林茂盛，长江之水清透碧绿，缓缓流淌。正为旅途所苦的苏轼不免眼前一亮，心思竟转向了口腹之欲：黄州的竹笋一定很嫩吧，长江里的鱼虾味道一定很鲜吧？出狱时声称不要写诗的他，忍不住又作起诗来：

《初到黄州》
自笑平生为口忙，老来事业转荒唐。
长江绕郭知鱼美，好竹连山觉笋香。
逐客不妨员外置，诗人例作水曹郎。
只惭无补丝毫事，尚费官家压酒囊。

这首诗既是自慰，亦是自嘲：事业如何且不去管它，先来享受这黄州的鱼鲜竹香，被贬谪倒也没有什么，只是我对政事已无点滴助益，却还要浪费朝廷的俸禄。

身处逼仄之境、低沉之时，苏轼总会想办法为自己的情绪找到出口，而不被彻底地压抑——这是他一以贯之的人生态度。

用之于世，则努力做好本职；不用于世，则从美食、友情、山水等事物中寻求解脱。

无黄州，不东坡

苏轼被贬至黄州，正式的身份是检校尚书水部员外郎、黄州团练副使，虽有官职，却是虚衔，不得签书公事。说是贬官，实则被当作犯官对待，只比流放好那么一点儿。

初至黄州，他有两件事需做：一是到官府报到；二是要向朝廷上进谢表。

当时的黄州知州徐大受，对他这位犯官非常礼遇，使苏轼心理上得到些许安慰。后来，苏轼在徐大受病亡后写给其弟徐大正的信里说："轼始谪黄州，举眼无亲，君猷一见，相待如骨肉，此意岂可忘哉。"君猷是徐大受的字。此后几年中，徐大受对苏轼照顾有加，这份情谊令他在贬谪的寒意中倍感温暖。

这次的谢表也因了前次的教训，所以极尽谨慎，生怕再有任何差错。除了感谢神宗的宽大处置，还表示要反躬自省，努力自新："惟当蔬食没齿，杜门思愆。深悟积年之非，永为多士之戒。贪恋圣世，不敢杀身；庶几余生，未为弃物。若获尽力鞭箠之下，必将捐躯矢石之间。指天誓心，有死无易。"

初来黄州的苏轼，最先需要解决的是住宿问题。他暂住到黄州的定惠院里，这是一座城里的寺庙，环境清静，有各种花木，风景亦好。寺内住持并没有因他是贬官而有丝毫怠慢，且给予种种方便。

父子俩为了方便起见，就在寺内搭伙，与和尚们一起吃斋。

苏轼不曾认得黄州本地的人，亦无什么朋友可以来往，无公事可以处理，手上有大把大把的时间。刚开始，他天天蒙头大睡，越睡越困，越困越睡——不管如何，反正把在御史台狱中所缺的觉给补足了。

对周围环境渐渐熟悉后，他便有了一些自娱的方式：或去城南安国寺沐浴，或寻找溪水丰美之处钓鱼采药，目的无非是不让自己倦怠厌倦，借机打发无聊的时光。未来的日子比树叶还稠，岂能不管不顾，任它自行凋落？

安国寺是寂寞当中的乐土，每隔一两天，苏轼都会到寺里来，参拜沐浴，洁净身心，摆脱世俗生活的羁绊。他常常一整天都待在安国寺，焚香静坐，物我两忘，所有的负担都被卸下，灵魂的伤口被抚平。

苏轼体悟到，心困万缘空，身安一床足，佛家所提倡的极乐世界正有助于他摆脱眼下的精神困境。

事实上，他受伤的心仍未平复，诗案的阴影仍未消除，他提醒自己："默归毋多谈，此理观要熟。"

虽说参佛悟理让他逐渐平静，但境界非一日达成。

初来陌生之地，心情难免落寞不定，每每被孤独咬噬，被寂寞侵袭，无以排解之时，他也会买些酒来细斟慢饮，回忆自科举以来所发生的一切，竟有种种不真实的错觉。

即便在黄州待过一段时间后，阴影仍难消除，他时时为其困扰，于是心灰意懒，自觉关闭自己，不与外界往来。

给友人李之仪的信中，他坦白了自己的真实心境："得罪以来，深自闭塞，扁舟草履，放浪山水间，与樵渔杂处，往往为醉人所推骂，辄自喜渐不为人识。平生亲友，无一字见及，有书与之亦不答，自幸庶几免矣。"所谓"辄自喜渐不为人识"，想来也并非真"喜"，不过是在陌生之地的自我安慰，那"喜"多少带着点无奈和孤寂。

但他不会任由低沉情绪消磨自己，总是想办法寻找欢乐。

苏轼每天穿着草鞋布衣，流连于黄州的山水风景，与田间农夫、山间樵夫、市井商贩攀谈说笑，借此打发没有着落的时光。即便遇到不善言辞之人，实在无话可说，他也央求对方给他讲鬼故事。对方连鬼故事也讲不出，他就建议人家瞎编一个。

"先生食饱无一事，散步逍遥自扪腹"，无所事事，四处闲逛。实在无处可去，苏轼就独自到江边散步，捡起石子，打水漂自娱。

他早已是过了不惑之年的中年男子，但对一切新鲜事物仍然充满好奇之心。每路过一家院子，他都要敲门进去，或与主人攀谈，或领略院子中的风景。

有一次他信步乱走，却在杂花开满的篱落之间发现一株海棠。那株海棠开得艳丽芬芳，于杂花中鲜美夺目。这令他吃惊不小，赶紧擦亮眼睛细细观赏，真个绝艳！海棠本是富贵之花，此地少有，这株究竟因何而来黄州？由花自伤，感慨万千，杂花丛中的海棠之境遇，不正是自己的境遇吗？想以往，我也是少年得志的科场才子，名望士林的文坛领袖，如今和这海棠一样，流落于如此偏僻、荒凉之地。

悲哀低沉的情绪涌上心头。

乌台诗案的阴影依旧如心头的一片阴霾挥之不去，疼痛犹在。喝酒的时候，苏轼还要时时提醒自己不能喝得太多，以免酒后失言：

《定惠院寓居月夜偶出》

饮中真味老更浓，醉里狂言醒可怕。

闭门谢客对妻子，倒冠落佩从嘲骂。

苏轼是天生健谈之人，活泼开朗的个性需要释放，瀑布般的才情需要一个出口……他喜欢群聚，喜欢热闹，需时刻被友情的温暖包围。但现在，他只能一个人饮一杯酒，守着百般寂寥，吞下万千好诗，这难道不是另一种折磨，不是另一种苦痛？

到黄州已近半年时间，他的心绪却仍纠结在孤独和寂寞之间，不得自拔，幸好有儿子相伴，才不至于彻底无聊。

好在不久之后，弟弟子由来了，得以暂时摆脱寂寞之困。

苏辙依兄弟俩此前在陈州商量的办法，交代完南都的工作，携了两家家眷自水路向南而来。至九江时，自家家眷在此等待，他则带了嫂子、侄儿一行人等再坐船至黄州。而后，他还得回转九江，奔赴贬所筠州。

五月二十七日，苏轼一大早坐船，到距离黄州二十里的市集巴河口迎接家人。一家老小再次相见，真个又悲又喜，一众女性家眷更是泣不成声。

苏轼与弟弟子由现在皆为罪官之身，这次见面，心境更为复杂，但兄弟俩仍旧乐观，不时作诗唱和，亦间有调侃之语。他们一连畅谈三晚，弥补这许久不见面的遗憾。第四天，兄弟又一起携手同游寒溪寺、西山寺，饱览山水美景。

弟弟家眷尚在九江，他还要到筠州上任，于黄州住了十天之后，复又离去。

全家人皆来黄州，苏轼便不能再住定惠院，需另觅住处。在时任鄂州太守朱寿昌的帮助下，于二十九日搬到临皋亭居住。朱寿昌，字康叔，以孝闻名，熙宁初，朱氏与家人辞诀，弃官入秦寻找失踪的老母亲刘氏，并说"不见母，吾不反矣"。后来终于寻到刘氏。此事为人传颂，朱寿昌遂以孝名闻天下。王安石、苏颂、苏轼等朝中官员士大夫争相为诗，赞美其孝行。就是在赞美朱寿昌的诗中，苏轼顺便讽刺不服母丧的李定，因而开罪了他——李定在乌台诗案中欲治苏轼死罪，不得不说这亦是一层重要原因。

临皋亭在黄州城南的长江边，视野开阔，景色壮美。"望武昌诸山咫尺，时复叶舟纵游其间，风雨雪月，阴晴早暮，态状千万，恨无一语略写其仿佛耳。"连这位天才也慨叹没有办法描摹此处风景之美，每想描摹总是力不从心。

只是这临皋亭地方狭小，住二十余口实是勉力为之，一大家人生活其中，相当拥挤，好在风景之美打消了因拥挤而产生的不快。

苏家一家人在黄州得以团聚，且有了自己的住所。

自我救赎

初到黄州，苏轼写下那首著名的《卜算子·黄州定慧院寓居作》：

缺月挂疏桐，漏断人初静。谁见幽人独往来，缥缈孤鸿影。

惊起却回头，有恨无人省。拣尽寒枝不肯栖，寂寞沙洲冷。

作此词时，他受到惊吓的心灵尚未从漫长的旅途中平复，情绪仍然陷在乌台诗案的阴影里不能自拔——突然被命运抛掷到陌生新鲜的环境，人地两生，要面对无边无际的寂寞，一时无所适从，真是煎熬。

仅靠智力与才华成就不了真正的天才。

短命的天才常以自毁的方式，使刹那成为永恒，虽然夺目却留下更多遗憾；而真正的天才却不会自怨自艾，于深重的苦难当中，通过心灵的体察和醒悟实现自我救赎，从而散发出更璀璨夺目的光彩。

苏轼无疑便是这真正的天才。

他全面地反思自我，检讨过去的一切。

他认为，自己少年时代读书为文只为应举，仅凭知识和才学而得科名；未经深入思考，轻易地发表诸多不成熟的意见，对于国家毫无助益。

他认为，自己先前最大之问题在于才华外露，自以为是，没领会父亲为他取名"轼"之深刻含义和良苦用心。

他认为，自己过去三十年来的所作所为，多数皆有问题，"谪居无事，默自观省，回视三十年以来所为，多其病者"。

苏轼试图从反思中总结过往的人生，把握未来的方向。

真正的智者善于总结自我，然后在此基础上提升。

但我们还应清醒地意识到，反思是一回事，真正地把反思落实到实际生活中又是另一回事。另一值得警惕的问题是，对自我的过度否定，又容易在心理上产生不良的负面效应。

因此，反思的"度"亦非常重要。

苏轼的反思并非对自我的全盘否定，他是想通过反思建立起更符合规则、更有理性的处世态度。成熟稳重的弟弟大概就是他当时的标准和榜样。

苏轼对于各种事物总有独到的见解和思路，但也常常困扰于现实的情状，徒增许多烦恼。现在在黄州的他虽已远离京师庙堂，但过往一百多天的牢狱之灾，却给他带来了实实在在的伤痛。他一时还没有办法回到正轨上来，有时甚至因为后怕而被噩梦惊出一身冷汗。

他不敢再轻易写作诗文，即使写了，也是自己偷偷吟诵；他不敢再与亲友通信，除非别人写给他。即便回别人的信，也会在信末叮嘱：自己看过便罢，不需示于人前。有人来请他写文章，他也一概予以拒绝。

他担负不起这个风险了，即使不为自己考虑，还有老婆和孩子，他没有理由让家人跟着自己一起过担惊受怕的生活。

他需要疗治精神的伤，需要安抚心灵的苦。

在苦痛中，有人堕落，有人迷离，有人却可以升华；有人寄情于声色，有人留恋山水，而苏轼则选择向佛教中汲取精神力量。

他先是阅读佛教经典，其后在安国寺长老的指导下学习坐禅，一直坚持到他离开黄州，最终修炼至"物我两忘，身心皆空"的境界。到这个时候，寂寞和孤独便对他不再起作用，他已获得心灵上的自由和愉悦。

所谓坐禅，是佛教修持的主要方法之一。修禅也就是修定，修定可以发慧。"定"和"慧"都是佛学中的重要概念，"定"是摒除杂念，专心致志，观悟痛苦之原因；"慧"则是智慧，代表着无欲、见真的状态。人一旦到达无欲，痛苦也就自然而然消除了。在佛教的认知世界里，欲望是一切痛苦之根源。

苏轼阅读佛教经典以及学习坐禅，有着相当明确的目的，他是要借助佛教的方法疗治内心的伤痛，摆脱被痛苦困扰的人生状态。

事实上，佛教的学习对他的帮助甚大，是他主动调整人生观的一次尝试，并因此摆脱了痛苦的桎梏，更客观地看待过往。

苏轼习佛悟理甚早，年幼时家乡佛事甚盛，成年后喜读佛书，通判杭州时又曾走遍名山古寺，与高僧时有往来，只是入世甚深，热爱灯红酒绿的俗世生活，一时无法贯彻于行动之中。而现在在黄州，没了公务纠缠，没了酒局牵绊，他便能专心学佛，一时飞速进步，悟得佛理之妙，成为佛教的虔诚信徒。

苏轼虽然学佛，但并不封闭自己，他对道家学说也有一定程度的痴迷。道家的洒脱和飘逸，也一直是他向往的生命状态。

在黄州，他更注意养生。与朋友的书信往来中，他常毫无保留地将自己的养生之法悉数传与他人。

有了佛道双修的经历，人生境界立时变得不同，痛苦、烦恼、失意一时俱如灰飞烟灭，在他身上起不到作用了。给堂兄子明的信里，他写出自己的心得，"世事万端，皆不足介意"；他还说，人生要懂得自娱，"所谓自娱者，亦非世俗之乐，但胸中廓然无一物，即天壤之内，山川草木虫鱼之类，皆是供吾家乐事也"。

在黄州的几年，物质条件尽管贫乏，但他精神上的收获却是甚大，境界大开。不得不说，对佛道理念的践行是极为重要的一个途径。但有一点我们必须认识到，于苏轼而言，不管佛还是道，都是他修炼心性的手段，目的是要减少妄想，摒弃苦痛。

在根本上，他仍是一个儒士、一个深度入世的官员，心忧天下，关怀百姓，忠君爱国仍是他思想的主轴，立功、立德、立言仍是他不懈的追求。

但恐朋友缺

苏轼遗传了父亲苏洵的很多脾性，重视友情而不好色便是其中之一。

他是那个时代极少数不好色的文人。"性不昵妇人"，即使面对王夫人，他的话也不算多，夫妻之乐于他，倒不如友情更叫他心驰神往。

朋友之于苏轼，即如水之于鱼，米之于鸡，须臾不可缺失。当初，他来黄州最担心的问题，不是生活艰苦，不是地方偏僻，而是怕这城中没有几个相与的朋友，叫他寂寞难耐，"黄州岂云远，但恐朋友缺"。

好在他个性爽直、仁厚可亲，且从不以地位论尊卑，"上可陪玉皇大帝，下可陪卑田院乞儿"。所以，他来黄州不久，身边又有了一群朋友。

这群朋友里既有新知，也有故交。

朝夕相处的街坊邻居成为他最先在本地来往的对象，其中以潘丙、古耕道、郭遘关系最佳。这三人虽是市井平民，却有古道热肠，苏轼在黄州五年，多亏这三位帮忙解决了不少实际问题。

潘丙是个书生，屡试不第，绝意功名，便开了个小酒馆讨生活。苏轼有事没事常到小酒馆里，与潘氏饮酒闲聊。潘丙为人热情，待人诚恳，怕苏轼人地两生，还将自己的哥哥弟弟及一众人等介绍给苏轼认识，他们后来亦都与苏轼成为朋友。

古耕道和郭遘亦是经潘丙介绍而结识苏轼的。

古耕道是个没文化的普通百姓，大字不识，但是真诚、纯朴、豪爽且讲义气，喜欢主持各种事务，可谓古道热肠，苏轼在诗中戏称其为唐代小说中侠士古押牙的子孙。郭遘是药店老板，苏轼喜药，对药材亦多有研究，二人交流颇多。在密州时，苏轼因食菊花与枸杞而有意外收获，大约彼时已对药产生兴趣。

苏轼刚经历过大狱，又来到完全陌生的黄州，当年的亲戚朋友怕惹祸端，不少人与他断绝了往来，书信都不再写。寂寞孤独之中，这三人质朴的友情是何等温暖、何等重要，即所谓"我穷交旧绝，三子独见存"。他喜欢三人的豪爽、质朴，三人敬佩他的人品、才华。

在这偏僻的黄州，他们常常聚在一起饮酒聊天，天南地北，无话不谈，苏轼借此打发掉许多难挨的时光。

苏家有了困难，这三位好友总是热心相助，让身处患难之中的苏氏全家倍觉安慰。及至后来，苏家开辟东坡这块荒地时，若不是他们手执锄头，亲自助阵，真不知道收拾到猴年马月才能耕种。苏轼的感激之情都在诗中，"从我于东坡，苏饷同一飧"。

相处时间既久，彼此愈加熟悉，感情更为深厚，又常一起结伴出游，欣赏黄州各地美景。

元丰四年（1081年）正月二十日，苏轼往岐亭（今湖北麻城）看望老友陈季常，三友相送，竟送出黄州城十里，至女王城东禅院。天气回暖，江柳初萌，春意正在悄悄酝酿当中，四人席地而坐，饮酒赏春。苏轼不由得想起去年今日，自己正走至关山，细雨霏霏，心境阴暗，而今日却有友人相伴，两下对照，真是不可同日而语，因而有诗曰：

《正月二十日，往岐亭，郡人潘、郭、古三人
送余于女王城东禅庄院》
十日春寒不出门，不知江柳已摇村。
稍闻决决流冰谷，尽放青青没烧痕。

数亩荒园留我住，半瓶浊酒待君温。

去年今日关山路，细雨梅花正断魂。

陈季常亦是苏轼在黄州时最为要好的朋友，二人来往甚密。苏轼亲往岐亭见陈季常三次，陈季常来黄州见苏轼七次，每次相处时间有十多天。在黄州五年，两人竟有百余日时间在一起，果然是老友情深。

元丰三年（1080年）六月，陈季常第一次来黄州看他，就在当地引起不小的轰动。陈氏本是豪爽侠义之士，于江湖之上颇有些名声，既至其人挂剑归山，隐于岐亭，又有许多人想要交游而不得。此番陈季常一到黄州，当地豪侠之士自是奔走相告，人人兴奋不已，争相邀请陈季常到自己家中做客。

对于前来邀请他的人，陈季常特别强调，自己此番来黄州只是看望好友，并非出山，遂一一谢绝邀请，宁愿待在苏家闷热的小屋里，与好友举杯问盏闲话家常。

这真真算给足了苏轼面子，令他甚为得意。

每次分别时，两人又总难舍难分，送出去很远仍不忍离去，有诗为证：

《陈季常见过三首·其二》
送君四十里，只使一帆风。
江边千树柳，落我酒杯中。
此行非远别，此乐固无穷。
但愿长如此，来往一生同。

能送出四十里之外，当见友情之深厚。现代人挥挥手就算送别，古风远去，再无回返之可能。

陈季常和苏轼二人的友谊亦庄亦谐，一方面是对彼此的敬重，另一方面却是相互调侃，拿对方打趣。不过，一番较量下来，陈季常显然是吃亏的那一个，因为苏东坡一首著名的诗，令这超凡脱俗的隐士居然获得一个惧内的名声。若是陈氏料想有此后果，估计打死他也不会让这首诗流传出去：

《寄吴德仁兼简陈季常》

东坡先生无一钱，十年家火烧凡铅。

黄金可成河可塞，只有霜鬓无由玄。

龙丘居士亦可怜，谈空说有夜不眠。

忽闻河东狮子吼，拄杖落手心茫然。

谁似濮阳公子贤，饮酒食肉自得仙。

平生寓物不留物，在家学得忘家禅。

门前罢亚十顷田，清溪绕屋花连天。

溪堂醉卧呼不醒，落花如雪春风颠。

我游兰溪访清泉，已办布袜青行缠。

稽山不是无贺老，我自兴尽回酒船。

恨君不识颜平原，恨我不识元鲁山。

铜驼陌上会相见，握手一笑三千年。

只是惧内之说可能并非出于苏轼本意，而是后人的曲解。

诗题中之吴德仁，即吴瑛，蕲州蕲春人，曾通判池州、黄州，做过虞部员外郎，年四十六即致仕，回乡隐居。元丰五年（1082年）三月上旬，苏东坡到黄州东南三十里的沙湖相田，途中因左臂红肿，到蕲水麻桥求名医庞安常医治，一针而愈，因而与庞安常交好。后东坡与庞安常同游蕲水县城外二里的清泉寺，又顺兰溪下至大江，欲访归隐蕲州的吴德仁，未果。

不久后苏轼给吴德仁写信，并寄此诗向吴德仁致意，表达仰慕之情。

前四句是苏轼自嘲修道无果：自己贫困无钱，十年炼丹，一无所得，唯一的收获是鬓角上的白发。按照全诗逻辑，之后紧接四句应是承接前四句的意思，调侃陈季常修佛同样无果。"亦可怜"是说陈季常和自己一样可怜，他一心修佛，常常不眠不休，但亦无甚收获。

"河东狮子吼"到底是指什么呢？

河东本指黄河以东，到秦统一天下，设三十六郡，河东郡为其一，治所在安邑（今山西夏县北），唐朝时设河东道。自魏晋以来，士人中流行郡望风尚，清人钱大昕《十驾斋养新录》中有一个精确的说法："自魏晋以门第取士，单寒之家，屏弃不齿，而士大夫始以郡望自矜。"郡望是夸耀身世的一种形式，如苏辙经常自称"赵郡苏氏"。

河东即柳姓的代称，但诗中柳氏并非指陈季常的妻子，而是指他精通佛道的朋友柳真龄。东坡另一首诗《铁拄杖》中，"柳公手中黑蛇滑"，即此柳公。

狮子吼，佛家喻威严，指佛法如狮吼一般，有警示作用。《景德传灯录·卷一》载："（释迦牟尼）佛初生刹利王家。放大智光明，照十方世界。地涌金莲华，自然捧双足。东西及南北，各行于七步。分手指天地，作狮子吼声。上下及四维，无能尊我者。"《方广大庄严经》载："如来大法音。外道悉摧伏。譬如狮子吼。百兽咸惊怖。"

清人王文诰有一个说法：

据《狮子吼经》，佛氏但取其声洪亮，能警大众，无他旨也。河东，即柳真龄，谓柳尝以说经戏季常，并以铁拄杖为棒喝耳。此皆追述嬉笑之词也。

所谓"棒喝"，是指唐代德山宣鉴禅师常以棒打为接引学人之法，世称"德山棒"，其目的是截断学人当下的心识活动，当头一棒，令其猛然醒悟，直见本性。

综上所述，我们可还原出一个场景：某天，陈季常和柳真龄、苏轼两位老友探讨佛理，聊至夜深，结果这位龙丘居士不得精要，精通佛理的柳真龄模仿禅宗大师给他一棒。陈季常随即愣在那里，四顾茫然——这是说陈季常不得佛法要领。

诗人先写自己一无所获，次写陈季常一无所获，其实是欲扬先抑，为后面夸吴德仁做准备，以苏、陈之无获衬托吴德仁之悟道。

濮阳公子指吴德仁。后面十六句的意思是：谁能比得了吴先生，喝着酒吃着肉照样可以修炼成仙。您平时寄意于物但从不沉湎，住在家中，却能学得忘家之禅。门前有种满水稻的十顷田，还有条清溪绕屋而过，屋前屋后鲜花连天。您在溪堂醉卧，喊也喊不醒，落花如纷飞雪片，随春风在周围飘散。苏某人穿上布袜，缠好绑腿，游了兰溪又访青泉。前番未能遇到吴先生，并不是李白说的"稽山无贺老"，是我游兴已尽开回酒船，且等来日再见。遗憾的是，您不认识我，我亦未睹您的真颜。相信以后会在某个像铜驼街那样热闹的地方，我们定能邂逅，到那时握手一笑，彼此都慨叹又已过了许多年。

苏轼弟子张耒曾为吴德仁写墓志铭："既谢仕，归蕲春，有薄田仅给伏腊，临溪筑室，种花酿酒，家事付子弟，一不问。宾客有至者，不问贤愚，与之饮酒，必尽醉；公或醉卧花间，客去亦不问也。"端的是得道高人的做派。

结合上下文看，东坡先生要表达的内容跟惧内不沾一点边儿，但确实调侃了陈季常。

苏轼曾为陈季常作《方山子传》，对这位朋友极为称道，"环堵萧然，而妻子奴婢皆有自得之意"。陈家贫寒，妻子奴婢皆不以为意，怡然自得，淡泊平静。这样明达、畅快之女子，应该不是悍妇吧。

与苏轼来往密切的，还有住在长江对岸武昌东湖的王齐愈、王齐万兄弟。苏轼刚来黄州时，两兄弟就慕名来访。王氏兄弟系苏轼同乡，亦为蜀人。偏僻之所，危难之中，听到乡音，受人关怀，自是感动不已。

苏轼喜欢武昌的山水美景，常坐船过江去游玩，每次必至王氏兄弟家里，热情的齐愈、齐万每每以好酒好菜招待。有时聊得开心，玩得快意，苏轼便在王氏兄弟家留宿几日。

让苏轼觉得温暖的，还有黄州知州徐大受。按照宋制，犯官苏轼在黄州之言行，当受地方长官监管。徐大受是个正人君子，宅心仁厚，通情达理，他以知州的身份常常对苏轼加以保护，而没有任何责难。看到苏轼生活困难，他又以朋友的身份加以资助。对这位名满天下的犯官，他表示出自己的敬重和同情。

所以，苏轼遇到徐大受实是一件幸事。两人相交既久，也渐成为亲密的朋友。

每年的重阳节，徐大受必在黄州名胜涵辉楼或栖霞楼设宴，邀请苏轼前来共度佳节。不只如此，他还时常邀请苏轼来自己府上做客，唤出家中能歌善舞的侍妓，一起把酒言欢。苏轼还特地写了歌词若干篇，以供侍妓演唱。

徐大受每有好酒，必招苏轼前来，有时候也亲自带着好酒去他家里做客。

后来，徐大受在调赴湖南的途中不幸病逝，苏轼闻此消息十分悲痛。在写给徐大受之弟徐大正的信中，他满怀深情地回忆起与徐大受的深交厚谊。之后又应友人巢谷之请，作文《遗爱亭记》致哀，他对这位朋友极力称颂，赞美徐大受是谦谦君子，凡事依理而为，皆合法度，为官仁厚，以德化民，黄州安宁，以致无讼。

有了朋友，苏轼的生活重新变得丰富多彩，对于黄州的贫寒、单调，他也渐渐适应。

苏轼的可贵之处亦在于此——每为环境所迫，初时不适，渐渐坦然，勇敢地接受现状，然后无所不乐也。

若无此项能力，实难挨人生的苦。

而危难之中所结下的友情，大约更令人难忘。

此前的一些朋友也先后来信问候，甚至还有人来黄州亲自看他。先前曾与他同去陕西凤翔任职的马梦得，也千里迢迢赶到黄州，与他同甘共苦来了。

做一回老农民

苏轼是典型的不善理财者。

自任凤翔签判起，居官已近二十年，却积蓄无多，现在到了黄州，因是犯官，便只有一份微薄的实物可领，却无正常的薪水了。苏家财务顿显捉襟见肘，这让他不得不直面自己糟糕的经济情况。

他刚来黄州时，手上尚有一点点存款，过了一年，仅有的存款也花光了，为现实生活所迫，不得不借钱度日。他这才意识到难挨的日子已然来临，真正的考验才刚刚开始。

想想真是讽刺，当年学识过人的科举好手一路过关斩将，杀出重围，得朝廷赏识，拜官入仕，追求齐家治国平天下的高远理想，可谁知道今日竟流落到要为稻粱谋，填饱肚皮则成为当下直面的首要问题。

对生存困难的苏家而言，拥有一块能耕种的土地可谓解决吃饭难题的上佳办法——自身境况既已至此，何妨做个农夫，不但能填饱肚子，还可以践行他一直以来隐居耕种的愿望。苏轼将这个想法说与老友马梦得，不料马氏是个行动派，随即着手向当地官府申请土地。经他一番努力，苏轼的梦想竟然成真。没过多久，有关部门便批给苏轼一块废弃的营地让他耕作。

这块土地有五十来亩，位于郡城东门外的小山坡上，原来是军队营地，久已废弃，野草丛生，瓦砾成堆，看上去相当贫瘠。如不花费大力气，下点真功夫，来一番彻底的清理和细心耕作，实在难有收获。适值黄州大旱，土地干裂，整饬起来更是难上加难。

初得此地时，苏轼满心欢喜；待要真正动手，他却忍不住长叹一声：让这块贫瘠的土地长出庄稼，难度几乎等同于铁树开花。

叹气归叹气，终于拥有可耕种的土地总算是件好事。苏轼遂下定了决心，排除险阻，迎难而上，要将这块地弄出个样儿。

他先对这块地做了一番规划：低洼的湿地上种植粳稻，平地上种枣树、栗树，在一角视野极佳的空地上预留一块儿建造房屋，以解决家庭住房紧张和无法接待来访之友的问题。本还想种片竹子以增风雅，但因为怕竹鞭在地底乱长一气，影响到其他农作物生长而作罢。苏轼先前曾写诗表露雅志："宁可食无肉，不可居无竹。无肉令人瘦，无竹令人俗。"现在看来，为了庄稼生长，他只得忍痛割爱，毕竟在生存面前，"居无竹"也不是什么大事。

做好规划便开始了整理工作，此项工作最为耗时费力。

他先让家童把枯草烧掉，烧完时有意外收获，竟然发现一口老井安静地躺在那儿。这让苏轼大为惊喜——有了井，水就不成问题，浇灌问题自然得以解决，真是老天帮忙。之后收拾瓦砾，这是真正考验人的体力活，令自小少干农活的苏轼直喊体力不支，腰酸腿疼。即便如此，他依然乐此不疲，想到不久之后便可以吃到自己种出来的粮食，因而干劲儿十足。

亲自动起手来，才知做农夫并不只是想想那么简单。舞文弄墨和操弄锄头完全是两件事，也难怪陶渊明自嘲"草盛豆苗稀"。

搞完这些先期工作，才是垦荒的真正开始。于是一家老少齐上阵，朋友们也都赶来帮忙。马梦得、潘丙、古耕道、郭遘，一个都不能少。苏轼换上普通装束，头裹幅巾，有模有样地开始了自己的耕种生涯。

虽有许多朋友帮忙，但这偌大一块土地还是好生费了一番精力和时间，待众人将这片营地终于垦成一块可以种植的土地，已经进入深秋。

种水稻已然来不及，只好改种大麦。种子播下不及一个月，地里已冒出绿油油的麦苗，长势喜人。当地有丰富种植经验的老农告诉苏轼，要想获得好收成，麦苗不能发得太旺盛，须让牛羊来田里啃一啃。苏轼依言而行，一试，果然不爽，是年大麦丰收，获粮二十余石。

付出总有收获，这种摆在路边的大道理第一次令人觉得亲切无比。

吃着亲手种出来的大麦，全家人都很兴奋，充溢着前所未有的成就感，之前经受的耕田之苦现在全都变成饱腹之快。性急的苏轼已然想象起明年的耕种大计来。

《东坡八首·其四》

种稻清明前，乐事我能数。

毛空暗春泽，针水闻好语。

分秧及初夏，渐喜风叶举。

月明看露上，一一珠垂缕。

秋来霜穗重，颠倒相撑拄。

但闻畦陇间，蚱蜢如风雨。

新春便入甑，玉粒照筐筥。

我久食官仓，红腐等泥土。

行当知此味，口腹吾已许。

待到明春，我要认真感受种田之乐：清明前播种，看它们发芽，露出水面；初夏时成苗，插秧，等秧苗慢慢长大，长至谷穗饱满；秋收，冬藏，叫人喜悦。谁能想到我这个久食官仓的朝廷命官，竟然在黄州认认真真地搞起农业生产？

苏轼和夫人王闰之还研究出大麦的新吃法：将大麦与小红豆掺杂做饭。小红豆味香，大麦甘滑味长，蒸出的饭色泽微红，味香爽口，夫人王闰之笑称其为"新式二红饭"。

于这样艰苦的时光里，一家人还能其乐融融，毫无怨言，最是难得。

种植大麦取得成功令苏轼受到莫大的鼓舞，他开始了一系列更为宏大可行的计划：种稻麦之外，还种植了黄桑树三百棵，枣树和栗树若干，以及各种各样的蔬菜，当然还要种柑橘树，老友李常特地从任官的安徽给他送来了柑橘树苗……前景无限美好，引人无限遐想。

或许，苏轼这时已然相信，当初若不执着于读书求仕，自己必定会成为像爷爷一样的种田好手。

某天，他发现园中尚缺茶树，便向一位相熟的大冶长老求茶树种子。

《问大冶长老乞桃花茶栽东坡》
不令寸土闲，更乞茶子艺。
饥寒未知免，已作太饱计。

粮食的收成尚未可知，饥饱还是眼下面临的迫切问题，他便已然计划着种植茶树，计划起精神享受来。茶叶有助于消化，所以云"已作太饱计"，实是一种快乐的自嘲。

自此，一家人过起真正的农家生活，男人白天在田间劳作，女人晚上在家里织布。如果不是被贬至黄州，苏轼恐怕无论如何也不能相信，这些年一直向往的隐居生活居然在黄州得以实现。东坡这块土地只是

苏东坡传

178

因生存逼迫才努力耕种，未曾想到带给他的快乐竟如此之多。

虽然务农的经验并不丰富，但好在苏轼与夫人王闰之都出生于蜀地乡下，田间地头曾是童年和少年时代嬉戏和玩乐的场所，二手经验也不算少，又有热心的当地老农时时予以帮助，所以这块地种得倒也顺利。

有一次，苏轼为种田而买的耕牛生病了，它恹恹的样子，看上去有死掉的危险。这可把苏轼给急得不轻，找来的兽医也看不出症状，反倒是王夫人弄清了耕牛生病的原因，并顺利地治好了它。苏轼在写给朋友章惇的信中记叙了这件事："昨日一牛病，几死，牛医不识其状，而老妻识之，曰：此牛发豆斑疮也，法当以青蒿粥啖之。用其言而效。"语气中颇有自得之意，夸耀自己有如此能干的妻子。

这样的事情发生得越多，越能增加夫妻二人的成就感。他们对田园生活的兴趣看起来一发而不可收拾。

苏家这块地所在的地方本无地名，苏轼为它取名"东坡"，并自称"东坡居士"。

"东坡"者，取自白居易诗《东坡种花》及《步东坡》，白居易之"东坡"，是其被贬至忠州（今重庆忠县）任刺史时的散步之地、自适之所，他常带人于此种花植树。苏轼向来喜欢白居易及其诗，故借其"东坡"名之——二人同是被贬，两处地方又同在城东，有此种巧合，更觉这名字取得妥帖。

自称"东坡居士"，则源于他对佛教更加精深的信仰和修炼。在佛教中，居士是指信仰佛教而在家修行的人。在中国古语里，居士又有隐士之含义。

无论如何，从这个自号可以看出苏轼正试图从苦海中拔出脚来，着力建造一种充实平和的人生愿景。

这块付出了体力和精力的土地，成为苏轼的情感所系，他深深地喜欢上了这地方。

《东坡》

雨洗东坡月色清，市人行尽野人行。

莫嫌荦确坡头路，自爱铿然曳杖声。

傍晚雨后的东坡之上，抬眼望天，月色澄碧，天空湛蓝，此时城里人早已不见踪影，乡野村夫还在回家的路上。道路虽然高低不平，但苏轼并不在意，反而享受拐杖敲打石头的清脆声音。

按照此前规划，苏轼又在东坡附近地势较高之处建造了一处新房。

盖房非是小事，一笔不菲的开支必不可少。手头紧张，苏轼便尽量本着节约的原则，不但就地取材，而且亲自上场，经过好一番忙活，终于建成这所共有五个房间的建筑。再来看他本人，已经是"日炙风吹面如墨"，从远处看去，活脱脱一块黑炭。房屋筑建之时，正值大雪纷飞，故名之"雪堂"，又于四壁上画满雪景，立时满室生雪，好不壮观，"起居偃仰，环顾睥睨，无非雪者"，更不负"雪堂"之名。苏轼自书"东坡雪堂"四字于门上，叹其系自己心意之作。

在雪堂周边的土地上，苏轼遍植树木花草，打了水井，使其富有生活情调，不只可以供耕作劳累后休息之用，亦可以在此长住。

为纪念筑雪堂事，苏轼特别作《雪堂记》，这篇文章交代了此时他心底的秘密：他想做一个适意的隐者，过幸福的生活，"雪堂之前后兮，春草齐。雪堂之左右兮，斜径微。雪堂之上兮，有硕人之顾顾。考盘于此兮，芒鞋而葛衣。挹清泉兮，抱瓮而忘其机。负顷筐兮，行歌而采薇"；但又不愿彻底陷入佛道之中，做一个逍遥遁世之人，字里行间无法掩饰时时涌动的出世之想，正所谓"吾非逃世之事，而逃世之机"。

表面平静祥和，内心的暗流涌动不止。出世与入世之矛盾，总在某些时刻激荡着他的心。

从现实角度考量，雪堂之建成在相当程度上缓解了苏家住房紧张的问题，再不用全家人挤在狭小的空间里无法自由转身。

另一让他颇为得意的地方，是雪堂处于一个极好的位置，四边如画风景，不出门即可尽收眼底，着实美不胜收，令人流连忘返，遂作词以记之：

《江城子》

梦中了了醉中醒，只渊明，是前生。走遍人间，依旧却躬耕。昨夜东坡春雨足，乌鹊喜，报新晴。

雪堂西畔暗泉鸣，北山倾，小溪横。南望亭丘，孤秀耸曾城。都是斜川当日景，吾老矣，寄余龄。

一场春雨过后，天气晴好，空气新鲜。雪堂西畔，泉水潺潺流淌，斜倾的北山，横淌的小溪，从雪堂向南望去，亭台丘壑，错落有致，美得无法言说。面对眼前美景，诗人忍不住感叹连连：我老了，以后终老此地好了。

有了雪堂，令他底气顿生，一改先前朋友来访时相当窘迫的境况。现在，再有人来便可以让人家住在雪堂，一起赏美景，观明月，饮薄酒，谈人生，唱和诗词，哪怕熬个通宵也不用担心吵闹惊扰了邻居或是家人。

各位朋友，想来就来，想住就住，有雪堂在，一切不足为虑。

东坡和雪堂，让他的隐居之梦变得真实且可触摸。

本为生存而耕种的东坡，现在已然成为苏轼的精神放适之地、疗伤安心之所，在他给堂兄子安的信中，得意之情溢于言表，"种蔬接果，聊以忘老"，"常亲自煮猪头，灌血腈，作姜豉菜羹，宛有太安滋味。

此书到日，岁猪鸣矣"。生活有滋有味、惬意舒适，精神上自然格外松弛。

在黄州过得适意，他便有了更开阔的想法——置办更多的田地，扩大田园规模，他甚至设想过要接弟弟全家过来。隐居之梦越做越大，一发而不可收拾，看得出他享受其中不能自拔。

苏轼看中了黄州东南三十里一个叫沙湖的地方，便想在那儿买田，于是元丰五年（1082年）三月七日前往。那天天气晴好，并未预备雨具，结果途中突降暴雨，致使众人狼狈不堪，纷纷找地方躲藏避雨。唯独苏轼不以为意，迈着轻盈的步子，慢慢行进。

不久雨停，太阳出来，他诗兴大发，写出闻名遐迩的《定风波》：

莫听穿林打叶声，何妨吟啸且徐行。竹杖芒鞋轻胜马，谁怕？一蓑烟雨任平生。

料峭春风吹酒醒，微冷。山头斜照却相迎。回首向来萧瑟处，归去。也无风雨也无晴。

你看这诗里的豪气与旷达，哪还有半点被贬官员的样子？自然的风雨、外来的伤害，已经无法在他身上起任何作用。他没了分别心，也就无所谓风雨，无所谓天晴，无所谓优待，无所谓伤害。

本是人间美食家

苏轼其人懂吃、爱吃、会吃、能吃，是个地道的美食家。但他对美食有自己独到的见解，并不以山珍海味为美，凡到一地，皆喜就地取材，利用本地的物产，创造性地对食材加以烹饪，终成口中美味。

假若说此前忙于公务，并无太多时间对美食加以专业的研究，但在黄州这个无所事事的地方，他对美食的研究则有了质的突破。

苏轼是就地取材的模范。黄州临长江，鱼为极普通之物，本地又产竹，美味的竹笋也便宜，所以，在苏轼的菜里，鱼和竹笋便是最为常见的食材。

他最为有名的菜肴是"东坡肉"。

生活在黄州的最大好处之一，便是这里肉价便宜，猪肉尤甚，因当地人并不爱吃猪肉。苏轼觉得十分可惜，便常常买来做成"东坡肉"，大快朵颐。他特地把这道菜谱写成顺口溜，方便人们记忆，是为《猪肉颂》：

> 净洗铛，少著水，柴头罨烟焰不起。
>
> 待他自熟莫催他，火候足时他自美。
>
> 黄州好猪肉，价贱如泥土。
>
> 贵者不肯吃，贫者不解煮。
>
> 早晨起来打两碗，饱得自家君莫管。

古今中外，喜欢吃猪肉的人多了，但乐于为猪肉唱赞歌的并不算多。苏轼对于生活之乐观，对于饮食之投入，于此可见一斑——正是这乐观的精神让他在郁郁不得志的时刻，总能够抵御负面情绪的侵袭，安然度过人生的每一场危机。

他还发明了"东坡羹"。这是一道汤菜，专为穷人而做，所用食材均系最便宜、最常见的，营养和味道却一点不差，极有推广之价值。其做法是：将白菜、大头菜、萝卜或荠菜冲洗干净，去除苦汁，然后把切好的菜、淘好的米放入锅内，添水，加生米为糁，放少量生姜，煮烂可食。这道菜羹不使用鱼肉五味，而自然甘美可口。它不但能起到食疗作用，还可以暖胃。

东坡爱吃肉，却并不亲自杀生，这样的习惯最初源于母亲程夫人之教育。而现在，他决定更进一步，微小如蟹蛤之类也不要杀。

之所以有这样的决定，皆系此番乌台诗案得出的启示。他被关在御史台狱中时犹如"待宰之鸡"，那种绝望与凄凉的心境可想而知。这番经历让他领悟到：不管任何生命，皆有被尊重之必要。自此之后，凡有人送他活物，必然放生。再加上现在他深入阅读佛经，更觉生命之可贵，断无伤害之理，杀生的事绝不能做。

他第一次到好友陈季常家时，陈家杀鸡捉鸭招待客人，他固然欣慰于陈氏的热情，却觉得因为人类的口腹之欲，要杀掉这些活物，于心不忍。待第二次再去陈家时，他首先声明，千万不要为他杀生。

为劝陈季常不再杀生，他还专门作一首诗：

《岐亭五首并叙·其二》

我哀篮中蛤，闭口护残汁。

又哀网中鱼，开口吐微湿。

刳肠彼交病，过分我何得。

相逢未寒温，相劝此最急。

不见卢怀慎，蒸壶似蒸鸭。

坐客皆忍笑，髡然发其幂。

不见王武子，每食刀几赤。

琉璃载蒸豚，中有人乳白。

卢公信寒陋，衰发得满帻。

武子虽豪华，未死神已泣。

先生万金璧，护此一蚁缺。

一年如一梦，百岁真过客。

君无废此篇，严诗编杜集。

据说，陈季常读此诗后，遂听从苏轼的劝告，从此不再杀生。这诗甚至还影响到陈家的邻里乡亲。有人读了此诗，连肉也不再吃。

除了积极参与到创造美食的活动当中，苏轼还曾试图酿酒。他喝过黄州当地的酒，"酸酒如齑汤，甜酒如蜜汁"，酸酒像咸菜汤，甜酒又过甜，二者皆入不得口，且价格高昂。苏轼酒量一般，却爱喝两口，一日不饮，也会有全身无力之感。黄州没有好酒喝，令他叫苦连天，常跟朋友抱怨。与他相熟的朋友知道他这个爱好，每有好酒，大都与他分享。徐大寿便是一个极好的例证。

后来，苏轼从道士朋友杨世昌那儿得到一个酿酒的秘方，便试着自己私酿蜜酒。此法并不复杂：蜂蜜四斤，炼熟，入热汤搅成一斗。面曲二两，白酒饼仔米曲一两半，捣细，用生绢袋子盛放，与蜜水共置一器，密封，等它发酵，只需三五天之后便可饮用。

酒成，苏轼还作《蜜酒歌》以庆祝：

真珠为浆玉为醴，六月田夫汗流泚。

不如春瓮自生香，蜂为耕耘花作米。

一日小沸鱼吐沫，二日眩转清光活。

三日开瓮香满城，快泻银瓶不须拨。

百钱一斗浓无声，甘露微浊醍醐清。

君不见，南园采花蜂似雨，天教酿酒醉先生。

先生年来穷到骨，问人乞米何曾得。

世间万事真悠悠，蜜蜂大胜监河侯。

这《蜜酒歌》写得热闹，亦有一定专业性，光看诗句很容易被他欺骗，以他为酿酒专家，但无情的现实是身边人并不买账，认为他酿的蜜酒过

苏东坡传

甜，如果存放几天，还可能变质，饮它有拉肚子的风险。

这样的打击让他意兴阑珊，再不做这蜜酒。

纵使黄州物价低，但架不住苏轼本来就穷。所以，他快要花光积蓄，为生存而挣扎时，亦不得不想办法加以解决，省吃俭用自然成了第一要义。

为了节约钱财，苏轼想到一个妙计。说其妙，是因为确实可以起到节省之效，控制本不宽松的财务。这妙计是：每月初，取四千五百钱，分为等值的三十份，一串一串挂在屋梁上，每天只使用其中一串，万万不可超支。

他还身先士卒，率领全家过起节俭日子，表现在饮食方面便是"节食"，为此，他还专门撰写了一篇短文《节饮食说》，将它写成帖子，张贴于壁上显眼位置，时时提醒自己和家人：

东坡居士自今日以往，早晚饮食，不过一爵一肉。有尊客盛馔则三之，可损不可增。有召我者，预以此告之，主人不从而过是乃止。一曰安分以养福，二曰宽胃以养气，三曰省费以养财。

显然最重要的目的是"省费以养财"。

以如此之法开源节流，还真难为了这位以豪爽著称的诗人。每当著书立说写到半夜时，肚子难免被饿到咕咕乱叫，总得弄点夜宵吧？每当有朋友来黄州看他，总得上几道美味佳肴吧？每当馋瘾发作，总得割块猪肉大快朵颐吧？

这方法虽然可以起到"养财"作用，但不尽如人意处便是无法解馋，聪明的诗人又想出一些解馋的方法。

一曰心理安慰法，也可称自我麻醉法。他试图创造出一种观念，并使自己在心理上予以接受。这种观念是普通的菜蔬与山珍海味等食材相比，地位都是平等的，同样有充饥作用。喜欢哪种食材，是个人的爱好，跟食材本身无关。这样一来，他便可以心安理得地嚼着青菜，且能寻找到与吃肉一样的感觉了，细细想来，不过是自欺欺人的麻醉法。

二曰吃尽朋友家。他在黄州结交的朋友，大多好客，他便找机会以访友之名，隔三岔五去朋友家里大吃一顿。像住长江对岸的同乡王氏兄弟，家境殷实，常做美味佳肴款待他。

三曰聚餐解馋法。黄州官员们聚会，徐大受等人常把苏轼叫上，因饭菜相当丰盛，趁此机会可以畅快地吃喝，过足肉瘾、酒瘾。

热爱美食的苏轼与才华过人的苏轼结合起来，便是至情至性的东坡先生，他身上散发着质朴的人之常情，也散发着璀璨光华，人格之完善大概莫过于此了。

才情汹涌

纵是被放逐在偏僻的黄州之地，纵是满腔热血无处挥洒，纵是越来越信仰的佛法让他更为平和，但我们仍有理由相信，作为一个想要有所作为的士大夫，苏轼不会就此放弃经世济时的儒家理想，而实现这一理想的途径，无非是立功、立德、立言。

苏轼被贬至黄州时已是四十五岁，恰是人生中最珍贵的黄金岁月，他由衷地感到一种被时光逼压的紧迫感。逝者如斯夫，不舍昼夜，他不能坐吃等死，终老黄州，他需要一次心灵和肉体的全面突围。

现在的他身处如此困境，建功立业的可能性不大，立德则非一时一事所能毕，但何尝不是立言的好机会——他有大把的时间思考，有大把的精力写作。他的知识和见解亦已积累到一定的程度，需要一次集中爆发。

　　尽管先前由于乌台诗案留下的阴影，他已自禁不再写作诗文，但经一段时间之后，他的痛苦渐渐平复，创伤渐渐疗愈，心情渐渐放松，亦感到有必要重新拿起手中的那支笔——他忍受不了自己像个没有思想的废物一般存在的人生状态。

　　更何况他计划要做的是解经工作，与现实政治相距甚远，应该没有招惹是非的可能。

　　他决心著书立说了。

　　首先解的是《论语》。这部传世经典在宋之前历代都有解读，版本甚多，观点各异，却没有一个版本让苏轼十分满意，故觉有亲自解读之必要。弟弟苏辙年少时曾写过一些关于《论语》的稿子，苏轼便托人向弟弟要来，将其观点加以取舍，用了近一年时间写成《论语说》五卷，只可惜此书失传，今人无法察其端详，只能通过宋元明人遗留的一些残篇揣摩其意思。苏轼对《论语说》是相当自信、满意的，在给朋友滕元发的信中，他称："颇正古今之误，粗有益于世，瞑目无憾也。"①《论语说》在宋代影响颇大，苏辙为哥哥所作的墓志铭中称，"复作《论语说》，时发孔氏之秘"；连经常挑苏轼毛病的朱熹也颇佩服，"东坡天资高明，其议论文词，自有人不到处，如《论语说》，亦煞有好处"。

　　这次解读论语，他是下了真功夫、花了大精力的。

　　所作的第二本书是《易传》，这是应父亲当年遗言，续写老人家未完成的遗作。老苏晚年治易，颇有心得，只是刚写了其中一部分，未及成书，便已病重，因此嘱二子完成这部著作。在此之前，兄弟俩各自做官，忙于公务，无暇顾及著书，只得一拖再拖，直到苏轼被贬官至黄州，时间充裕，这才续起父亲旧作来。

---

① 此句是对《论语说》《易传》《书传》三书之评价。

苏辙曾跟随父亲学易，已积累下一堆资料，苏轼便根据这些资料重新整理、写作，只是博大精深的《易经》非经精细研究不可，颇费工夫。苏轼在黄州的研究和著述对创作这本书来讲也仅仅是个开始，直到十八年后，苏轼人在海南，此书才得以完成，那时他已经是六十开外的老人了。

可以说，《易传》是一部耗费了父子三人诸多精力的作品，是苏家两代人心血之集大成。

苏轼写作向来不袭前人，强调创新，想要独树一帜，因此，不管《论语说》还是《易传》，皆有相当新意，不流于俗套，不倾向于定论。他以诗人丰富的想象力、超强的学术悟性、深刻的理解能力，构筑起一个多彩多姿的精神世界。

只是苏轼计划中的《书传》此时未能完成，后到海南方才写就。

在此之前，身在筠州的苏辙亦写作不辍，撰《诗传》和《春秋集解》，前者是研究《诗经》的专著，后者则发力于《春秋》。苏氏兄弟皆在被贬时执着于学问，钻研经典，并非偶然，实是面临中年危机和人生低谷时自我救赎之行动。

苏轼解《尚书》，乃有感于自熙宁以后，文人论解《尚书》及开科取士，专尚王安石《尚书新义》，于是穿凿附会盛行，此作是为驳斥王说。此书亦获后世好评，朱熹认为"甚合于理"，《四库全书》则赞之曰："究心经世之学，明于事势，又长于议论，于治乱兴亡，披抉明畅，较他经独为擅长。"[1]

这三部作品是他看重的得意之作。自海南北归时，他告诉朋友苏坚："某凡百如昨，但抚视《易》《书》《论语》三书，即觉此生不虚过。"

著书立说之外，他还勤读不辍。有段佳话颇值一提。

---

[1]　《四库全书总目·卷一一》，《东坡书传》提要。

某天，黄州的朋友朱载上往苏家拜访，仆人通报之后却迟迟不见苏轼人影。朱氏等得不耐烦，正欲离去，才见苏轼急匆匆从屋里出来，连声道歉："不好意思，刚才忙于日课，让你久等了。"

朱载上忍不住好奇，问："先生所谓'日课'是指什么？"

苏轼答："抄《汉书》。"

朱氏很吃惊，说："以先生之才，开卷一览，自可终生不忘，何用手抄？"

苏轼答："不然，我读《汉书》，至今已经抄过三遍。第一次每段事抄三字为题，第二次每段事抄两字为题，现在只用一字。"

朱载上闻之，肃然起敬，离席道："先生所抄的书，肯让我见识见识否？"

苏轼命人去内室取来，朱君翻看，茫然不解其意。

苏轼便说："足下试举题上一字。"

朱随便说一字，苏轼便背诵数百言，无一字差误，朱氏惊叹。

由此可见，苏轼用功之深。世间皆谓东坡高才，却少有人探究他的刻苦——人家成就亦非大风刮来，非仅靠天赋驾驭一切，亦是通过努力加汗水换来。

著书立说之外，苏轼在艺术方面也获精进。

苏轼于书画本是内行，现在有大把时间，因而在书画上用功甚多，造诣渐至老练精到。来黄州的第三年，他写下著名的《寒食帖》，共十七行，一百二十九个字，书写内容为其所作两首五言诗。此帖多侧锋用笔，线条变化丰富，结体宽博，大小交集，笔意连贯，一气呵成，艺术性极强，被后人誉为"天下第三行书"。黄庭坚在帖后题跋中极力赞颂："东坡此诗似李太白，犹恐太白有未到处。此书兼颜鲁公、杨少师、李西台笔意，试使东坡复为之，未必及此。"黄庭坚认为此帖诗书俱佳，不可再得。题跋中所言颜鲁公指颜真卿，杨少师指五代杨凝式，李西台指宋初李建中，皆为名闻一时的书法大家。后世书家对东坡书法评价不一，褒贬相异，令人印象深刻者还有赵孟頫之论——"东坡书如老熊当道，百兽畏伏"。

顺便一提，如同苏轼的命运一样，《寒食帖》亦经历了种种磨难，先从民间流向皇宫，又从皇宫流向民间，甚至东渡日本。它躲过了大火、地震和战争，最终得以保全，成为国宝。

东坡在黄州的绘画活动，除少数逸事外，并无过多记载。从零星的资料可知，他不是循规蹈矩的画家，而是喜欢创新的绘者。他擅长画竹、石、枯木，其绘画的理论深刻地影响了中国文人画的发展。苏辙对哥哥的画功深信不疑，他在一篇文章中称："予兄子瞻，少而知画，不学而得用笔之理。"在他看来，自家兄长是无师自通的绘画天才。苏轼因为竹子画得出色，先前便与从表兄文同一起被归入"湖州画派"。他喜欢醉后作书，也喜欢醉后绘画，黄庭坚的诗可以证明，"东坡老人翰林公，醉时吐出胸中墨"。苏轼自己也有记录，"枯肠得酒芒角出，肺肝槎牙生竹石"，一杯美酒进肚，灵感便拍马赶到，以供驱驰。

然而身在黄州，他仍旧心系庙堂。读书、写作、绘画、耕种之余，最能牵动苏轼的依然是朝廷内外的动向、国家未来的走势。虽然眼下地位低微，但位卑未敢忘忧国，苏轼从不曾因为自己身处偏僻之地而不再思虑大宋之将来。在他内心深处，依然期待朝廷的征召、理想的呼唤。

其实，皇帝又何尝忘记他？

元丰四年（1081 年），神宗对西夏发动战争，宋募集数十万大军，兵分五路，试图一举灭掉西夏。神宗虽是果断，但在军事布置上却犯了一个要命的错误，那便是没有设立总帅，致五路大军缺乏统一指挥，又因长途奔袭粮草难继等问题，于是年九月兵败灵州（今宁夏灵武），几乎全军覆没，代价惨重。唯一值得欣慰的是，种谔和沈括负责的鄜

苏东坡传

延路为宋军争得一些面子，不但有数次获胜，且占领了一些重要的军事据点。

苏轼在黄州闻听这个消息伤心不已，军民的伤亡、边疆的破坏都让他想要一抒心结，便作诗传达心中的痛楚。

《书张芸叟诗》

青铜峡里韦州路，十去从军九不回。

白骨似沙沙似雪，将军休上望乡台。

好在同年九月，宋军终于打了胜仗，大挫西夏，杀敌六万余人。这一消息传到黄州，苏轼兴奋异常，当即又赋诗庆祝，只可惜胜利果实保持的时间不长。

打了胜仗的鄜延大帅沈括等人提议，在永乐（今陕西米脂）筑城。神宗准奏，派给事中徐禧主持筑城，企图借此以围阻西夏，一举解决这个祸患。

西夏人视永乐是必争的战略要地，于是派三十万大军来攻，将永乐城团团围住。城中将士缺水严重，宋军士兵渴死大半，形势异常危急。神宗听闻消息大为吃惊，急令沈括以及监军宦官李宪等人营救永乐。守卫米脂的沈括欲率军驰援，但得报西夏军数万正奔袭绥德，危急关头，于是"先往救之，不能援永乐"。另一路援军将领种谔由于怨恨徐禧，也未施与援救，致使永乐城陷于敌人之手。

神宗曾以紧急手诏给西夏，希望保全城中将士，并许诺将先前侵占的土地还给西夏。谁知诏书未到，一众将领和士兵共二十余万人，已被敌人斩于刀下。

永乐、灵武两次惨败，宋军伤亡严重，财产损失更是无法计算。由是大伤宋朝国力，多年都不曾缓过劲来。

神宗得知永乐之役败讯，忍不住当庭痛哭，悔恨难当，从此不饮不食，并积劳成疾，最终生了一场大病。四年之后，神宗溘然离世，时年仅三十八岁！神宗之逝与两次惨败关系甚大。

元丰年间的朝廷政局并未有大的改观，一帮朝廷老臣大都退居二线，各忙各的，潜心于世外，冷落于功名，闭口不谈国事，尽将岁月付与诗书和美酒，消耗生命最后的光与热。眼下实际当权的，尽是一班政客，彼此因人事争夺而内耗不断，权力更迭犹如走马灯般飞快。

元丰五年（1082年）四月，朝廷实行新官制，任命蔡确为尚书右仆射兼中书侍郎，章惇为门下侍郎，王珪为尚书左仆射兼门下侍郎，组成新的权力中心。名义上王珪为首相，但这个官场老油条无所作为，只愿做个请旨相公，实际权力落于次相蔡确之手。值得一提的倒是章惇，此君是苏轼在陕西时的同僚，二人算关系不错的朋友，只是后来政治态度各异。苏轼是保守派的代言人，章惇则是王安石变法的强有力支持者。

蔡确系由王安石推荐而展开其辉煌仕途，但他是个投机式人物，过去曾以坚定的态度支持王安石变法，后又因王安石失势而落井下石。而当他成为新权力的中心时，他对保守派又持坚决打击的态度。

蔡确和王珪都不会考虑起用苏轼。除神宗对苏轼尚有些许惦念，朝中当权者恐怕大都已经记不起苏轼是何方神圣了。

这大约是苏轼最不知道如何进退之时。

重新被起用的可能性看起来仍然渺茫，但就此终老黄州也未必符合他长远的规划；人在江湖，远离庙堂，早已适应了黄州的生活，但那颗心却一直牵挂着大宋天下。

眼下的政局现实确实让他难以取舍。尽管有些朋友来信，让他活动活动，但他还是犹豫难决，便决定继续观望，而后再做打算。他所能做的，就是活在当下。

现在倒有一件事令苏轼牵肠挂肚，便是紧邻黄州的鄂州、岳州一带有"溺婴"风俗，无数婴儿死于这种恶俗之下。苏轼偶然从朋友那儿听到，一时寝食难安。

鄂、岳一带，普通人家由于经济能力的限制，最多只能抚养二男一女。因当时没有节育的方法，超出抚养能力的人家，一俟新生儿出生，便将其浸入冰冷的水中，使其溺死。许多小生命刚刚来到世间，尚未睁开眼睛看世界，便被狠心的父母杀害，被剥夺了生存之权。又因为重男轻女的传统，女婴被溺死的比例远远高于男婴，长年累积下的恶果便是当地的男女比例严重失调。

苏轼听闻此事后十分难过，寝食难安，立即写信给他的朋友鄂州知州朱寿昌，希望由他出面，运用官府之力来革除这项鄙陋恶习。针对岳、鄂一带溺婴成风，苏轼认为首先是人们法律意识淡漠，官府应大力普及法律知识，对屡禁不止者诉诸法律，严惩不贷；其次是许多家庭无力抚养婴儿，官府应在一定程度上予以合理的救济。

他向来有悲天悯人的情怀，虽身不在其位，仍然尽力为之。

除给朱知州写信，苏轼还积极地行动，想方设法营救婴儿。在他的提议下，由好友古耕道出面主持（因是犯官，苏轼不方便自己出面），在黄州组织了一个叫"育儿会"的慈善项目，向本地富户劝募钱米，每年每户固定出钱十千，买米、布、绢、絮，访问贫家不能自养者，予以实物救济，奉劝他们不要溺婴，留住亲生骨肉。古耕道在本地人脉较广，访问及劝捐的工作由他来做，安国寺的住持继连负责管理财务，以彰显"育儿会"的公信力。身为幕后发起人，苏轼则做积极的表率，慷慨解囊，从本已薄弱的家庭财政中拿出一部分捐给"育儿会"。

他做这件好事的理由是："若岁活得百个小儿，亦闲居一乐事也。"

救人一命，胜造七级浮屠，何况是百个小儿？这件事也令他有莫大的成就感。

苦乐家事

黄州五年，令苏轼难过的是先后失去了几位亲人。

刚到黄州不久，七十二岁的乳母任采莲去世。任氏十四岁到苏家做用人，侍奉苏轼母亲程夫人三十五年，喂养了苏轼和他的姐姐八娘。此后，跟随苏轼到过杭州、密州、徐州、湖州等地，照料苏家的第三代苏迈、苏迨、苏过。

对于这位慈爱仁厚的老人，苏轼一向怀有深厚的感情。老人去世，他自然十分悲痛。尽管经济紧张，他仍然全力张罗丧事，并撰写《乳母任氏墓志铭》，其中有这样的句子：

生有以养之，不必其子也。死有以葬之，不必其里也。我祭其从与享之，其魂气无不之也。

伤心未过，不幸的消息又一个接一个传来。

先是苏辙带领全家到筠州不久，一个十二岁的女儿染病身亡；而后，又接到伯父苏涣的长子、他的堂兄苏子正在成都任上病逝的消息。

这一连串的变故让他着实伤感了一阵，苏轼之所以苦念经书，学习坐禅，不得不说，排解生离死别的苦难也是其中的动力之一。

除了生命无常带来的伤痛，苏家在黄州的生活基本上还算舒心，农耕生活带给全家前所未有的别样体验，也算是这几年里最大的收获。全家一起劳动，一起收获，躬耕不辍，自给自足。王夫人与他过着清贫日子，却从不抱怨，反倒享受其中，让苏轼内心颇觉安慰，心中对家庭的歉疚感有所减轻。

苏东坡传

三个儿子苏迈、苏迨、苏过皆聪明好学，苏轼向来关爱儿辈，从不肯轻易加以责备，更无打骂之举，教育方式与自己父亲的严厉恰恰相反。苏轼喜欢通过鼓励来达到教育的效果，只要孩子所做事情有一点点可取之处，他便赞不绝口、极力夸奖，激励法是他教育儿子的主要手段。最值得称赞的是他充分考虑孩子的天性，尽力给他们创造轻松的家庭氛围，鼓励他们凭兴趣做事，不主张孩子死读书。这一点又似乎遗传自爷爷苏序。

他虽为慈父，但对孩子们的作业从不马虎，要一个一个细细看来，若有差错，必及时指正。兴致来了，他还会把给儿子们布置的作业演变成文字游戏，比如联句等，在此过程中，不仅提升了儿子们遣词作诗的功夫，更增进了父子之间的感情。

要说的还有朝云，熙宁七年（1074 年）她进入苏家时只有十二岁，还是个刚刚进入青春发育期的小丫头，如今已出落为漂亮、清秀的姑娘。朝云肤色雪白，体态绰约，皓齿红唇，相当惹人关注。自入苏家以来，朝云耳濡目染着苏家的诗书气氛，与可亲可爱的一家老小和睦相处，她早已成为这个大家庭里毋庸置疑的一分子。

从性格上来讲，朝云活泼外向，聪明可爱，是苏轼喜欢的类型。

初至黄州时，朝云只有十八岁。苏轼多有空余时间、寂寞无助时刻，朝云经常陪他，二人自此更加亲密无间。及至元丰六年（1083 年）九月二十七日，两人的爱情结出了果实，朝云为苏轼产下一子，取名为"遁"，有避世之义。儿子的名字里隐藏着他的田园之梦。苏轼高兴之余，作《洗儿诗》一首：

人皆养子望聪明，我被聪明误一生。

惟愿孩儿愚且鲁，无灾无难到公卿。

此时，苏轼已是四十八岁，可谓中年得子。

家庭之和睦让苏轼颇为自得，这也是他人生低谷中不可多得的心理安慰。在写给朋友王巩的诗中，他的得意之情尽显于诗句当中："子还可责同元亮，妻却差贤胜敬通。"这里用了两个典故：一是指陶渊明曾有责子诗，要求儿子们努力学习，但我的儿子个个都很好学，根本用不着责备；二是指后汉冯敬通的太太严禁冯氏续妾，而自己的妻子王闰之无比贤惠，并亲自把朝云迎进家门。

不但父慈子孝，伉俪情深，且又有朝云这个善解人意的侍妾陪伴，在黄州的五年，苏氏一家可谓和气美满，其乐融融。

赤壁绝唱

东坡雪堂建成，于苏轼而言，是至关重要的一件文化盛事。

它虽只是一座再普通不过的房子，不值得特别大惊小怪，但雪堂的意义却远在居住之外。

雪堂让他和朋友们免去了后顾之忧，可以随心所欲地来往，从此不用再为住处犯愁。另外，雪堂成为他著书立说、习书绘画的好地方，是真正的精神放适之所，甚至可以说在那个时代，雪堂充当了黄州的文化中心。一个时代最伟大的作家和诗人藏身其中，于如豆的灯光下思如泉涌，智慧和才情在纸墨间欢快流淌。

他在雪堂招待的朋友，可谓三教九流。道士、和尚、画家、琴师、逃犯……浪迹江湖的各路人士，尽皆来到黄州找他，这些朋友与苏轼的来往丰富了他的生活，扩展了他的眼界，缓解了他的孤独。

尤值得一记的是，书画家米芾这个风华正茂的青年才俊，刚刚三十出头，但在书画界已有相当名声。米氏性格孤傲，从不轻易服人。

不论是此前拜访王安石还是现在来见苏轼，"皆不执弟子礼，特敬前辈而已"，在时人眼中，实在算得上狂妄之徒。

苏轼对此不以为然，热情地接待了这个远来的客人。年龄和个性的隔膜并未阻止他们对彼此的欣赏，两人一见如故，相谈甚欢。苏轼安排米芾在雪堂住下，与他热烈地讨论书法、绘画等艺术创作之道。

米芾看苏轼画竹，其顺序却是从根画起，与一般画家相异，便问苏轼："何不分节画？"

苏轼的答案令人叫绝："竹生时，何尝逐节生？"米氏为这个回答叫绝。

苏轼与米芾在雪堂一起饮酒，并拿出自己珍藏的吴道子画作给他鉴赏。因为年代久远，吴氏画作已破碎不堪，但画中人物神韵依旧，令米芾激赏不已，"而当面一手，精彩动人，点不加墨，口浅深晕成，故最如活"。酒酣之时，苏轼磨墨展纸，挥毫作画，赠予这个年轻后生。米芾观东坡画作赞不绝口："子瞻作枯木，枝干虬屈无端，石皴硬，亦怪怪奇奇无端，如其胸中盘郁也。"

经此一番指点、切磋，米芾的艺术之道亦更为精纯。

元丰五年（1082年）冬天，雪堂迎来另一位特别的客人——音乐家崔闲。崔闲，字诚老，江西星子人，少小读书，但不求进取，其人襟怀清旷，平日以琴自娱。后来他游历京师，开封的士大夫们无不为其翩翩风度倾倒。崔闲倦游复归，结庐于庐山玉涧，号之曰"睡足庵"。崔闲此番自庐山来黄州，为的是求一首歌词。

说来话长。近四十年前，欧阳修被贬至滁州，苦闷之余，寄情于山水，为当地琅琊山景色吸引，常于此游玩，饮酒赏景，乐以忘忧，并写下名篇《醉翁亭记》，传诵天下。十年后，有位叫沈遵的音乐家为此文所诱，跋涉千里到滁州探访，美景激发了沈氏灵感，遂谱一曲，名之曰《醉翁操》。后来欧阳修还专为这曲作词，只是与音律不和，崔闲引以为憾，特来黄州请苏轼作一词配这支古琴曲。

崔闲弹琴，东坡依声填词，顷刻而就，一气呵成。

我们来欣赏这首《醉翁操》。[1]

琅然清圆谁弹响空山无言，惟有醉翁知其天。月明风露娟娟，人未眠，荷蒉过山前，曰"有心也哉，此弦！"

醉翁啸咏，声和流泉。醉翁去后，空有朝吟夜怨。山有时而童巅，水有时而回川，思翁无岁年。翁今为飞仙。此意在人间，试听徽外两三弦。

词曲终于相契，想来崔闲再无遗憾。

三教九流的朋友来到黄州，必一起携美酒、游美景，凡遇好的山水，他的才情总被激发，以至于佳作频频。只是苦了那些传诵苏氏诗文的文人士子——敢问苏先生，您创作的速度能不能放慢一点？上首还未背熟，下首已经出炉。

一切迹象表明，黄州是他诗文创作的成熟期，是才华爆发的巅峰期。

我们回过头来再看，会惊讶地发现，苏先生不知不觉已面貌一新，与初来黄州时的他判若两人。刚至黄州时，创伤未愈，心灵残破，精神上孤独无依，不得不常在苦闷中徘徊，经过一两年的适应和调整，终于走出阴影，过上了幸福而多彩的生活：一则躬耕自种，在田园间享受着清新的自然风光；二则朋友日益增多，不只与本地友人打成一片，还有许多外地友人来黄州看他；三则他通过读书、坐禅和修炼心性，痛苦完全消退，顿有豁然开朗、柳暗花明之感，这是之前从未有过的精神体验。

---

[1]　此词有不同版本，今人断句亦有差异。词中荷蒉代指隐士；童巅为秃顶；回川为盘旋；徽为琴徽，是琴上标志音律的圆点。

苏东坡传

他甚至一度想在黄州置办家业，就此定居，到时候再把弟弟苏辙全家接来。眉山苏氏两家团聚黄州，兄弟一起终老，也算个不错的选择。

日常耕种及读书写作之外，他几乎将所有的时间都用来和朋友们相聚，他的酒量看起来仍然没有什么长进，但对酒的感情却与日俱增。他和一帮朋友聚会，每每高谈阔论，必饮美酒以助兴。在这样的场合，美酒往往是最佳的辅助载体，它让友情升华，让诗情燃烧，让万丈豪情尽情抒发。

借由酒劲，感情充沛的诗人常常舌灿莲花，妙语不断，写下许多无酒状态下作不出来的惊人诗句。

在黄州，苏东坡的许多潇洒俊逸的诗词都是在半醉半醒状态下出炉的。证据之一便是后来他得意地向人们炫耀，"使我有名全是酒"——亲爱的朋友，我来告诉你们一个秘密，那些名篇佳作并非因为我有妙笔生花的本事，都是酒激发了我的灵感。

在黄州，他写"大江东去，浪淘尽，千古风流人物"，他写"一点浩然气，千里快哉风"，他写"愿持此邀君，一饮空缸"，他写"君是南山遗爱守，我为剑外思归客"……只要有酒，他便能思接千古，跨越时空，在诗词的国度中自由浪荡。

元丰五年（1082年）九月的一个夜晚，苏轼与几个朋友在东坡饮酒，大醉后回临皋亭的家，因有所感，作一首《临江仙》，词曰：

夜饮东坡醒复醉，归来仿佛三更。家童鼻息已雷鸣。敲门都不应，倚杖听江声。

长恨此身非我有，何时忘却营营。夜阑风静縠纹平。小舟从此逝，江海寄余生。

这首词本是苏轼醉后感情的真实流露，不料却因此闹出一场小小风波。

盖因苏轼每有所作，立马为人传诵，这首更不例外。因而有人曲解造谣，说苏轼写完此词的当晚乘了一叶小舟，漂流远去，早已不知所终。

这话传到黄州太守徐大寿的耳朵里。徐氏大吃一惊，犯官逃跑非同小可，因他是一州长官，负有监管之责，倘若苏轼就此不见，便是他的失职。徐大寿立马火急火燎地赶到苏家，想要一探究竟。进门一看，苏轼正酣睡在床，呼噜连绵，声震如雷。徐大寿不禁拊掌大笑。

有关苏轼的传言远不止这一则。

另一则传言起于苏轼患病。因为身体不佳，他有一两个月未曾出门。那时恰好曾巩病逝，传言又起，说苏轼因病离世，是和曾巩同一天死的，两人一起飞升成仙。谣言说得头头是道，有鼻子有眼。消息很快传到京师，神宗皇帝闻之大惊，四下里找人打听，竟也信以为真，不由得为失去难得的人才感到由衷的惋惜。相交甚厚的老前辈范镇听闻苏轼去世的消息，更是痛不欲生，还准备派人前来黄州吊唁，幸好有人劝他，不妨先打听清楚再去吊唁不迟。后来，苏轼将这个故事写入《东坡志林》。

这都算是有趣的插曲。

按苏轼的习惯，每至一地，必拜访当地的名胜古迹，在黄州亦如此。

只可惜黄州地处偏僻，本非文化中心，又非名胜所在，因此能称得上人文胜景的地方也着实少得可怜，赤鼻山是他喜欢的几个景点之一。而他对此山的造访，则留下堪称千古绝唱的《念奴娇·赤壁怀古》。

赤鼻山又称赤鼻矶，因其形状像鼻子而得名，位于黄州城西北的长江之滨，其崖石屹立如壁，又称赤壁。

他第一次游赤壁，是和儿子苏迈一起。平静的水面、皎洁的明月、夏日的凉风……苏轼从此爱上这个地方，以后常去赤壁游玩。

苏轼听人说，这地方是三国时孙刘联军大破曹军的古战场。某天，他又来到赤壁，怀想前人恢宏的过往，感慨自己的现实遭遇，心中波涛起伏，不吐不快。

《念奴娇·赤壁怀古》

大江东去，浪淘尽，千古风流人物。故垒西边，人道是，三国周郎赤壁。乱石穿空，惊涛拍岸，卷起千堆雪。江山如画，一时多少豪杰。

遥想公瑾当年，小乔初嫁了，雄姿英发，羽扇纶巾。谈笑间，樯橹灰飞烟灭。故国神游，多情应笑我，早生华发。人生如梦，一樽还酹江月。

此词雄壮开阔，气势十足，就此创立豪放一派。但人们往往只顾领略表面上的豪放，却忽略了他内心的隐忧——已至半百年纪，功业未建，理想没有实现，不免焦虑、着急、上火，甚至无能为力。看似潇洒的态度之下，实有复杂的心事流淌。

实际上，当年的赤壁古战场与此地并无关系，只是名称上的巧合而已，苏轼当然知道这点，亦不过是将错就错，以其为古战场。他写此词，赤壁只是由头，他想要借古人之酒杯，浇自己胸中之块垒，抒发人生感慨，是不是真的赤壁又有什么重要的？

如此词作，放之于中国文学史上，是当仁不让的杰作，亦是苏轼最广为人知的作品之一。苦难人生的历练，加上过人的才情、丰富的想象，于黄州形成合力，催生出这首名作。

或许，唯有苏轼，唯有经历如此坎坷，才能写出这般伟大的作品。

元丰五年（1082年）七月十六日，苏轼又一次光临赤壁，这次和他一起前来的是道士杨世昌等友人。

杨世昌是个闲云野鹤般的道士，游历各地，身形矫健，此次专程转道黄州来看苏轼。苏轼酿造蜜酒的配方，便是趁此机会向杨世昌求得的。杨世昌多才多艺，不仅精于绘画、乐器，还通星象、懂历法。

这一次赤壁之游最是尽兴，他们喝酒、诵诗、吹箫，思接千古，论天说地，名篇《前赤壁赋》则使这次游历广为人知。

夏日凉爽之夜，月色皎洁明亮，一行人荡舟水上，清风习习，水波不兴，觥筹交错，欢笑不绝，于此良辰美景，思想如脱缰野马，自由自在地穿行于时空当中，无可阻挡。

于是他们放声高歌，歌声飘过湖面，在山崖之间回荡："桂棹兮兰桨，击空明兮溯流光。渺渺兮予怀，望美人兮天一方。"

杨道士伫立船头，吹起长箫，箫声呜咽，如泣如诉，如怨如慕，凄怆悲凉的情绪自心底升腾，竟让人有流泪的冲动。

因这箫声，却又引出一番智慧的问答，听来让人沉思。

苏轼问，为何箫声如此悲凉？

杨道士说，英勇无敌的曹孟德，纵然一世英雄，可如今他又在何处？而你我平凡之辈，寄生于天地之间，渺小如沙砾。生命如此短暂，而长江奔腾不息，我曾希望与仙人携手同游，与明月一样永恒，但这却是不可能实现的痴想，思及这些不免难过，只能用箫声来表达我心底的悲伤。

生命之短暂，自然之永恒，两相对比，只能让人徒增烦恼，即使杨道士这等世外高人，亦有如此之叹。

而苏轼给出另一番精妙的答案。

这是他来黄州之后，对世界观、人生观全新的总结和梳理，由不得我们不给予足够的重视。借由这段对话，我们可以发现诗人思想的嬗变，以及其背后隐藏的精神力量。

他说，江水昼夜奔流，但千百年过去，它并未消失；月亮由圆而缺，但千百年过去，它却没有一点增减。物也好，人也罢，都在变与不变之中。从变的角度看，万事万物每时每刻都有变化；但从不变的角度看，万物与人类都是永恒之存在，又何必羡慕长江与明月？

这番回答，妙不可言。

几位好友神游八极，纵横四方，在天地之中感受时间和空间的交织与融合。而他们关于生与死、存在与虚无的思考，关于人生意义的终极追问，又实是哲学中永恒之命题。

苏轼是个如此复杂的人，他敏感而真诚，隽永而深刻，出世又入世。

他在黄州摆脱了小我的伤悲，而渐入大我的佳境。

当然，一入现实世界，仍要面临考验。但在纯粹的思想层面上，他显然已是得道的高人、潇洒的智者。

悲伤的箫声停止，人们又投入欢快的情绪，尽情享受着赤壁的风声月影，美酒、菜肴、果品一扫而空。

待众人晕乎乎地睡去，东方已泛起鱼肚白。

清代方苞评论这篇文章说："所见无绝殊者，而文境邈不可攀，良由身闲地旷，胸无杂物，触处流露，斟酌饱满，不知其所以然而然。岂惟他人不能模仿，即使子瞻更为之，亦不能如此适调而畅遂也。"实是精妙之论。

《前赤壁赋》中所呈现的思考，是苏轼对个人思想的一次集中清理，是在经历磨难后对生命的重新认识。而三个月后所作《后赤壁赋》，则是回应前文的快乐行动。这一篇小文，极尽隽永之能事，亦是历代散文中的经典之作。

前、后二赋备受推崇，历代文人不吝赞美，人人变着法儿地起劲来夸。

比东坡晚一辈且有"小东坡"之称的眉山同乡唐庚称，"惟东坡

《赤壁》二赋，一洗万古，欲仿佛其一语，毕世不可得也"；苏辙认为，哥哥二赋高不可攀，"子瞻诸文皆有奇气。至《赤壁赋》，仿佛屈原、宋玉之作，汉唐诸公皆莫及也"；南宋谢枋得在《文章轨范》中评论，"此赋学《庄》《骚》文法，无一句与《庄》《骚》相似。非超然之才、绝伦之识不能为也。潇洒神奇，出尘绝俗，如乘云御风而立乎九霄之上，俯视六合，何物茫茫？非惟不挂之齿牙，亦不足入其灵台丹府也"；明代归有光则将二赋与陶渊明《归去来兮辞》相提并论，认为二者异曲同工；清代金圣叹则将二赋收入自己所编的《天下才子必读书》，赞其"妙甚"。

十月十五日夜，又是月明星稀，苏轼与一众友人带着夫人准备的好酒再来赤壁，这一次诗人游兴极高，居然下得船来，攀上岩石，伫立高崖，发出一声长啸，声音划过夜空，四面回响，久久不散。

《后赤壁赋》以一个神秘的梦结尾，道尽生命之玄妙：梦一道士，羽衣蹁跹，过临皋之下，揖予而言曰："赤壁之游乐乎？"问其姓名，俯而不答。"呜呼！噫嘻！我知之矣。畴昔之夜，飞鸣而过我者，非子也耶？"道士顾笑，予亦惊寤。

如何才算快乐？如何才算不快乐？彼时之乐可否延续至此时？是否有永恒之乐？

似乎答案就在心底，又似乎没有答案。

或许可以说，苏轼已经看透世事，不再执着于过去的人生，不再被苦痛纠缠，或许可以说，他依然陷于孤独之中，只是内心澄清透彻，已臻无欲无求之境。

谁也无法真实地参透他复杂又矛盾的内心。

感悟越是深刻，人就越是孤独。

第六章 重出江湖

皇帝没有忘了他

现在我们来推断，神宗去世前的几年里，对于身在黄州的苏轼有一定程度的牵挂，他甚至可能改变了先前看法——苏轼并无讥讽朝政的用心，即使有些反映民生疾苦的诗作让自己感到不快，那也不过是苏轼给予百姓的巨大同情，以及真性情的自然流露。

我们甚至有理由相信，神宗曾一度怀疑自己对苏轼的惩罚过重，心底或多或少有些愧疚。祖母先前要求宽宥苏轼的话，也常回荡于他的耳边。母亲高太后也特别关照苏轼，她曾在私下里表示，一定要召苏轼还朝。

这个隐居于黄州的犯官，则因神宗的愧疚有了被重新起用的可能。

另有一件隐情不得不说，那就是神宗钟爱苏轼的文才。元祐年间，苏轼回到朝廷，神宗的母亲高太后特别召见他，当面告诉他一个秘密："先帝每诵卿文章，必叹曰：奇才！奇才！但未及进用卿耳。"

苏轼有可能被重新起用的关键原因，则是朝廷缺人。自王安石退居金陵，变法陷入困境，庸碌之人占据官位无所作为——神宗经常痛感朝内无人，反思过往，他决定起用一些过去反对变法的人物，新旧两党并用，让失衡的朝政重新找回平衡。

属于苏轼的机会眼看就要来了。即便有一些可能的麻烦，那也只是时间早晚的问题而已。

苏轼被贬官至黄州这几年，关于他的任用，朝廷上存在各种不同的意见。作为皇帝，神宗不可能只按自己的意愿办事，他需要协调、制衡，需要按照程序和步骤逐步起用苏轼。事实上，早在元丰三年（1080 年）九月，神宗就曾做出过起用苏轼的决定。

神宗当时的计划是由司马光出任御史中丞，苏轼出任中书舍人，对另外几个先前反对变法的旧臣各有使用。神宗对丞相王珪和蔡确强调，这些旧臣虽然先前反对新法，但对朝廷从来都是忠心耿耿，不能永远弃之不用，现在朝堂之上应该新旧人物一并起用，他们都是宋朝的栋梁之材。

王珪、蔡确领旨，私底下另有一番心思。旧党人物重新上台，形势将对他们极为不利，甚至威胁到二人相位。各怀鬼胎的王、蔡便利用烦琐的任官程序，尽可能拖延对旧党人物的任用。

元人所撰《宋史》称，王、蔡有利用西夏战争转移神宗注意力的嫌疑——由王珪出面，授意庆州知州俞充，向朝廷进"平西夏策"，称西夏内乱，有机可乘，鼓动朝廷向西夏开战。这个说法有牵强之嫌且证据不足。战与不战，朝廷众臣争论激烈，但最终要归神宗定夺，且他不会受王珪等人撺掇。

神宗雄才大略，目光长远，边患一直是其关注的重点。早在熙宁元年（1068 年），他就曾接受王韶建议，以"收复河湟，招收羌族，孤收西夏"为方略，派王韶往秦凤路领兵打仗。后王韶不负神宗所望，一路杀伐，数次击溃羌人、西夏军队，并占领河湟，设立熙州，拓边两千余里，对西夏形成包围之势。这位战功赫赫的王韶便是苏轼的同年进士。

王安石做宰相后，曾数次建议进攻西夏本土，均被神宗拒绝。我们尚不清楚神宗这一行为的原因，但仔细想来，他一定有他的理由——或者认为当时实力未足，贸然进攻有可能导致无法收拾之后果；或者认为当下重点是改革大业，尽快富国强兵，到时再来收拾西夏不迟。不管出于何种原因，都能看出神宗虽然年轻，但并非头脑发热的皇帝，这应是他深思熟虑后的决策。

元丰四年（1081 年），形势突变，西夏国主李秉常与梁太后不睦，太后将其囚禁，引发了帝党与后党之间的争斗，西夏陷入一片混乱。备受西夏骚扰之苦的大宋，得此良机，岂不动心？神宗便果断下令，向西夏发起军事行动。如此一来，皇帝将全部身心投入战争，确实无心再过问旧官的复出问题。

此后一段时间，神宗又曾数次动议，欲提拔苏轼担任著作郎、修国史 ① 以及江州知州，皆因王珪和蔡确等人的反对而不了了之。身在黄州的不世出之才处处遭遇反对，概因其日盛的文名以及先前反对新法的主张令对手们印象深刻。

万一苏轼等旧党人物被重用，他们难逃被清算的命运。

但如此一而再，再而三的阻挠，让神宗大为光火，出于效率的考量，他索性不再与宰辅们商量苏轼的起用问题，而是利用皇帝的特权以"皇帝手札"下令，量移苏轼汝州（今河南平顶山），仍任团练副使，本州安置，不得签书公事。

这个手札的内容，透露出几层微妙的意思：

其一，皇帝厌倦了王珪和蔡确等人的阻挠，动用了非常规手段；

其二，汝州离开封甚近，这是意欲提拔的先声；

其三，神宗任用苏轼的态度和决心，相当明确，不容反对；

其四，朝堂上权力的争夺从未停止，以后仍存在种种可能。

拿到皇帝手札之前朝廷上所发生的种种，身居黄州的苏轼自然不知，他甚至已经下定决心，安居黄州，耕种田地，修身养性，终老此地。

待他拿到手札，才猛然一惊，回过神来。当读到札中"人才难得，不忍终弃"的那一刻，他百感交集、热泪盈眶，原以为朝廷将自己忘得一干二净，哪知皇帝动用了手札这种非常规手段，且语气真诚、态度恳切——朝廷并未忘记他。短短数语，已令他倍觉温暖。

---

① 此处修国史是一官职，宋史官无专任，通常由他官兼任。

又有机会报效国家了。激动、欣慰之余，他写下《减字木兰花》：

江南游女，问我何年归得去。雨细风微，两足如霜挽纻衣。
江亭夜语，喜见京华新样舞。莲步轻飞，迁客今朝始是归。

他终于可以一展自己的雄心壮志了，不由得老泪纵横。

一晃五年

为官经年，任地变换，可以说，苏轼与黄州感情最深。

他有悲天悯人的天性，每至一地，都与当地人民结下深情厚谊。而这一次，与黄州的感情则更为特殊，也更深厚，这里是他的第二故乡，是他的肉体和精神放逐地，他在此耕种、读书、交友、写作……黄州让他受苦，黄州也让他新生。

此地的一山一水，一草一木，一人一物，他都倾情其中，无法自拔。

东坡洒遍他的汗水，雪堂留下他的友情，赤壁写满他的才华……离别时刻，唯有万千不舍，最舍不得的是他黄州的那些朋友。苦难困厄之时，走投无路之际，正是黄州的这些朋友给他以无私的帮助，助他渡过种种难关。

黄州见证了诗人的苦难，也经历了东坡居士的蜕变。他化苦痛为欢乐，化悲伤为动力，化孤独为对经典的诠释。

没有黄州，他的人格无法实现升华；没有黄州，他的艺术缺乏力度；没有黄州，苏轼可能仍将伟大，但黄州令他更伟大。

黄州于苏轼之意义，自不一般。

苏先生要离开黄州的消息迅速传开，前来话别的朋友络绎不绝，饯行的酒席一桌接着一桌。

酒酣面热，倾诉衷肠，特别是与他来往密切的诸位友人，想及以后可能再也不能见到苏轼，便忍不住悲伤流露，泪眼婆娑。苏轼是性情中人，自然也有眼圈泛红不能自抑时刻，但大多数时间里，他都可以谈笑风生，潇洒之态令人暗生羡慕。

酒桌上，人们祝福他早日升迁，身体健康，万事遂心。人们频频与他碰杯，并告诉他，百姓不能少了这样一位好官，文坛不能少了这样一位诗人。

前来向他求取字画的人络绎不绝，人们都想留点什么作为纪念。但有所求，必然应允，苏先生不愿扫了大家的兴致。

像潘丙的两个侄儿潘大临、潘大观，向他求书《赤壁》二赋，苏轼"性不奈小楷"，提出用《归去来兮辞》取代二赋，结果潘氏兄弟说两者都要。这种篇幅较长的文字须用蝇头小楷一字一句认真书写，费时费力。苏轼只得都答应下来，常在各种应酬之余抽出时间来写字，要赶在离开黄州之前送给他们。他没有理由让朋友失望——比之过去人们对自己的帮助，这些字画又算得了什么！

苏轼还应安国寺住持继连之请，作《黄州安国寺记》。安国寺是他常去沐浴、打坐的寺院。可以说，安国寺是其肉体的洁净场、精神的安适地，因而苏轼对此寺院感情甚深。他在文中写下在此修身养性的收获："一念清净，染污自落，表里翛然，无所附丽。"

除了身边朋友，州府的官员们也来为他送行。

依照惯例，征召官妓陪酒，在席间，这些陪酒的女子自然也会趁着酒兴向这位名满天下的才子求取诗句。他本非好色之人，但对于美好的人或事，向来亦有欣赏之眼光，又当酒酣面热，正是他诗兴大发之时，亦是来者不拒。

席间有个叫李琪的歌妓，娇小艳丽，知书达理，只是天生胆小。

面对这潇洒无边的文豪，她竟不能鼓足勇气上前求诗。不过，李琪明白这是最后的机会，此次不求，只能将遗憾长留心中了。饮下一杯酒后，她终于战胜内心的怯懦，从自个儿身上取下丝巾，径直走到苏轼面前，红着脸请求这位诗人题诗。

苏轼端详眼前的姑娘，微笑以对，告诉李琪须把墨研好。他提起笔来，信手在那丝巾上写了两句诗："东坡五载黄州住，何事无言及李琪？"

然后，苏轼把笔一搁，不管不顾地和别人干杯去了。似乎完全忘了李琪求诗的事。

李琪捧着仅有两句诗的丝巾不免有些失望，席间众人亦大惑不解，这开头两句实属平淡无奇，而且以苏轼之才华，也断不会接不出下面两句，但谁都不知何故此诗只写一半没有下文。

焦急的李琪脸儿憋得通红，又不敢催问，一时手足无措。

那边苏轼与黄州官员们喝得起劲，聊兴十足。眼看宴席将尽，焦急的李琪终于忍不住，又一次鼓足勇气走到苏轼面前，请他续完赠诗，苏轼哈哈大笑："几乎忘了出场。"

于是他提笔续道："恰似西川杜工部，海棠虽好不留诗。"[①]

书毕，众人传观，都为李琪感到高兴。苏轼赠官妓诸诗中，唯对李琪的夸奖为甚——此诗巧借杜甫之典，指明自己五年来不为李琪题诗的原因。蜀地多海棠，杜甫在四川居住多年，却无一首诗提及海棠，那是因为杜甫认为海棠之美难以形容，所以干脆不写。在这里，苏轼

---

① 杜甫不作海棠诗，为晚唐诗人郑谷发现。郑在《蜀中赏海棠》有记："浓淡芳春满蜀乡，半随风雨断莺肠。浣花溪上堪惆怅，子美无心为发扬。"并自注："杜工部居西蜀，诗集中无海棠之题。"事实上，唐朝诗人不作海棠诗者众。

将李琪比作海棠，赞她人品高洁，不与世俗同流合污。[1]

邻居们亦舍不得苏轼离开，这些纯朴的人用最简单、最直接的方式，表达对他的喜欢、留恋。他们没有文采，不会写诗，只有一片真心——他们恨不得掏心掏肺地告诉苏轼，如果留下该多好。

但谁都知道，天下没有不散的宴席，既然有相聚的幸福，就要经受分离的痛苦。

苏轼所作《满庭芳》一词，记录的正是告别时刻的心情：

归去来兮，吾归何处？万里家在岷峨。百年强半，来日苦无多。坐见黄州再闰，儿童尽楚语吴歌。山中友，鸡豚社酒，相劝老东坡。云何？

当此去，人生底事，来往如梭？待闲看，秋风洛水清波。好在堂前细柳，应念我、莫剪柔柯。仍传语、江南父老，时与晒渔蓑。

词中表达的情绪十分复杂：有时不我待的嗟叹，有对田园生活的留恋，有重整河山的决心，更有对黄州人民的依依惜别。

隐居近五年之后，仕途上露出一丝曙光，但前途依然充满未知。他徘徊于隐居还是出山的纠结之间，但显然出山暂时压倒了隐居之梦，淑世的理想像个巨大的光环，一直照耀在他的头顶。

苏轼将花费他甚多心血的东坡农场、雪堂的房屋以及奶妈的坟墓，托付给朋友潘丙照看——或者此时，他大概已经预感到，这辈子可能再也无法回到黄州。

离开黄州的前几天，身在武昌的同乡王齐愈、王齐万，以及岐亭的好友陈季常诸人，一起会集于苏家，然后伴他离开黄州。

---

[1] 题赠李琪这个故事有多个版本，内容略有差异，本书故事引自《春渚纪闻》。

一行人渡江过武昌，时值元丰七年（1084年）四月中旬，夜至吴王岘，忽然听到隔江传来黄州鼓角声，低沉苍茫，击打着苏轼这个远行人心底的悲伤。

他站立船头，回首望向黄州，万千情感，又化作如下诗句：

《过江夜行武昌山闻黄州鼓角》
清风弄水月衔山，幽人夜度吴王岘。
黄州鼓角亦多情，送我南来不辞远。
江南又闻出塞曲，半杂江声作悲健。
谁言万方声一概，鼍愤龙愁为余变。
我记江边枯柳树，未死相逢真识面。
他年一叶溯江来，还吹此曲相迎饯。

一行人先至武昌王齐愈家，住了两天，四月十四日，坐船至磁湖，古耕道、郭遘几个朋友前来相送。最后，潘丙带领潘氏全家，武昌王齐愈、王齐万两兄弟也带了侄子等人，一一和苏轼握手话别，场面温馨，令人动容。

苏轼最为难舍的，则是好友陈季常。黄州这几年的交往，令他们的友情更加深厚。陈季常一直将他送至九江，苏轼作诗相赠，这才执手别过。

量移汝州，只是朝廷有意赦免加诸苏轼头上的罪过，而并非真正的调动。这一次，他便安排了许多行程，慢悠悠地北移。

按苏轼此前安排，他要先动身去筠州探望弟弟苏辙，由将赴江西德兴当县尉的儿子苏迈带全家到九江，他再自筠州返九江与全家相会，之后赴汝州任。

倏忽中年

苏轼匆匆赶往筠州，只盼望着早点看到弟弟苏辙。

在临近筠州的那个晚上，他竟然激动到无法入眠——思念之情不绝如缕，绵延不息，叫他欲罢不能。兄弟一晃几年不相见——如今，他们都已奔在年近半百的路上，当年的少年才俊已是白发满头。

苏轼身在黄州的五年当中，二人书信来往频密，交流读书作文、学佛修禅之道，在极端困苦的情形之下，兄弟俩互相勉励、肝胆相照，实为兄弟相亲相爱的典范。苏辙除了在精神上对哥哥予以支持，还曾派几个女婿轮流到黄州看望苏轼，以缓解其精神上的痛苦和无法见到亲人的煎熬。

苏辙儿女众多，共有三个儿子（苏迟、苏适、苏远）和七个女儿，经济负担重，家庭压力大。生活本就困窘，而乌台诗案后更是债台高筑，欠下许多钱财。苏辙到筠州后，薪水微薄，愈加艰难。

经济上的贫苦尚可以慢慢解决，但官场上的淡漠却让他心生寒意，同僚之间的算计和排挤令苏辙不胜其烦，一时无法应对，只觉得非常郁闷。

哥哥来筠州是一件难得的开心事。苏辙这天早早起床，到城外迎接。

有一件怪事，值得特别交代。

在筠州与苏辙相交甚密的好友云庵禅师和有聪禅师，做了一个相同的梦，他们分别梦见三人一起去迎接五祖寺的戒禅师。这个梦苏辙也做了，一经说破，彼此都很诧异。这让他们确信内中定有玄机，但一时谁也无法解释清楚。

见到苏轼，苏辙说与哥哥听，不料却引出另一段故事——这个故事正好可以解释前面那个梦——苏轼曾听母亲程夫人讲起，她怀苏轼时梦到一个和尚到苏家投宿，那和尚身材瘦长纤弱，有一只眼是瞎的。苏轼八九岁时，经常梦到自己是个和尚，往来于陕右一带。

两禅师惊讶不已，他们梦中的五祖戒禅师的体态特征跟程夫人描述的一点不差，而且是陕西人。

不只如此，五祖戒禅师晚年还到过筠州，于五十年前死于大愚山。连时间也如此巧合，苏轼时年四十九岁。有人因此传说他就是五祖戒禅师转世，五祖戒禅师便是他的前身。苏轼自己对此说法也乐于接受。后来他作诗称"我本修行人，三世积精炼"，还身穿僧衣，自称"戒和尚"，对佛教的亲近又增加了一层。

种种巧合表明，苏轼这位天才骨子里与佛家思想甚为相契。

苏辙在筠州之情形比哥哥在黄州更糟，全家人住一所破宅。既是破宅，只能多方加固，才可勉强居住。苏辙的日常生活也远比哥哥单调。苏轼交游甚广，时间也富裕充足，而苏辙担任的监盐酒税是个苦差。他上班的地方与住地隔着一条江，每天需摆渡来回，十分辛苦——公务繁忙，无暇分身，交友机会不多。

苏辙工作的具体内容，就是鬻盐、沽酒、称量猪肉和鱼鲜之类，必要时还需跟市侩贩夫们争论斤两，哪里有半点朝廷命官的样子？如此一天下来，纵是铁人也难支撑，更何况苏辙这副瘦弱的身子骨。

兄弟相见，固然值得庆贺，但苦于相处的时间无多，苏辙缠身公务，即便有计划与哥哥一起饮酒唱和，也只能等到下班回家。

万般无奈的苏轼只得由侄子们陪伴，四处走走，领略一下筠州风貌。

端午节那天，苏轼带三个侄子一起去大愚山的真如寺，此处便是五祖戒和尚圆寂之地。

苏东坡传

上一次见到三个侄子还是在济南的时候，那已是近八年前的旧事。而今，老大苏迟已至弱冠之年，老二苏适也已十六岁，两侄皆已是嘴角长出毛茸茸须的小伙子，对各种事情甚有见地，能说出不少令苏轼惊异的话来，这是最令他欣喜的地方。苏辙最小的儿子苏远十一岁，也已经开笔学习作诗了。苏远小名虎儿，模样儿逗人喜爱。

苏轼天天跟侄子们在一起，心情颇为欢快。爷儿四个谈天说地，东拉西扯。苏轼不是喜欢说教的人，又无长辈的严厉，不过短短几天便与侄儿们打成一片。游玩的路上，他们作诗联句，年纪最小的虎儿也不甘示弱，争相与伯父对诗。

苏辙每每忙完公务，也尽快赶回家来，与哥哥喝酒聊天，说人生短长，叹时事变迁。两人都处于仕途的困顿时刻，但依然可以相互勉励、相互劝慰。

兄弟二人坚信，眼下的困境并不会让他们甘于堕落，青云之志依然在心中长驻。

《别子由三首兼别迟》

知君念我欲别难，我今此别非他日。

风里杨花虽未定，雨中荷叶终不湿。

苏轼只能在筠州住六七天，还要与全家到九江相聚，继续赶路北移。兄弟相处的短暂时光一闪而过，又迎来离别时刻，不免满腹惆怅。老哥儿俩都已年近半百，"风雨对床"的约定还是一个美好的设想，仍然无法变成现实，至少现在看起来，实现的可能性微乎其微。

即便如此，他们也没有理由向眼下的困难低头，人生途中免不了风风雨雨，只要心怀乐观，风雨终会过去，太阳总会升起。

《别子由三首兼别迟》

三年磨我费百书，一见何止得双璧。

愿君亦莫叹留滞，六十小劫风雨疾。

哥哥的安慰和鼓励为困在筠州的苏辙打开了一扇明亮的窗。

后来的事实证明，阳光总在风雨后，一切只是时间问题。过不了多长时间，兄弟俩将被重新起用，艰难困苦的生活就快要结束。

远近高低各不同

与弟弟别后，苏轼重返九江，在这儿与全家相聚。他决定先送长子苏迈赴官，然后再带领全家北上。他抵九江时，家人尚未到达，恰好润州金山寺住持佛印回庐山，佛印便邀他和参寥一起同游庐山。

庐山位于江西北部鄱阳湖盆地，在九江境内，濒临鄱阳湖畔，雄峙长江南岸，九十余座山峰连绵起伏，煞是壮观。庐山向以雄、奇、险、秀闻名。巍峨挺拔的青峰秀峦、喷雪鸣雷的银泉飞瀑、瞬息万变的云海奇观、俊奇巧秀的园林建筑，其魅力非一般名山可比。

庐山范围很大，山南、山北风景各异，苏轼初看，便觉"山谷奇秀，平生所未见"，在此逗留长达十余日，细细玩遍。

苏轼等人从南麓登山，从山脚下向山上望去，但见庐山奇峰异石俊美异常，众人不禁啧啧称奇，他们感慨于大自然的鬼斧神工和钟灵造化，其景之美，其景之胜，岂是诗句能够表达？然则，又有诸多前人题诗赞美，再作新诗谈何容易，因此便和参寥约定，此次行程只享受美景，绝不作诗。

不知道是谁走漏了风声，苏轼来庐山旅游的消息比诗人更快一步

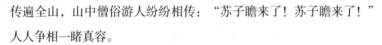

传遍全山，山中僧俗游人纷纷相传："苏子瞻来了！苏子瞻来了！"人人争相一睹真容。

这个在黄州几近隐退的文坛领袖，在人们心目中的地位已近神圣，如今他重现江湖，自然格外引人关注。

久未露面的苏轼，心中顿起涟漪。他本是性情中人，并未拘泥于刚刚和参寥说过不作诗的诺言。心中有话，当然不吐不快，于是吟出《初入庐山三首》中的第一首：

> 芒鞋青竹杖，自挂百钱游。
>
> 可怪深山里，人人识故侯。

且走且行，有感而发，因此有第二首和第三首，分别是：

> 青山若无素，偃蹇不相亲。
>
> 要识庐山面，他年是故人。

> 自昔怀清赏，神游杳霭间。
>
> 如今不是梦，真个在庐山。

"人人识故侯"固是让人感到欣慰，但这庐山耸立于云雾之中，变幻不定，高深莫测，一时难以辨识真容，故说"偃蹇不相亲"，更感慨要想识得庐山真面目，非得是它多年老友不可，诗句中透着些许不能认识庐山的遗憾。好在越往里走，景色越发绚丽多变，仿如腾云驾雾，叫人直觉不可思议。此前苏轼一直有遨游庐山之愿，没想到真的实现了这个愿望。

入得山来，先至开先寺。寺中住持早已闻讯，带了僧众在寺前迎接诸人。

寺内寺外，古树参天，楼台掩映。寺侧有两大名瀑，即马尾泉和大龙瀑，各有特色，但皆气势恢宏，蔚为壮观，未见瀑布，便已听见飞瀑直下的轰鸣之声。稍事休息，苏轼诸人便在住持陪同下观赏飞瀑。一行人到达漱玉亭畔，观望瀑布，但见两条白练，自高空直坠，激出片片水雾，自然之力，叫人惊叹不已。

目光游离之下，苏轼竟又生出世之想，后来所作《开先漱玉亭》一诗则是明证：

高岩下赤日，深谷来悲风。

掌开青玉峡，飞出两白龙。

乱沫散霜雪，古潭摇清空。

余流滑无声，快泻双石谼。

我来不忍去，月出飞桥东。

荡荡白银阙，沉沉水精宫。

愿随琴高生，脚踏赤鲢公。

手持白芙蕖，跳下清泠中。

而后他们来到栖贤寺。苏轼与此寺早已缘定于三年之前。彼时，弟弟苏辙过庐山时，写下一篇《栖贤僧堂记》寄给苏轼，请他亲笔书写，苏轼欣然应之。不想三年以后，在这里他看到了这篇弟写兄书的文章被刻到石碑之上，心中自然洋溢亲切之感。

而后又游历甘泉口、圆通禅院、简寂观、温泉院、白石庵、东林寺等处，一路之上皆有诗句。山中美景无数，诗人无法停止汹涌的诗情，常常是脱口而出，随时吟来。

就是这次畅游庐山，他写下了广为传诵的《题西林壁》：

> 横看成岭侧成峰，远近高低各不同。
>
> 不识庐山真面目，只缘身在此山中。

此诗是诗人之哲思，是他近年人生智慧的总结。庐山在这诗里只是思索的由头，诗中所蕴含的深意才是此诗要表达的关键。黄庭坚读过此诗，颇为佩服，大加称赞："此老于般若横说竖说，了无剩语，非其笔端有舌，安能吐此不传之妙？"黄氏将此诗归于般若之说，认定东坡受佛家智慧启迪而作。

人们看待世间诸事，常从自身的立场和情感出发，把自身见识作为标准，带有浓重的主观色彩，从而影响了理性的判断，结论难免片面且站不住脚——正因每每"身在此山中"，才未得见真理之全貌，识不得"庐山真面目"。

此时的苏轼已近半百年纪，又经各种历练，思想日臻成熟，从他游庐山的诗也可以看出其处世风格的转变。现在的他，温和而圆润，通透而清晰，全没了读书时的锋芒毕露以及初从政时的张扬个性。

这一切，正缘于思想上的蜕变。

他已跳脱出庐山，站在山外极佳的角度识得其真面目。这如他看世间诸事，皆可以立于事外，不再局限于个人的角度。

从公已觉十年迟

从庐山下来，与参寥话别。一家人乘船绕道湖口，送苏迈赴任。至湖口时，苏氏父子同游石钟山，苏轼于此写下名篇《石钟山记》。关于石钟山之得名，历来有两种看法：《水经注》作者郦道元认为，是因为山脚有深潭，水石相击，声若洪钟，因而得名；唐代李渤则认为，此山中有两块石头，敲击时会发出类似钟鸣之声。

对此两种看法，苏轼不以为然。为了弄清原委，他和儿子进行了一番实地考察，发现以上两种看法都站不住脚，真实的原因则是山下的石头皆有洞孔和缝隙，有水流冲入时发出钟鼓一类的声音。他进而总结说，凡事须经目见耳闻，亲身践行，才能得出正确之结论，不能凭空猜测、臆断。

苏迈在湖口与全家分别，独自往江西德兴赴任，这个二十六岁的青年终于要离开相伴已久的家人独当一面了。

临别前，苏轼赠儿子一方砚台，于底座上，他亲手刻下铭文：

《迈砚铭》
以此进道常若渴，以此求进常若惊。
以此治财常思予，以此书狱常思生。

他告诫儿子，以此砚修习圣贤之道，要持一颗好学上进的心；以此砚作文求进升职，要持一颗受宠若惊之心；以此砚治理财政，要持一颗心怀天下的奉献施与之心；以此砚书写判决文书，要持有一颗对生命的关爱之心。

随后，苏轼携全家经池州，过芜湖、当涂，至金陵，一路之上走走停停，并不寂寞。有不少沿途的朋友听闻苏轼路过，纷纷款待。

时值六七月间，气候十分炎热，苏轼全家在船上待了两个月之久，一家老少纷纷病倒，苏轼自己的疮毒也发作了。

抵金陵时，出生不满十个月的小儿子苏遁死于舟中。失去了儿子的朝云失魂落魄，声泪俱下，痛不欲生，甚至要与儿子一同死去。朝云年纪尚轻，初为人母，却遭受如此沉重打击，命运于她着实不公。

苏东坡传

苏轼也极为痛苦，他甚至认为是自己连累了这个孩子，由此十分自责。他将遁儿的尸体抱去埋葬，葬后双手空空地回来，一路之上老泪纵横。

尽管已经历过许多生与死，但中年丧子的打击让他的悲伤更深一层。

他作了一首"哭子诗"：

吾年四十九，羁旅失幼子。幼子真吾儿，眉角生已似。

未期观所好，蹁跹逐书史。摇头却梨栗，似识非分耻。

吾老常鲜欢，赖此一笑喜。忽然遭夺去，恶业我累尔。

衣薪那免俗，变灭须臾耳。归来怀抱空，老泪如泻水。

我泪犹可拭，日远当日忘。母哭不可闻，欲与汝俱亡。

故衣尚悬架，涨乳已流床。感此欲忘生，一卧终日僵。

中年忝闻道，梦幻讲已详。储药如丘山，临病更求方。

仍将恩爱刃，割此衰老肠。知迷欲自反，一恸送余伤。

苏轼喜欢孩子，不管是自己的儿子或是诸位侄儿。朝云所生苏遁，眉眼之间颇肖其父，如今突然暴亡，叫他痛彻心扉，苦不堪言。只能借作诗来平复和疏解内心。

好在有一件事让他的坏心情有所好转。

退休的老丞相王安石正闲居在这金陵城中，听闻苏轼路过此地，已经迫不及待地要来见他。

算起来，从熙宁九年（1076年）第二次罢相至今，已有八年之久。这位在政治上备受攻击、变法上多遭阻挠的老人，早已心灰意懒。他将一腔救国救民于苦难的热血和激情藏纳于胸中，逐渐平复心态，转移精神，以读书作画自娱，修身养性，过起闲云野鹤般的生活。

224

怀想过往，他不免常常叹气，自己为大宋设计的美好蓝图足以救国救民于水火，建造一个富强的王朝，但极少被人理解，每每横遭干涉，艰辛运营。好不容易新法勉强推行开来，稍有小小业绩，却又后继乏力，万千努力只能付诸东流。自己提拔上来的那些人，几乎个个难堪大任，更有甚者，如他仰仗的左右手吕惠卿，还陷他于不义之境。更是因为变法，令他痛失爱子王雱。闲来读史，思绪万千，他的满腔失落和悲哀尽情流露。

《读史》

自古功名亦苦辛，行藏终欲付何人？

当时黯暗犹承误，末俗纷纭更乱真。

糟粕所传非粹美，丹青难写是精神。

区区岂尽高贤意，独守千秋纸上尘。

退休后的王安石隐居这金陵城内，将世事放下，过着孤单、寂寞的生活。他每日骑匹野驴，带一两个小童，遍游金陵的山水名胜，来去再无牵挂。

当年朝廷上的苏轼与王安石，因为现实的政治立场不同，成为势不两立的死对头。苏轼对新法嗤之以鼻，大加鞭挞，而王安石也毫不客气，针锋相对，亦多次指斥苏轼的见解和主张，彼此视对方为眼中钉、肉中刺。

然而，闲居之后的王安石没有了政治的羁绊和偏见，对苏轼的印象有了极大的改观，并越来越欣赏其才华与人品。及至乌台案发，王安石还特地自金陵写亲笔信给神宗皇帝，请他以人才为重，三思而后行。且不说这封信发挥了多少作用，但看他对苏轼的认识，偏见正慢慢减少，欣赏却越来越多。

苏东坡传

苏轼到黄州后，王安石对他的才华、学问、人品等诸方面有了更全面的了解，更为看重这个晚生后辈。彼时，凡遇黄州来人，王安石必问人家，苏子瞻最近有何妙语。某一天，有人告诉王安石，苏轼夜半醉梦而起，作《胜相院经藏记》一篇，凡千余字，一气呵成。

王安石听闻，忙让来人取出文章，细细阅读，读毕，面露喜悦之色。

他毫不掩饰对苏轼的夸奖："子瞻，人中龙也。"外人听到已觉有些肉麻，而王安石不以为意。

当然，他也指出苏轼文章中的一个缺点，文中"如人善博，日胜日负"不如改为"如人善博，日胜日贫"。苏轼听闻此事后，忍不住佩服老丞相的慧眼。

苏轼到金陵刚遭遇丧子之痛，还未平复心中的苦痛，而王安石已骑着他的小毛驴亲自来看望他了。苏轼正在江边船中，急忙出得船来迎接老丞相，因过于急迫，他都未及换套衣服。

见王安石忙行礼："轼今日敢以野服见大丞相。"

王安石却朗声笑道："礼岂为我辈设者！"

这称得上一次伟大的会见。两个持不同政见者，两个同样孤独的天才，抛弃先前所有的摩擦和不快，心底无私，坦诚相见，于大江之上、船舱之内，伴着清风烈日，亲切地晤谈。

这对相差十五岁的前辈和后辈仿佛从那一刻起，心结顿解，矛盾消融，瞬间便为知己。

两人是如何突破心魔的，又如何相谈甚欢？几成旁人无法参透的秘密。这仿佛是上天冥冥之中的安排，他们本不是敌人，最终便可以走到一起。

此心与彼心之间的隔膜，在握手的那一瞬间消失得无影无踪。

两人无所不谈，政治或许也是其中的议题之一，但绝非此次谈话的重点。不在其位，不谋其政，此次会面所谈论的更多是诗词文章，历史过往，思想感悟……这一老一少直到此时才惊奇地发现，对方身上有诸多自己所不了解的优点，对方的学问及风采都有自己所不及之处。世易时移，甘苦冷暖，经过人生的更多历练，看问题的角度也发生重大改变。读过佛、修过禅、种过地的苏轼，早已非志得意满的科场奇才，也已非脑门一热顶风劝谏的忠直臣子，他渐渐为理性占据，可以更全面、更客观地看待一切。他试着站在王安石的角度，理解他的苦衷。退位之后的王安石也不再固执己见，先前的拗相公现在变得温和起来，平淡圆融，说起过往来云淡风轻。

没有成见做绊脚石，彼此的了解才会更加深入。难怪苏轼后来感慨，"从公已觉十年迟"。

遥想当年，自己年轻气盛，只凭一腔热血对新法多加指责，并无理性的建议；而现在，面对这个老人，苏轼已能够深刻地感受到他当初推行新政的苦心，为排除阻力而不得不使用的非常规手段，权力在他手中并非牟取私利的工具，而是他造福天下的保证。

现在，老丞相不计前嫌，抛弃一切成见，竟主动来看望他这个旅途中的孤行者，苏轼自是十分感动，消除了隔膜后，心也变得顺畅而通达。

同一时代的两个大儒，仅通过一次开诚布公的会面就这样冰释前嫌。

接下来的数日，苏轼和王安石朝夕相见，饮宴游乐，谈天论地。当地的官员以及王安石的门人，陪着他们看遍金陵美景。这意外收获的融洽友情，在一定程度上缓解了苏轼丧子的伤痛。

苏轼频频出入于王安石的住所"半山园"，成为王家常客。半山园本是皇帝诏赐的一座宅邸，退休宰相居此，却不设任何围墙，广阔的山间美景一览无余，也是个修身养性的绝好地方。

苏东坡传

苏、王对史学皆有研究，二人闲谈亦不免品评古往今来的兴衰成败，臧否历史人物，一度还把话题扩展到修史这个问题上。王安石以为，苏轼是蜀人，又曾遍游中原和荆吴诸地，学问、才气俱佳，实是修治三国史的理想人选，他鼓励苏轼趁现在清闲完成这一任务。苏轼则坚辞不受，他认为修史非自己专长，王安石只得表示遗憾。

从先前的政敌到如今的忘年交，时间跟他们开了一个足够大的玩笑。原先他们只顾论争，常常弄到脸红脖子粗，待现在坐下来平心静气地交流之后，才发现对方身上竟有那么多弥足珍贵的优点。

这段友情发展之迅速，超出了两人的预想。

王安石趁机鼓动苏轼在金陵置地，找个住处，安顿家人，不至于颠沛流离，四处奔波。他希望苏轼可以和他在同一个城市居住，畅谈学问人生，也不至于太寂寞。对于前辈的盛情，苏轼甚是感动，欣欣然寻遍金陵各处，想要求田问宅，只可惜时间匆匆，一时也并无理想的选择。

金陵求田宅不得，他便去附近的仪真（今江苏仪征）寻访，一待就是二十余日。他的美好设想是在此地买一块田，置一处宅院，亦是不错的选择，到时候就可以驾一叶扁舟，往来于金陵与仪真之间，常常与老丞相见面晤谈，人生一乐事也。因为手头拮据，他特地托人将京城里的院子卖掉，以筹集经费。

但此事终未能如愿。他曾在《次荆公韵四绝》中表达对老丞相的心意：

　　骑驴渺渺入荒陂，想见先生未病时。

　　劝我试求三亩宅，从公已觉十年迟。

望着王安石骑驴的瘦削身影渐渐消失于茫茫山中，苏轼不由得鼻子一酸：如果老人家未曾生病，该有多好。恨只恨与老丞相的和解来得太晚，误会本应于十年前消除，但人生不容假设。

一代大儒王安石，在他们分别一年多之后带着遗憾和落寞永远地离别了人世，时年六十六岁，真应了那句"从公已觉十年迟"。

只想寻田终老

苏轼离开金陵赶往仪真前，专程到半山园向王安石辞行。这又是一次伤感的离别，于王安石而言，他年龄渐长，明白自己时日无多；对苏轼来说，与这位老人的冰释前嫌已经太晚，知心话说得太少。

苏轼离开后，王安石不由得长叹一声："不知道更几百年，方有如此人物！"俗吏易得，天才难求，有这段时间的朝夕相伴，王安石更为苏轼狂纵的才情倾倒，这样的才俊之士竟不为朝廷所用，实在是天大的遗憾。

苏轼又何尝没有惺惺相惜之情，他回想老丞相当年以一往无前之勇气，以"天变不可畏"之精神，推开重重阻碍，锐意改革，积极进取，为富国强兵耗尽心力，可如今只能寂寞独居，远离庙堂，于山水间踽踽独行。

苏轼离开金陵第二天便在船上写信给王安石："某游门下久矣，然未尝得如此行。朝夕闻所未闻，慰幸之极。已别经宿，怅仰不可言。"字里行间真情充溢，令人无法不动容。

或许直到现在，他们的政治立场依然相左，对事物的看法仍然有异，但两人已建立了一种独特的沟通方式，令彼此都能够站在对方的角度尽量客观地看待一切，并对自己以往的行为予以一定程度的反思。

到仪真后，苏轼先行安顿家人，而后应老友滕元发之邀，往金山（今镇江金山）晤面。滕元发，字达道，北宋名臣范仲淹的外甥[1]，长苏轼十七岁，性情豪爽，不拘小节，相貌英俊，身材伟岸，气度不凡，喜谈兵，擅实地作战，是当时有名的美男子。此前他曾被牵扯进一个逆案中，差点为小人陷害，因而向朝廷进状辩诬，为保证稳妥，进状的草稿特别托苏轼改定。神宗知其为人所诬，遂还了他一个公道，又任命他为湖州知州。

现在滕元发是在去湖州任职的路上，听闻苏轼在此，特别约定见面。苏轼乘小船去见滕元发，刚至中途，却见性急的滕元发已乘船破浪而来。两人相见，眼泪肆意横流，对于双双遭受命运捉弄，经历过太多颠沛流离的他们来讲，这一次见面着实不易。四年前，滕元发曾特地到黄州看望苏轼，给困顿中的老友带去一丝温暖。

滕元发极力地向苏轼称颂神宗皇帝的英明神武，劝苏轼烧掉从前的诗文，主动向朝廷表示悔过，然后上表请求改定谪郡，便可能获准。苏轼闻言，甚是心动。

虽是"量移汝州"，但苏轼对去汝州并不热心，说起来不外乎几个原因：

其一，苏轼"量移汝州"，仍为团练副使，不得签署公事，着本州安置。神宗手札中虽有起用之意，但他仍是罪官之身。

其二，汝州近京师，离京师越近，意味着离现实政治越近，眼下朝廷仍为变法派把持。他到汝州必然会引起对手妒忌，阻止朝廷对其任用。

其三，苏轼对当下政局的判断，令他游移难决，出山还是隐居一时拿不定主意，只好慢悠悠地北上，然后在这个过程中寻找转机。

此番回到他熟悉的江南，不只景色宜人，还有诸多老友住在周边，

---

[1] 另说滕元发是范仲淹之父范墉的外甥，范仲淹之表弟。

来往甚为方便，遂起定居之意，去汝州的想法也更为动摇。所以当王安石劝他在金陵置地时，他立刻就答应下来。

在金山的日子过得轻松、愉悦，不只因为有滕元发相陪，还因他见到了弟子秦观及佛印和尚。与王安石见面时，他曾极力推荐秦观，金山别后，秦观进京赶考，科举中榜，成为这年的新科进士。苏轼又一次写信给王安石，请求老丞相拉拔这位年轻人。佛印现在是金山寺的住持，此时他还是"了元禅师"，"佛印"的名号乃后来皇帝所赐。

苏轼有意居留江南，因此时时不忘寻找合适的田地，朋友们也都留意，想要帮他一把，就连身在五行之外的了元禅师也热心地劝他购买金山寺附近的田产，并保证自己可以代为照管。

好田好宅并不易寻，需要花费大量的时间和精力。不管是金陵还是仪真，苏轼都未找到合心意的所在，心中不免失望。就快心灰意懒时，他却在仪真遇到当年的进士同年蒋之奇。蒋听闻苏轼正求田买宅，立即派人到自己的故乡常州宜兴，代为苏轼寻田，花费一番工夫后，终于觅到一块田地，此田在宜兴城外五十五里的深山当中。

为了慎重起见，苏轼亲往宜兴考察。他以步代尺，大略丈量了这块土地，计算出一年可有八百石谷的收成，盘算着足够全家人的生活了，欣然成交。总算了却一桩心事，苏轼长嘘一口气，下定决心要在这江南之地长住。

既然买好了田，又有在此居住的决心，他便于十月十九日向朝廷上表，乞求准予常州居住。表中苏轼态度恳切，极力恳求准许自己居住常州，安度余年。

一边要等朝廷消息，一边还要继续北行，离开黄州半年多，苏轼带领一家人舟车劳顿，居无定所，甚是折腾。他看着疲惫的全家老小跟着自己无休止地颠簸，羞愧之情难免经常充斥心间。

十二月初一，已是天寒地冻时节，苏家一行人到达泗州，在此得

231

到消息，乞常州居住表为主管章奏的官署扣押，不肯转呈。苏轼于是再上一表，言"自离黄州，风涛惊恐，举家重病，一子丧亡"，且费用已尽，无法北行，强调自己在汝州别无田产，难以养活一家二十余口，好在眼下宜兴有了块薄田，希望以此养家糊口。然后他派专人进京投递，比之第一次，此表态度更为恳切，一方面感谢圣恩，另一方面再三强调自家困难，称居住常州是目前最优选择。

他决定停船上岸，在泗州过了春节再走。此地雍熙塔下有座寺院经营的澡堂，是他喜欢的所在，逗留期间常去沐浴。漂泊劳顿的旅途中痛痛快快地洗个热水澡，亦不失人生的一大乐趣。十二月十八日，洗澡完毕，通体舒坦，心有所感，写下两首《如梦令》。

其一为：

水垢何曾相受。细看两俱无有。寄语揩背人，尽日劳君挥肘。轻手，轻手。居士本来无垢。

其二为：

自净方能净彼。我自汗流呀气。寄语澡浴人，且共肉身游戏。但洗，但洗。俯为人间一切。

语言诙谐幽默，妙趣横生，看似戏谑却自有深意：或者他想表明，自身本来洁净，没有污垢，不过为人诬蔑，蒙冤而遭贬谪；或者他想传达，自己已悟透佛法，入清净之境，从此要传播佛家意旨，救治人间疾苦。

元丰八年（1085年）二月，苏轼带领全家抵达南都，看望前辈张方平。自张氏退休后，这是苏轼第三次前来拜谒了。苏轼对这位于苏家两代都有知遇之恩的前辈，一直怀着敬重的态度，但凡有机会，定会抽时间看望老人。张方平待苏氏兄弟如同己出，从不怠慢，每每遇事必全力相助，于患难之中建立的真情才最珍贵。

张方平已经是七十九岁的老人，视力大降，几近失明，精神状态也大不如从前。在张家居住的这段时间，凡遇老人精神稍佳便要聊些闲话，话题多涉医药、养生之类。苏轼过去对这类知识就感兴趣，广有积累，是个内行人，聊得开心，常能从对谈中有所收获。张方平患眼疾，家中有神医王彦若，最擅治眼，苏轼困扰多时的角膜炎，一直未曾完全治愈，趁着这个机会在张家治好了。重新找回明亮的世界，他的心情大为愉快。

不久，人在南都的苏轼终于接到朝廷批复，申请被批准了，他可以居住常州。对他而言，这是个大好消息，一来心愿得以满足，他能就此永久与江南美景相伴；二是不用再往北走，免于奔波之苦，再无仕途之忧。

多年愿望变成现实，怎不让他心生欢喜？

唯一的遗憾便是"老去君恩未报"，大约此后自己老居江南，不复出世，建功立业的淑世理想再无实现之可能。

正当苏轼为"君恩未报"而感到遗憾时，却突然传来一个令人震惊的消息。三月初五，正值壮年的神宗皇帝因积劳成疾，遽然辞世，年仅三十八岁。年轻有为的一代君王，未能实现富国强兵的宏伟理想，未能理顺纷乱的朝政，未能看到繁荣富强的大宋，怀着满腹遗憾和心事就这样先走一步，朝廷上下无不扼腕长叹。

苏轼听闻消息，更是无法抑止悲痛。回首历历往事，神宗皇帝待他自是不薄：先前在改革派与保守派的斗争中，神宗对苏轼的激烈言辞不以为意；在性命攸关的乌台诗案中，神宗顶住御史台诸官欲置于死地的压力，以为祖母祝寿的名义大赦天下，救苏轼一命；而苏轼在黄州等到无望以为将会终老此地时，又是神宗动用手札，称"人才难得，不忍终弃"，给苏轼以暗示，告诉他有了被起用的机会。

这个敢作敢为的皇帝，欲以个人之魄力改变大宋朝贫弱之躯，无奈出于种种原因，始终步履维艰，最后功亏一篑。

苏轼的哀痛和对神宗皇帝的怀念，从他写给好友王巩的信中可看出一二："先帝升遐，天下所共哀慕，而不肖与公，蒙恩尤深，固宜作挽词，少陈万一，然有所不敢者耳，必深察此意。无状罪废，众欲置之死，而先帝独哀之。"众小人欲将我置于死地，唯神宗宽厚待之，神宗对我关爱至此，如今遽然离世，我怎会不难过万分？

君恩未报而君已没，这无疑是儒士人生中莫大的悲哀。

匆匆，重被起用

苏轼与常州的缘分许久之前就已结下了，就像冥冥之中注定的缘分。

当年他考中进士，参加琼林宴时，遇宜兴籍的同年蒋之奇，相谈甚欢。蒋之奇大赞家乡宜兴（宜兴属常州管辖）之美，夸宜兴特别适宜居住。彼时，苏轼便已对宜兴留下深刻印象，他与蒋之奇还曾戏约，将来退休，一起去宜兴安家，比邻而居，过神仙生活。

待到后来，身为杭州通判的苏轼曾奉命到常州一带放粮赈饥。他一踏上宜兴的土地，立即为当地的风景所吸引，忍不住诗兴大发，极尽称许，以为这才是理想的居家之地。

一晃许多年过去，苏轼的愿望直到现在终于得以实现。

他拜别张方平，带领一家人回常州。此时已是元丰八年（1085年）五月，正值春末夏初、江鱼肥美的好时候，恰中以吃为人生一大快事的苏轼下怀。东坡先生本为美食家，对食材颇有研究。长江之鱼产，他最爱鲥鱼和河豚。鲥鱼俗称江团，缺点是骨头太多；河豚味佳，却因有剧毒且处理加工不当而易致人死亡。不过，缺点归缺点，吃起来还是毫不犹豫的。当地人请他到家里吃河豚，女眷们躲在屏后偷看，想知道诗人如何点评，不料苏先生忙着低头猛吃，未置评语，女眷们不免失望，此时他却突然将手中筷子放下，大声说道："也值一死！"人们忍不住笑起来。

常州的日子着实舒坦，苏轼在悠闲而轻松的时光中，为自己规划了一个甜美的梦：从此以后，他将长居于这富足的江南之地，遍游人间美景，广交天下朋友，过幸福平静的隐居生活。

有一首《菩萨蛮》道尽了他所理解的快乐：

买田阳羡吾将老，从来只为溪山好，来往一虚舟，聊从造物游。

有书仍懒著，且漫歌归去，筋力不辞诗，要须风雨时。

活在美景里，如在画中游。每日放纵漫游，驾扁舟自由来去，无所挂碍。著书立说之事，且待以后再说吧，现在只需放歌、吟唱、游玩，彻底快活。至于写诗，且等弟弟退休，践行"风雨对床"之约时再写不迟。

有这等美好生活，谁还要过神仙日子？只不过这仅是他一厢情愿的设想罢了。

就在元丰八年（1085 年）六月，朝廷告下，任命苏轼知登州军州事。

神宗皇帝驾崩之后，政坛掀起一场巨大的变动。太子赵煦继位，是为哲宗。赵煦为神宗第六子，时年十岁。赵煦尚幼，无法亲政，由他的祖母太皇太后高氏垂帘听政。

高太后向来反对变法，现在由她听政，便立刻以雷厉风行的姿态迅速召集一帮老臣出山，委以重任。吕公著任尚书左丞，司马光为门下侍郎，再由二人推荐其他要职。吕公著与司马光推荐的人选名单里都有苏轼的大名。高太后也还清楚地记得神宗皇帝生前要起用苏轼的想法。

如此看来，苏轼东山再起，已是必然中的必然。

刚在宜兴安顿下来的苏轼，原以为会就此隐退江湖，却不曾料到仍有被任命的机会。虽然不愿放弃刚刚开始的幸福生活，但他依然被救世济时的使命感驱使，毅然接受了这一任命——骨子里的儒士情怀，注定他不可能忘情于世外。

最新的任命也意味着他已然结束了犯官身份，重新拥有了建功立业的机会。六年的贬谪期虽略显漫长，但这漫长的时间却也磨炼了他的个性，砥砺了他的心性。

要赴新任，重新奔走于仕途，"只为溪山好"的幸福生活又一次变成梦境。

最为辛苦的是陪他颠沛流离的家人，刚刚定居，却又要立即启程。但这一次，苏氏全家少了些沉重，多了些轻松。苏轼已摘下罪官的帽子，再不用全家人跟着担惊受怕。

这一年，苏轼五十岁，已至知天命之年。

在他胸中，不再有对功名的牵挂，不再有各种欲望的纠缠。二十余年仕途的风雨，几近让他赔掉小命的乌台诗案，以及黄州五年的修炼，使他变得心思透彻，返璞归真，几乎洞察尽人生所有的秘密。

给弟弟子由的诗里，道"功名真已矣，归计亦悠哉"；给友人王寂的诗里，道"与君暂别不须嗟，俯仰归来鬓未华"……借由这些诗句，我们可以窥见他的通达和潇洒，见识他自由无碍的灵魂，知晓他对人生真义的体悟。

而今的苏东坡不以物喜，不以己悲，不以逆境为苦，不以顺境为乐——这是全新的人生境界。

赴任途中，他再经密州。

十年前，他于此地任职时曾建造一座超然台，此次旧地重来，自然不忘游览一番。抚摩着这座建筑，苏轼自有无限感慨，不免忆起先前超然台上的旧作，"休对故人思故国，且将新火试新茶，诗酒趁年华"，年华果真易逝，岁月哪堪蹉跎，一晃又是十年！

当地的官员和百姓都熟悉苏轼当年领导百姓抗旱治蝗的事迹，感念他救治弃婴的德行，人们置酒于超然台上，热情地款待密州昔日的父母官。无数密州百姓听闻苏轼来密州，纷纷跑来看他。人们扶老携幼，争相问好。

往事历历在目，尚在心头徘徊，十年却已倏忽而过，真真如白驹过隙。

十月十五日，苏轼到达任地登州，谁知上任仅仅五天，便又接到朝廷新命。这次是要他回京师任职，职位是礼部郎中。

只得别过登州，掉转马头又奔向汴京。特别值得一提的是，尽管来去匆匆，他却于登州见识了闻名已久的海市蜃楼，缥缈奇景令他浮想联翩，因而有《登州海市》一诗。

苏轼在登州不过五天，工作尚未及全面开展。但现在的他只感到时间紧迫，因此刚赴新任便迅速地投入工作。

他通过细心观察发现此地的两个弊病：其一，登州的地方防备不足，兵力分散，恐怕留下后患。万一敌人来攻，对防守极为不利，而兵力分散亦不利于水上作战的训练。其二，则与登州、莱州现行的榷盐制度有关。他请求朝廷恢复食盐的自由贸易，以促进民间经济的发展。

为此他写了两份奏状，分述眼下之弊病。

第七章
京华风雨

苏东坡传

坐火箭蹿升

当下的宋朝宛若一辆陷在泥潭里的破旧马车，停滞不前。

实施数年的新政形同流产，名存实亡，客观上已经宣告失败；外患依然结实地存在，辽国和西夏仍是最大的威胁。

政局萎靡不振，群臣无所作为，朝廷内一派颓废之风，敢作敢为的官员日渐稀少，为权力所进行的争斗则层出不穷。

又到了一个不得不改变的节点。

神宗的母亲高滔滔是个稳健保守的女人，临政之后，她把恢复祖宗旧制作为工作的重心，围绕着这个重心召回旧臣，重建新的官僚系统则是她当下最为重要的任务。风雨飘摇的大宋朝局，注定又要迎来一番人事大变动，后人将这场变动称为"元祐更化"。"元祐"年号之含义，就是向仁宗朝嘉祐时期看齐，建设和平安乐的社会，实践不折腾的政治方针。

最先被起用的吕公著和司马光，开列了一个值得被召回的旧臣名单，苏轼兄弟名列其中。对这份名单做一番仔细审视不难发现，大部分为前朝旧臣，如孙觉、范纯仁、李常、刘挚、苏轼、王岩叟、傅尧俞、范祖禹、赵君锡……先前他们因反对新政而退出政治中枢。总体来看，多属保守一派官僚。

现在这班人重新上台，预示着大宋又走回了新政前的老路，在贫与弱的道路上继续挣扎而不做任何积极的改变。

司马光、吕公著一干人等虽得以重新起用，但变法派的主将韩缜、蔡确、章惇三人仍盘踞相位，矛盾冲突显然是不可避免的。

苏轼奉诏还朝，他所担任的礼部郎中是礼部司长官，为从六品。

240

谁知不过半个月，苏轼便又接朝廷诏令，迁起居舍人。起居舍人属于中书省，与门下省的起居郎合称左右史。起居舍人是六品官，职位并不算高，但职责却甚为特殊，系负责记录皇帝言行的官员，因身在皇帝左右，亲近皇帝的机会较多，向来被视为要缺。

如此突然的任命实在大出苏轼预料，他刚来京师，脚还未站稳，更没有做好心理准备，便得如此要职，一时不免生出诸多惶恐。情急之下，他连写两道奏状请辞，却未被批准，不得已，又亲自去丞相蔡确家当面请辞，结果亦未得到准许。

无奈之下，他只得就任。

哪料三个月后，又有一道特诏给到苏轼，免试为中书舍人。这次调动有了本质的飞跃，让他直接进入了政治中枢机关。按宋朝官制，中书舍人惯例兼知制诰，知制诰的职责是起草诏书，凡任免百官、改革旧政等政令，一律由中书舍人起草。在某种程度上，中书舍人扮演着皇帝代言人的角色。

大宋自开国以来，免试而任中书舍人者，仅有欧阳修等三人而已，现在苏轼也荣登此列，这大概是他想都不曾想到的事。想到自己升迁的神奇速度，苏轼心内不免有些惴惴不安，于是再三推辞，但未被允许，只得硬着头皮顶上。

元祐元年（1086年）九月，苏轼再被提拔，这次的职位是翰林学士、知制诰，官至正三品，这职位比中书舍人更接近中枢，主要负责撰写任命将相大臣、册立皇后太子、外交国书等相关文书，对大臣奏章的批复亦是其职责之一，是皇帝身边极为重要的顾问和秘书。

翰林学士所撰诏书，受皇帝之命，直接从禁中发出，故称"内制"，用白麻纸写；中书舍人所撰，为外朝所拟，由中书门下发出，故称"外制"，用黄麻纸写。

在宋朝，翰林学士被视为清贵显宦之职。苏轼之前，欧阳修等人曾以此职为跳板顺利走上相位。可以说，翰林学士位显权重，相当引人注目，任谁都不敢小觑。

苏轼之所以如火箭一般升迁，实是因为现实政治需要之使然：一方面，司马光与吕公著被重新起用之时，均年事已高，他们感觉重任在肩，须抓紧布局，安插人手，务必使自己一方的力量在朝中居于优势地位；另一方面，高太后亦承续神宗想要重用苏轼的遗愿，想让壮年的苏轼尽快发光发热，以免生出更多遗憾。

这一连串令人眼花缭乱的任命让苏轼感慨万千，为官二十余年，辗转各地，不过一知州而已。而现在，来京师不过短短八九个月的时间，他已经连升数级，速度之快令自己一时无法回神，有坐火箭飞升之感——快到令他看不清方向，快到让他有些恐慌，一时说不清到底是好事还是坏事。

倘若说乌台诗案前，苏轼对仕途的升迁不无向往，但经历乌台诗案和黄州五年贬谪后，他对名利的追求已渐至淡泊。时间可以改变一个人，二十余年从政的光阴，他已由一个轻狂自许的科场奇才转变为参悟生命本质的中年男人。

我们尚不能论断他是否对仕途毫无牵挂，但至少功名利禄已不是他现在的追求，经时济世才是心中时时涌动的目标。

弟弟苏辙此时也升任御史台谏官，兄弟俩总算在京师团聚。

苏辙进京上任，立即履行职责。他以谏官身份，同时弹劾左右二相蔡确和韩缜，魄力可谓大矣。不久蔡确即被外放，苏辙紧接着一连七状，攻下右相韩缜。

在此大好形势下，苏辙又与其他谏官联手，乘胜追击，再弹劾吕惠卿，指此人四大罪状：其一，作为王安石左右手，多项变革皆出此人之手，贻害无穷；其二，排挤忠良，引用邪党；其三，挑起边衅，引发动荡；其四，背叛王安石，向皇上出示其私人信件，陷王安石于不义，使其背负欺君之名。

苏辙主张将吕氏追削官职，贬谪远地。过一段时间，苏辙见朝廷未对吕氏论罪，又奏一状，曰"近岁奸邪，惠卿称首"，若不治罪，怕是其他得罪者不服。在众谏官的合力围攻下，最终吕氏被赶出朝廷，众人无不拍手称快。

苏轼争得了起草贬吕诏书的机会，他以自己天才般的文字，写了一道痛快淋漓的诏书，尽数吕之罪状。诏书不长，录来共赏之：

吕惠卿以斗筲之才，挟穿窬之智，诐事宰辅，同升庙堂。乐祸而贪功，好兵而喜杀，以聚敛为仁义，以法律为诗书。首建青苗，次行助役。均输之政，自同商贾，手实之祸，下及鸡豚。苟可蠹国以害民，率皆攘臂而称首。先皇帝求贤若不及，从善若转圜。始以帝尧之心，姑试伯鲧，终然孔子之圣，不信宰予……尚宽两观之诛，薄示三危之窜。国有常典，朕不敢私。可。

兄弟俩联手打了漂亮一仗，大出一口恶气。吕氏被废黜，当然大快人心，旧党中曾被吕氏加害的诸人闻之莫不欢欣鼓舞。

此前操纵乌台诗案的李定等新党人物也相继遭到弹劾。在向太后进奏的定罪建议中，苏轼特别追加了"不服母孝"一项，这在他看来伤风败俗，毁坏礼度，天理难容，须加治重罪。

苏轼此举不否认有发泄个人愤恨的色彩，但传统伦理之规让他无法忽视此项，弘扬人伦一直是他生命中至为重要的一项原则。

兄弟怡怡

苏轼和苏辙这对多灾多难的兄弟，自二十多年前双双踏入仕途以来，一直处于聚少离多的状态。在分开的这些年头里，他们彼此牵挂，相互支撑，一起渡过难关，终于走出人生的低谷。

他们终于重新来到京师，并一起开创人生的新辉煌。

兄弟俩齐头并进，一路飙升，成为政坛颇为人关注的蜀地"双子星"。与哥哥苏轼相比，弟弟苏辙的风头一点不输。他先是以秘书省校书郎的职位被调进京，而后几年时间升迁不断，历任起居郎、中书舍人、户部侍郎、翰林学士、御史中丞。至元祐六年（1091 年），已官拜尚书右丞；元祐七年（1092 年），迁为门下侍郎。

值得一叙的是，元祐元年（1086 年）秋冬之交，苏辙作为起居郎侍读年幼的哲宗，而大约半年前，哥哥苏轼已经以中书舍人的身份侍读在侧。如此一来，兄弟俩成为面对面的同事。朝臣陪皇帝读书，在当时的知识分子眼里已算得上至高的荣誉。而兄弟俩同时侍读，共做帝师，一时传为美谈。

两兄弟公务之余，多有来往。虽然尚未实现"风雨对床"的约定，但至少他们现在可以住在同一个城市里，互通有无，彼此走动。比起先前分居异地动辄三五年才得一聚的情形，现下境况已令人十分满意。

苏氏兄弟两家不住一起，但二人每天都要见面。苏轼每天退朝后，总习惯先到苏辙家转悠一阵儿，然后才回自家。

之前分隔异地，兄弟间全靠书信交流。现在，他们可以面对面畅谈了，烫一壶酒，做几道菜，一边对饮，一边聊天，团聚来之不易，所以格外珍惜。

不只兄弟怡怡，妯娌之间亦和睦相处，他们的子女也都可以打成一片，两个大家庭的关系甚为融洽。

兄弟二人皆视对方子女如同己出，十分关爱。有个故事说，元祐二年（1087年）除夕，苏辙值班，公务在身，无法与家人团圆，孩子们过年不见父亲自然不开心。第二天，正月初一，苏轼了解到情况，朝贺一毕便急匆匆赶往弟弟家里，陪侄子们过年。

除在江西任县尉的长子苏迈，苏轼全家都住在一起，其乐融融，现在称得上苏家最安稳的时候。一家老少随苏轼奔波流转多年之后，总算在这京师之地拥有了自己的家，人人都有说不出的满足。

苏轼的家安在城西，环境优雅，适合居住。

苏轼每天忙于公务和应酬，自然由王夫人来管理这个大家庭。王夫人是典型的农村妇女，有着俭朴、勤劳的美德，把大家庭打理得井井有条。王夫人还是虔诚的佛教徒，她一心向善，时时不忘鼓励自己的丈夫资助别人。

朝云则从失子的悲伤中走了出来，她仍然年轻、漂亮、善解人意，依然是那个讨苏轼喜欢的姑娘。

据说某日苏轼退朝还家，吃完饭，按他的养生方法，在室内扪腹徐行，他指着自己的肚皮问身边的侍儿：“你们可知道这里面装的是什么？”一个说，都是文章；一个说，都是识见；问朝云，她说：“学士一肚皮不合时宜。”

苏东坡哈哈大笑，想必他一定深有感触，世上芸芸众生，唯有这小女子朝云才是自己真正的知音。她的聪明和识见非一般女人可比。

苏家定居京师不久，苏迈也因为叔叔苏辙的努力和通融而被召进京城任职。如此一来，全家人终于团圆。对于奔波劳苦的苏家来讲，确是一件相当奢侈的事情。此时，苏迈也已生子，苏轼有了孙辈，眉州苏氏香火有继，三代同堂。

二儿子苏迨和小儿子苏过也已长大成人。苏迨将及弱冠之年，只是先天病弱，苏轼疼惜，对他并没有太多管束，一切任其随意。苏迨倒也懂事，努力追求上进。后来，苏轼为苏迨亲自求婚于欧阳家，对象正是欧阳修的孙女，欧阳修的妻子太夫人并不含糊，一口允诺。与这位前辈至交结成姻亲，对苏轼来说，实在是件开心事。

尽管苏轼已请苏辙的女婿王适担任家庭教师，指导儿子们读书，但只要时间允许，他还是会亲自指导儿子们的课业，将平生所学的经验进行总结，向儿子们传授。经其悉心调教，儿子们各有进步。

三子当中，幼子苏过最像其父。苏过天资聪颖，喜欢吟诗作文，他努力学习诗赋，苏轼便特别加以指导。之后，苏过在文学上亦小有成就，其作品风格颇得乃父真传，人称"小坡"。

苏轼现在最大的享受和乐趣，莫过于和夫人一起听儿子们琅琅的读书声。儿子们读的这些书，都是他少年时代所熟读的。这难免让他常忆起小时候父母听自己和弟弟读书的情形：他和弟弟摇头晃脑，高声吟诵，父母在一旁流露出欣慰的笑容。

二老早已不在，他和弟弟，当年的清秀少年，而今竟然已过半百，怎能让人不感慨？

六君子都在苏门

京师的生活跟黄州相比，绝对有天壤之别。职位升迁自然带来家产和财富的变化，比之此前紧巴巴的生活，现在的苏家生活富裕了许多。即便如此，之前养成的一些好习惯悉数被苏轼保留下来。

他仍然讲究养生之道。每日早起，五更下床，梳头数百遍；夜晚

246

睡觉也有一套方法，可保证极高的睡眠质量，此为养精蓄锐之道。

他依然不好女色，并奉劝自己的朋友尽量不要亲近美色，减少欲望。在他看来，欲望是养生的大敌。

他喜欢喝茶，这是人生至关重要的乐趣之一。此前生活清贫，难得好茶；现在，他已是朝廷要员，常有客人送上好茶，更有机会获得宫廷赏赐的"密云龙"。"密云龙"十分珍贵，苏轼自己偶尔才喝，非一般宾客绝难品尝。据称，能够分享"密云龙"的来客不过是"苏门四学士"而已。

现在的朝廷重臣大多曾与苏轼有一定的亲近关系，不是同门便是朋友，但在现实的政治利益面前，人情变化莫测，翻脸如翻书般迅速，有不少竟成对头。他对此苦恼不已，慢慢地，便与昔日的那些朋友渐行渐远。

京师中能与他交好的，除了弟弟苏辙和王诜、王巩等故旧，剩下的不过是他喜欢的几个后辈。偶尔也有外地的朋友如陈季常等人到京师看他，给他惊喜。

苏轼的门人中，最早从学于他的是晁补之。晁氏早在苏轼任杭州通判时已行拜师之礼，由此确立了两人的师生关系，渊源最是深厚。黄庭坚也早与苏轼在谋面之前神交已久，书信往来多年，只是始终未能谋面，直到元祐元年（1086 年）年初，相慕已久的两人才得以京师相见——此时黄氏经苏轼举荐，被朝廷召为秘书省校书郎。秦观是苏轼知徐州时所识，才华得苏轼欣赏，曾数度举荐，苏轼对他有知遇之恩。张耒是苏轼过陈州时在弟弟苏辙家认识的，苏轼盛赞其文，因而从游。

因这一层关系，此四人都算是苏轼的弟子，并称"苏门四学士"。元祐元年（1086 年）十一月，苏轼主试馆职，除秦观以外的三人，均参加了此次考试。

苏轼的几位弟子在京中做着小官，俸禄低薄，时常面临无米下锅的尴尬，而身为高官的苏轼报酬丰厚，除正常的薪水，还因撰写诏书而有额外的润笔费。因此，他常常拿钱资助家境贫穷的弟子。

"苏门四学士"之外，再加李廌、陈师道，并称"苏门六君子"。六君子当中，最穷的当数李廌，他也是苏轼最常接济的对象。李廌，字方叔，华州（今陕西渭南市华州区）人，六岁而孤，发愤自学，他是苏轼在黄州时认识的后进。

元祐四年（1089年），苏轼出任杭州前，将朝廷赏赐的一匹马送与李廌。考虑到李廌家穷，一定会卖掉此马，他特意为李廌写了张公据，以此证明马的来源，有了公据这马才能脱手。他这张公据可谓细心，措辞上极尽委婉，怕伤了李廌的自尊，特别称"恐方叔别获嘉马，不免卖此，故为书公据"，是说李廌可能有机会得到别的宝马，就会卖掉这匹，因此立此公据。

此等小事，却见他用心良苦。

"苏门六君子"和苏轼高谈阔论，频频唱和，其乐融融，实是人间快意事。苏轼与门人的交往与其说是师生之交，不如说是朋友之交。他从不高高在上，亦从不好为人师。苏轼与六君子一起谈笑风生，倾情于和他们的交流，全心享受其中。

在与这些弟子的交往中，他总是表现得和蔼可亲、幽默诙谐，气氛时时因他而热烈，断无冷场时刻。弟子们由衷地热爱这位老师，在他面前，他们并不拘谨，敢于发表与他不同的意见；而苏轼也常常不以为意，凡是有见地的声音，均给以鼓励和掌声。

苏轼望重士林，其诗文辞赋各有成就，是个全面的天才人物。而苏门下的众弟子则各有侧重，皆为某一领域的先进之人。

黄庭坚以诗闻名，与苏轼并称"苏黄"。苏诗气象万千，如长江大河一泻千里；黄诗则如危峰千尺，拔地而起。清代诗人王渔洋对黄诗评价甚高，曾有诗赞："一代高名孰主宾，中天坡谷两嶙峋。瓣香只下涪翁拜，宗派江西第几人？"王渔洋推许黄氏，将其置于与东坡同等地位。诗中"涪翁"即黄庭坚，言其开创江西诗派之功。黄庭坚书法亦颇为人称许，其书纵横崎岖、奇宕飘逸，位列"宋四家"。

秦观作文章，为苏轼称道，赞之为"如美玉无瑕，又琢磨之功，殆未出其右者"。苏轼跟儿子苏过聊天时，对秦观溢美之词甚多，称其与张耒二人之才识学问，为当世第一。"少游下笔精悍，心所默识而口不能传者，能以笔传之"，他是在告诉儿子，秦、张二人堪为学习之榜样。

秦观的诗词擅长抒情婉约一路，不免时时有小情绪、小忧伤冒出来，苏轼说他"山抹微云秦学士"，《宋词三百首》则称其"委婉含蓄，清丽雅淡"，《四库全书总目》的评价甚高，谓之"词则情韵兼胜，在苏黄之上"。

张耒的诗以平淡、清新的风格见长，他更擅长辞赋，主张作文顺应天理之自然，直抒胸臆，因此其文章深得苏轼欣赏，赞其"汪洋冲澹，有一倡三叹之声"，又赞"气韵雄拔，疏通秀朗"。

晁补之以文自雄，早在少年时代便已得苏轼赞赏，其文风流畅俊迈，语言凝练简朴。

李廌和陈师道，前者作文豪迈刚健，颇得苏轼真传；后者作诗则是凭着刻苦积累而来，精彩之作不多，其散文则为清人纪昀所称许，"简严密栗，实不在李翱、孙樵下"。陈师道因与苏轼来往密切，也被后人列入"苏门六君子"之一，实际上，他自认师承曾巩，曾有诗"向来一瓣香，敬为曾南丰"，并没有真正入过苏门。

苏轼诸弟子各有风格、各有所长，苏轼从不要求弟子与其一致，亦从无规定他们应写什么、不写什么，反而鼓励他们发挥个人特色，自成一派。

正是东坡开阔的眼界和心胸，造就了这一时代文学的大境界，由

苏东坡传

此各派各家，百花齐放，五彩缤纷，令人眼花缭乱。

苏轼对弟子相当宽容，常抱以欣赏之眼光，但绝非只是一味褒奖，也会常常提出批评，指出问题所在，指导他们为人处世。

黄庭坚与苏轼仅有九岁之差，为苏门年纪最长者。他与苏轼的关系亦师亦友，两人对谈，常常轻松有趣。

苏轼评价黄诗："黄鲁直诗文，如蝤蛑、江瑶柱，格韵高绝，盘飧尽废；然不可多食，多食则发风动气。"从美食的角度评价诗文，切入巧妙，比喻生动，意思是说黄庭坚的诗文好是好，但就是不能读得太多，多则伤身。黄庭坚对苏轼也没客气，言苏"文章妙一世，而诗句不逮古人"，意思是你的文章写得是好，但诗作却无法超越古人。这里的古人，大概指的李白、杜甫，或者再加一个陶渊明。

师生间的此种笑谈不必太过当真，但从另外的角度看却也是一种启示——自己看自己，总有感情投射，难以做到客观，"不识庐山真面目，只缘身在此山中"，倘若借助他人之评价，不难发现自己的缺点。

苏轼最为得意的弟子则是秦观。对于秦氏，他期许最多，要求最高，甚至一度苛刻。他曾对于秦观词中呈现过多男女之情表示不满。二人初在京师见面时，苏轼即向秦观提出批评："不意别后却学柳七作词。"

风流倜傥、洒脱不羁的柳永在苏轼看来，不过是格调下流的词家，不值一提。

秦观受此评价，当然一肚子委屈，便跟苏轼说："我虽学无所成，但也不至于写出柳七那样的作品来。"

苏轼的凭据是："'销魂，当此际'不正是柳七的风格吗？"

弟子李廌初到京师时急功近利，频频向权贵们献诗投文，不想没换来成功，却惹来许多白眼。苏轼则劝导他："你天分甚高，定有出头之日，现在最要紧的是循序渐进，绝不可轻浮躁进，失掉做人的风格。"

苏轼不遗余力地发掘人才，推荐人才，一是受当年先辈欧阳修等人的影响；二是想为大宋的建设蓄积后备力量，为宋朝的文坛发掘一个宗主，使国家的文运得以延续。

除与苏门弟子的交往，苏轼与几个故友也多有往来。

王诜、米芾、李公麟等人便是苏家的常客，这几个人的共同特点是对书画有强烈的热爱。他们每每与苏轼见面，书画创作总是最重要的话题。

王诜是苏轼来往最密切的朋友之一，当年因乌台诗案受牵连而被放逐，幸亏驸马身份让他免于更重的惩罚。哲宗即位后，王诜被准许迁回京师。两位好友再次重逢，经历过这一场劫难，越发觉得友情可贵，感情更深一层。

王诜爱苏轼书画，早已成瘾，现在两人朝夕相处，索取起来自然方便。苏轼一向大方，喜欢成人之美，凡遇王诜请求字画，从不拒绝。王诜做事讲究技巧，每求书画，必先赠予苏轼上佳的笔墨纸砚。他知道，这位兄弟对于优质的书写工具有一种天然的爱好，得之便心情愉悦，立即磨墨铺纸，完成他的请求，好不爽快。王诜自己也是书画好手，有画作流传下来，故宫博物院藏有他的多幅书画。

米芾和李公麟二位更是以书画闻名于世的大家。

在黄州时便与苏轼有来往的忘年之交米芾，是苏轼在京师的重要朋友之一。米氏所书所画都透着杰出天才的禀赋，其书沉静飞扬，其画意趣天成。米氏向有傲骨，与苏轼交往却很融洽，想来或许是因为天才惺惺相惜吧。

另一位著名画家李公麟，则是苏轼交往已久的朋友。此公画人画物皆惟妙惟肖，其白描画为当世第一，常有令人惊叹的作品问世。李氏为苏轼所画之像流传至今。苏子之风姿神采跃然纸上，是后世人们想要领略苏轼风采的重要途径。苏轼评价他的画，"其神与万物交，其智与百工通"。

苏轼、苏辙、苏门弟子，以及这几位书画家朋友，凡有闲暇，必得相聚，或饮酒，或品茗，或燃香，或弹琴，即席赋诗作词，挥毫泼墨，文人的风流潇洒，在这一时期真可谓发挥到淋漓尽致了。

米芾曾为李公麟所绘《西园雅集图》写过一篇文章，为我们留下了苏轼及多位文人集会的精彩场景。这场集会发生于元祐二年（1087年）五月，并因李画米文成为中国文化史上的一次盛大事件。

参加集会的共十六人，分别是东坡、王诜、蔡天启、李端叔、苏辙、黄庭坚、李公麟、晁补之、张耒、郑靖老、秦观、米芾、王钦臣、圆通大师、道士陈碧虚、刘巨济，皆为当时名士。他们"以文章议论，博学辨识，英辞妙墨，好古多闻，雄豪绝俗之资，高僧羽流之杰，卓然高致，名动四夷"，真可谓谈笑有鸿儒，往来无白丁！

对于参加这次派对的众多人物，米芾在《西园雅集图记》中一一做了描述：

其乌帽黄道服捉笔而书者为东坡先生；

仙桃巾、紫裘而坐观者为王晋卿；

幅巾青衣、据方机而凝伫者为丹阳蔡天启；

捉椅而视者为李端叔；

……

坐于石磐旁，道帽紫衣，右手倚石，左手执卷而观书者为苏子由；

团巾茧衣，秉蕉箑而熟视者为黄鲁直；

幅巾野褐，据横卷画渊明《归去来》者为李伯时；

披巾青服，抚肩而立者为晁无咎；

跪而捉石观画者，为张文潜；

道巾素衣，按膝而俯视者为郑靖老；

……

幅巾青衣，袖手侧听者，为秦少游；

琴尾冠、紫道服，摘阮者为陈碧虚；

唐巾深衣，昂首而题石者，为米元章；

幅巾，袖手而仰观者为王仲至；

……

中有袈裟坐蒲团而说《无生论》者，为圆通大师；

旁有幅巾褐衣而谛听者，为刘巨济。

这十六人中，苏氏昆仲、"苏门四学士"、米芾七人为后人熟识，另九人有必要做个简单介绍。

王晋卿，即王诜，本次派对的召集人，驸马爷，神宗妹夫。

蔡天启，即蔡肇，画家，擅山水人物木石，能诗文，曾任吏部员外郎、中书舍人等职。

李端叔，即李之仪，词人，自号姑溪居士、姑溪老农，元祐末从苏轼于定州幕府，朝夕唱酬。元符中，御史石豫参劾他曾为苏轼幕僚，不可以任京官，被停职。

李伯时，即李公麟，宋代第一大画家，号龙眠居士，元符年间拜御史大夫。博学好古，尤善画山水、佛像、人物。晚年归佛，隐居龙眠山庄，是苏轼交好的朋友。

郑靖老，即郑嘉会，苏轼晚年在海南想读书而不得，郑氏慷慨，曾向其借书千余卷。

陈碧虚，道士。

王仲至，即王钦臣，藏书家。以父荫入官，文彦博荐试学士院，赐进士及第，元祐初为工部员外郎，曾奉使于高丽。

圆通和尚，日本京都人，俗名大江定基、三河圣，圆通系宋真宗敕赐。

苏东坡传

痛失爱妻后出家为僧。于长保五年（1003年）渡海来宋，参谒真宗，蒙赐紫衣，又至天台山参访礼拜。后欲归返日本，为宋朝僧界所挽留。仁宗景祐元年示寂于杭州。①

刘巨济，即刘泾，号前溪，熙宁六年（1073年）进士，米芾、苏轼的书画友。苏轼曾答刘泾诗云："细书千纸杂真行。"刘氏善作林石槎竹，笔墨狂逸，体制拔俗。

这份大名单还透露出另外一个事实：王诜虽是这场集会的发起人和主人，但实际上苏轼才是核心人物。彼时他早已是人人敬重的文坛盟主、大宋的文化代言人，他的参与是令西园雅集成为中国文化史上盛大事件的主因。

这十六人聚在一起做什么？写诗、作画、奏乐、读书、说经、饮茶。

扬之水先生说："两宋是培养'士'气的时代，前此形象与概念尚有些模糊的'文人''士大夫'，由此开始变得清晰起来。政治生活之外，属于士人的一个相对独立的生活空间也因此愈益变得丰富和具体。抚琴、调香、赏花、观画、弈棋、烹茶、听风、饮酒、观瀑、采菊、诗歌和绘画，携手传播着宋人躬身实践和付诸想象的种种生活情趣。"

西园雅集为后世文人雅士景仰，争相仿效，就在于这"宋人躬身实践和付诸想象的种种生活情趣"，营造出一种中国经典的文人生活方式。

西园雅集因而成为后世画家创作的母题之一，据不完全统计，后世知名画家创作的《西园雅集图》达一百多幅，可见其影响之深远。

---

① 圆通大师年代较早，不太可能参加这次聚会，这也是米芾此文被诟病为伪作的原因之一，亦可能李公麟画中和尚为另外的法师。

254

与理学大师的交恶

司马光和吕公著上台后，尽一切之力废除新政，恢复旧制。而恢复旧制的先手，自然是人事的安排，因此，在朝中重要人事的任命上，新旧两党争得不可开交。本就水火不容的双方，矛盾再次集中爆发。

其中，以司马光与章惇的冲突最为明显。

司马光为门下侍郎，章惇掌枢密院，门下省与枢密院共掌军政大权，二人常因争权而引发矛盾，归根结底，还是执政理念的差异所致。司马光是固执的倔老头，是九头牛也拉不回来的主儿；而章惇性格一向强硬，为人处世绝不示弱。所以，这两个人共事必是水火难容。司马光上台之后，彻底否定新法，废除"免役"恢复"差役"，章惇与之争辩，颇为激烈。

章惇口齿伶俐，咄咄逼人；司马光拙于言辞，不善争执。因此，每有口舌相争，身材瘦弱的司马光几乎沦为章惇绝佳口才的宣泄对象，常被弄得十分难堪，下不了台。苏轼作为章惇的多年老友，又系司马光倚重的中坚力量，于情于理都不能坐视不管，眼看这两人吵得面红耳赤，苏轼便主动担当起调停二人矛盾之责。

纵使新党仍然大权在握，但朝廷中显见的趋势是恢复旧制，不管蔡确、章惇等人如何努力和反对，终究抵挡不住高太后明确的决心。所以，高太后站在谁的一方，谁就有希望在斗争中获胜。志在恢复旧制的保守派势力一上台，便对朝中的新党人士展开了猛烈的攻击，而章惇则是此次被攻击的重点对象之一。

章惇与苏轼在陕西时认识，相处融洽，此后视对方为知己好友。苏轼被贬至黄州，与章惇通信频密，说的全是掏心窝子的知心话，可

苏东坡传

知两人关系匪浅。虽然他们的政治主张一直不同，但友谊却一直切实地存在。

但章惇对待司马光之态度令司马氏门人甚为不爽，担任谏官的王岩叟、刘挚、朱光庭遂利用职务便利，对章惇轮番弹劾，合力围攻。苏辙也趁热打铁，写了一状弹劾章惇，指责他在三省同议恢复差役法时不提供详细意见，却又在施行后议论其可行性，纯系居心不良，此举不但破坏司马光威信，更让朝廷没有面子，请求将其罢免。不久后，章氏即被外放汝州。

苏轼兄弟与章氏结怨，很可能始于此时。

司马光之固执倔强远远超出一般人，新法中所有条目均被他视为要消灭之对象。而苏轼兄弟有了主政地方的第一手经验后，对新法的认知亦由最初的一味反对到现在的部分接受，他们对新法的评价也越来越能够秉持客观和理性的态度。比如，苏氏兄弟认为，就免役法而言，确实比先前的差役法好，因此并无改回差役法的必要。

但司马光决定尽罢新法，免役法未能幸免，即使与他关系亲近的范纯仁相劝，也未得许可。这时，苏轼勇敢地站出来，向这位前辈进言。苏轼苦口婆心，以个人实际亲见，言差役法和免役法之利弊，亦未打动这位固执的前辈分毫。

此次谈话毫无结果，令苏轼忧心忡忡，当权者朝令夕改，遭殃的却是百姓。受责任感驱使，第二天，苏轼仍来找司马光，陈述他反对废除免役法的意见。听他解释时，司马光表现得极不耐烦，板起一张老脸，冷冷地看着苏轼，并没有想要听他继续讲下去的意思。

苏轼的倔脾气也上来了，于是质问司马光："你现在当了丞相，就不让别人说话了？"

司马光与苏轼兄弟已有二十年交情，对彼此为人相当熟悉。司马光看重这对兄弟横溢的才华，倚之为口舌；苏氏兄弟则对正直无私的

256

司马光十分尊敬。在他们看来，司马氏兢兢业业，一心为大宋天下，着实是不可多得的国家栋梁。即便如此，苏轼也并非事事顺从司马光，在真理面前亦不惜撕破脸皮。

在给朋友杨绘的信中，苏轼交代了自己不愿顺从司马光的理由："昔之君子，唯荆是师；今之君子，唯温是随。所随不同，其为随一也。老弟与温相知至深，始终无间，然多不随耳。"早前人们追随王安石，现在追随司马光，我与温公感情算是亲密，但不愿随他，不过是追随自己心中的真理罢了。

苏轼身在黄州之时，来去自由，无牵无挂，如今回归朝廷，自认当政者肩上负担着天下黎民百姓的幸福安康，倘若不全力争取，问心有愧。因此他与司马氏争论心内无惧，并不因对方是长辈是上司而做出任何原则性让步。

他表现出来的强硬特质，开罪了这位须发皆白的固执宰相。

据说，这次争论役法后，苏轼回到家里心情沮丧又很气愤，一面脱掉朝服，一面恨恨地连声高呼："司马牛！司马牛！"意指司马光的牛脾气。

元祐元年（1086 年）四月，王安石于金陵逝世，时年六十六岁；及至同年的九月初一，司马光死在任内，时年六十八岁。

王荆公与司马温公系同一时代的两个大儒，而且前后担任丞相，在同一年先后辞世，也实属巧合。他们皆为了大宋江山殚精竭虑、耗尽心力，就个性而言，二人身上都有不可避免的缺点，但公允地评价，他们都堪称国家的栋梁、时代的伟人。

两人因执政立场各异，彼此矛盾深厚，可谓水火不容。不过他们之间的论辩和争执只是就事论事，向来少有对彼此的人身攻击。

王安石离世的消息传到京师，朝廷追赠太傅，苏轼敕撰，对其人品、文章及学术造诣极力赞美：

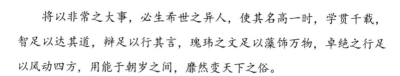

将以非常之大事，必生希世之异人，使其名高一时，学贯千载，智足以达其道，辩足以行其言，瑰玮之文足以藻饰万物，卓绝之行足以风动四方，用能于朝岁之间，靡然变天下之俗。

不过，我们仔细阅读东坡这篇敕文会发现，虽褒奖有加，却并无一字提及变法。王安石一生看重之事，不过变法，此文只字不提，暗含对变法的否定，这是完全的旧党立场。

而司马温公之死，则意外地让苏轼与程颐结下梁子。

程颐是道学家，与苏轼同年参加进士试，其人不苟言笑，拘泥古礼，僵硬顽固，是个道貌岸然的迂腐人物。程颐自少年时代便与哥哥程颢一起，拜在理学创始人周敦颐门下，是宋代理学的代表人物。程颐科举落第后，无意功名，在民间授徒讲学三十余年，弟子遍及朝野，在学术界拥有深远之影响。直到哲宗即位，才由司马光、吕公著举荐，担任崇政殿说书，成为小皇帝的老师。程颐为人古板，对小皇帝十分威严，动辄教训，这种做派即便另一位严肃刻板的老先生司马光都觉得过分。

苏轼为人则不拘小节，自由无碍，最讨厌矫揉造作。这两个人遇上，互相看对方不惯，产生矛盾也属必然。

司马温公去世的当日，哲宗皇帝正领着一班大臣在南郊举行明堂祀典，安放神宗的灵位入太庙。待九月六日典礼结束后，朝臣们急着赶往司马相府吊唁，结果被主持丧礼的程颐拦住，不让大伙入内，理由是："《论语》说：'子于是日哭，则不歌。'"程颐的意思是，你们这班人，刚刚参加吉礼，就不能再来吊唁了，吊唁是丧礼。庆吊同日，不合古礼。

旁边有人反驳："孔子只是说哭则不歌，但他老人家没说歌则不哭啊。"

苏轼本来就不喜欢这位不苟言笑的道学家，遇到个机会，忍不住嘲笑他一番："此乃麤糟陂里叔孙通所制礼也。"麤糟陂里是一处沼泽之地，脏乱至极。叔孙通则是秦汉时的儒生，刘邦称帝后，他为汉王朝制定了一套规章和礼仪。苏轼借此典故讽刺程颐，笑他死板，是个抠字眼的老学究。[①]

众官闻言，哄堂大笑。程颐受辱，心中自是百般恼火，特别是他的弟子们，因此而迁怒于苏轼。

之后所引发的洛蜀党争，就是在此时埋下祸患。

对于仕途的艰险，苏轼凭借自己的亲身经历早已有所感知，眼见现在升迁如此之迅速，他料想必然会引发官僚们的嫉妒和打击，心中常为此感到惴惴不安。只是他对付对手办法无多，大多只能自辩，或者听之任之。

刚就任翰林院学士不久，他便迎头赶上一场风波。

元祐元年（1086 年）十一月，苏轼作为翰林院学士，首次主持进士候选馆职的考试。

按宋制，进士候选馆职须由大臣保荐，之后参加考试，考试合格者才授以馆职，并有一定的试用期。考试时的试题由翰林院提供，然后经皇帝御笔钦点。本次"试馆职"的策题的第三题《策问·师仁祖之忠厚，法神考之励精》，即由苏轼所出。他哪里想到仅这一个题目，却又成了别人借题发挥的工具。

这次对苏轼下手的却是他曾经的朋友朱光庭，此人与苏轼同年，是程颐的得意弟子，现任左正言。这回苏轼遭遇的又是专跟他过不去的谏官。

---

① 关于此事记载，有多个版本，内容相差无几，细节略有出入。

朱光庭割裂苏轼文义，强行从中截取两段，断章取义地加以注解，运用其谏官身份对苏轼进行弹劾。朱氏认为，苏轼为臣不忠，讥议先朝，诽谤仁宗、神宗二帝，请求朝廷治苏轼之罪。

苏轼一向正直无私，只因政见不同与人争辩，从不曾陷害别人，今却遭不白之诬，心中直觉得憋屈，自然要上章自辩。

身为侍御史的吕陶乃苏轼的川籍同乡，站出来为苏轼打抱不平，他亦以言官身份上疏弹劾朱光庭，称朱氏公器私用，只为打击报复，之所以有如此情况，乃是因先前苏轼嘲讽他的老师程颐，令朱氏对苏轼心怀不满，才借机加以弹劾。

说起来只是一桩简单无比的案子，之所以掀起如此波澜，是因为苏轼树大招风，而对手又百般算计，抓住一切机会要为乃师出口恶气。

太后是明白人，对苏轼为人为文有一定认知，而且她绝不相信苏轼有讥议先朝之心，因此下诏："苏轼特放罪。""放罪"即为免罪。

高太后宽宏大量，本着不妨害团结之态度处理此事，既未追究朱氏过错，亦肯定了苏轼并无讥议朝政的事实。如此这般处置，算合情合理，这件事情就此结束。

但苏轼不承想，之后一连串的事件接踵而至，令他始料未及。

眼下京师有个谣言流布甚广，说朝廷因朱光庭论罪不当，将要罢免他的职务。这一谣言的效果十分了得，将苏轼那些原本沉默的对手通通给拉了出来，过去曾因政见不合与苏轼有过争论的官员此时纷纷站出来，合力围攻——"元祐党争"自此拉开凶险的序幕。

与苏轼政见不合的这班官员，怕他一旦得势，自己的下场将与朱光庭无异，因此先下手为强，欲将苏轼斩落马下，消除一个潜在的强大对手。

此前与苏轼争论免役法与差役法的司马光门下那班人马，也趁机对苏轼发力，御史台傅尧俞、王岩叟先后上奏，助朱光庭说话，再请治罪苏轼。这帮人不停地断章取义，罗织罪名，手段十分卑劣，恶毒程度甚至超越李定诸人。

事实上，傅、王二人均出自司马门下，与苏轼亦有私交，现在却转过头来反咬一口，令苏轼百思不得其解，只觉得政治复杂可怕，人性变幻无常。好在有太后撑腰，才使他得以保全自身，毫发无伤，傅、王二人则因惹怒太后，乌纱帽不保。

经此一番恶战，苏轼更为苦恼，反思之后，自认为不胜当官，更不能充当宰辅大任，众人所以围攻自己，不过是害怕自己挡住了他们升官的途径。倘若不做官，这些是非又从何而来？因此，最好的处理办法就是离开是非之地。

他决心请辞，连上四道奏章，专等朝廷批准。

最后的处理结果并没有让他满意，苏轼的请求未被允许，而傅、王、朱三人官复原职。宋代的政治传统对谏官特别宽容尊重，他们可以肆无忌惮地攻击别人，别人却难伤到他们一丝一毫。

苏轼历来在与御史台诸官的对抗中从没有占到过明显的上风。

因考试引发的这场风波令苏轼平添了许多苦恼。稍稍让他感觉安慰的是，在这次考试中，他的弟子黄庭坚、张耒、晁补之等人脱颖而出，皆得官职。

党争残酷

党争是宋代政治的重要特点之一。

此前，以王安石为代表的新党与以司马光为代表的旧党，耗费数年精力，争权夺势，劳民伤财，严重地损害了朝廷的活力。待司马光重新上台，尽罢新法，又将掌权的新党诸人尽数逐出朝廷，极尽布置先前被清理的旧党人士，再看满朝官员无非两种，或者出自司马氏门下，或者出自司马氏的晚辈。

先前他们同仇敌忾，获得元祐更化的胜利果实，现在裂痕出现了。

司马光死后，朝中官员迅速分化成三个派系，分别是洛党、蜀党和朔党。洛党以程颐为中心，朱光庭、贾易为羽翼；蜀党以苏轼为领袖，吕陶为羽翼；朔党的头领则是刘挚、梁焘、王岩叟、刘安世，羽翼尤众。

旧党内部分化，既有思想差异，又有地域差异；既有学术差异，又有对新法态度的差异。

但归根结底，是政见的差异。

元祐党争，并非突然产生的政治现象，早就有迹可循。一是传统使然，可以看作熙宁元丰时代党争的自然延续，再往上追溯，仁宗时代便已露出党争苗头——或者说，大宋本身的制度焦虑催生了党争，内忧外患之下，改革还是守成、主战还是主和是每个官员都应明确的立场；二是现实的政治斗争复杂残酷，抱团取暖方能存活，如需取得稳定的战果，须利用集体的力量使团队和个人利益最大化。

分化前，洛、蜀、朔三党人皆为反对变法人士，他们通力合作，将变法派赶出朝廷；如今，面对权力的重新分配，这些人因为新的利益而开始分化。

以苏轼的本意，定不愿被卷入党争旋涡，但事件的发展完全不以他的意志为转移，或者说你不参加斗争，别人就来斗你，在对手的尖刀面前，美德并非保护自己的利器。你唯一能做的，就是参与这斗争并获胜，除非你打算彻底从朝廷中隐退。

在这纷乱的党争中，斗争的焦点系于苏轼一身——身为翰林学士，被视为宰辅的后备人选，而且又深得太后眷顾，这是人人都看得见的事实。

此外，司马光业已去世，吕公著则因为老病频频求退，形势之微

苏东坡传

262

妙令朝中大臣无不神经紧张，虎视眈眈。

人们推断，如无意外，苏轼将是丞相的不二人选。他若上台，以其爱憎分明的个性，必将断了许多人的后路。

司马光门下那些人大多曾与苏轼为友，关系算是融洽。但此前因免役法与差役法之争，苏轼开罪司马光的同时，也与他们结下梁子。司马氏生前已有将苏轼逐出朝廷之意。而现在，司马氏已死，其门下诸人在政治上已无可庇荫之大树，但这些人的野心何其强烈，必须设法为自身寻找出路，在此情形之下，岂肯善罢甘休？

只是他们深知，仅凭势单力薄的个人力量与深受宠信的苏轼对抗，恐怕不是对手，只有结成党派，合力来讨伐苏轼，才有可能达到最终目的。

洛党的代表人物程颐是彻底的老顽固，个性偏执，坚持己见，他主张恢复古礼，倡导三代礼法，认为治理天下非井田制不可。而苏轼个性自由，是非观念强烈，眼里容不得沙子，遇到任何问题总要评论几句，不吐不快。

因此，这两人相遇才是真正的"两虎相争，必有一伤"。

对看不惯的人和事，苏轼常以嘲笑戏弄为乐，当然也会寻机会对程颐加以羞辱。

苏轼和程颐的另一分歧是对小皇帝的教育。二人皆为帝师，负有教导皇帝的责任。苏轼教育小皇帝的方式是选取历史故事，讲述兴衰成败，以此希冀皇帝吸取历史中的经验教训；程颐则永远板着一副人师的面孔，对小皇帝时时严加告诫，教导其古礼旧制，惹得小皇帝极不耐烦。

因此，苏轼与程颐的矛盾表面看来是个性差异所致，实则是政治理念和学术观念相左的结果。

除了洛、朔两党，视苏轼为眼中钉、肉中刺的，尚有吕惠卿遍布于朝廷内外的党羽，以及富有政治实力的韩家——先前苏辙以谏官身份拔掉了韩缜，这段恩怨自然而然地也波及苏轼的身上。

明面的祸患以及隐藏的祸患接连在一起发生的时候，大难必将降临到苏氏兄弟头上。

元祐朝的朋党之争，以洛党诸人对苏轼的攻击，开始火力十分猛烈，但效果并不明显。于苏轼而言，只要有太后庇护，便可保得安全之身。

洛、蜀双方争斗之初，朔党坐山观虎斗，待事情发展出一个显见的趋势后，这班政治经验丰富的老官僚便依着太后的脸色行事——洛党即将输掉这场争斗，他们趁机跳出来，将其打倒，顺便再踏上一只脚。朔党看洛党无法撼动苏轼地位，遂见风使舵，选择站在苏轼一边，对程颐大打出手，终于使他老人家狼狈去职。

去除一个对手之后，他们掉转马头，决定要好好收拾苏轼了。

在政治上，苏轼过于天真，是个彻头彻尾的理想主义者，完全凭着心中的一腔正义和热血，批评时事和人物。对于深恶痛绝的对象，他多不留余地，必予以淋漓尽致的打击和呵斥。

痛快是痛快了，但祸根也种下了。

打倒了程颐，渔翁得利的朔党开始利用一切机会置苏轼于死地。

好在苏轼做事凭了一颗忠心，努力付出，借此报答朝廷的知遇之恩，并没有多少污点可供抓取，也没有多少把柄可供拿捏，因此诬告苏轼的奏状大都被太后压下。这种奏状多了，太后看得不耐烦，心中甚为讨厌这班人对于苏轼的诬蔑。高太后心明眼亮，正是由于她的保护，苏轼才可以在如此纷乱的党争中屹立未倒。

元祐时代的党争与熙元时代的党争相比，在性质上已有不同。熙元党争可视为政见不同者各为自己的理想而战，无论哪方皆出于忧虑国家的未来和命运；而元祐党争实为现实的政治利益而争，是小集团之间的夺权运动，所争诸事皆非大事，核心就是争权夺利。

动辄施以人身攻击，将对方拉下马来才算了事。

官场是非

如果说苏轼在京师的生活尚算惬意，政治上所受的攻击则让他陷入无限苦恼当中。当更为频繁绵密的弹劾指向他时，他自度不堪忍受此等精神折磨，便下定决心，立即请求外放。

他连连上疏，以示自己去意已定。

太皇太后很重视这事儿，特意召苏轼进宫，当面问他："是什么原因让你产生离开的念头的？"

苏轼称生病导致精力难支，无法胜任。

太皇太后已看出其中端倪，便问："莫非是因为台谏对你的攻击？若是如此，但请放心。不必管别人说三道四，也不要再上疏求去了。"太后给予苏轼充分的信任和保证，已经把话说到这个份儿上，对于外放一事，他也不好再提。

苏轼深知自己之所以成为众人攻击的目标，是身处高位所致，倘若他能全身而退，就不会再招致别人嫉妒了。有鉴于此，他改乞朝廷罢免翰林学士，或在京师里给他选派一个闲差。

太皇太后自有主见，重用苏轼的决心一如既往，并没有想要做出任何改变的打算。太后的信任深切若此，苏轼大为感激，反思之下认为终究还是自己行事不勇猛，只因政敌的些许打击便缩手缩脚，身为人臣着实不该。这样一想，他反而生出更多以身许国的勇气，不免暗下决心，为了大宋的未来，要毫无保留地奉献余生。

之后不久，太后又召见苏轼，二人有一番秘密的谈话。

太后问苏轼："前年时候，你居何职？"

苏东坡传

苏轼老实回答："汝州团练副使。"

"今为何官？"太后再问。

"翰林院学士。"苏轼觉得太后问得蹊跷。

太后又问："那你可知为何升得这样快？"

苏轼回答："因为太后提拔。"

太后摇头："和老身无关。"

苏轼猜测："那一定是皇帝的赏识。"

太后又摇头："和皇帝也无关。"

苏轼再猜："难道是大臣的推荐？"

太后还是摇头："跟大臣也没有关系。"

苏轼甚为吃惊，认真地对太后说："臣虽不肖，但不至于通过其他方式求取仕进。"

太后卖了一个关子，直到此时才解开谜团，语气柔缓地说："这是神宗皇帝的遗意。他喜欢用膳时读文章，一旦看得停箸不进时，内监们都知道，那一定是在读你苏轼的文章，神宗常常夸你'奇才！奇才'，只是未等起用你，神宗已经过世……"

太皇太后说这番话时忆及神宗，情绪不免激动，忍不住哽咽起来，一旁的哲宗也跟着流下眼泪。苏轼第一次听到自己被如此迅速提拔的缘由，不由得感念先帝的恩德，悲从中来，痛哭失声。

殿内在场诸人为此情景所动，皆泣不成声，哭成一片。

随后，太后命赐座，吃茶，场面温馨感人。

太后语重心长地嘱托苏轼："内翰，内翰，直须尽心奉事官家（指哲宗），即报答先帝的知遇。"

苏轼告辞时，太后命侍从撤掉御前金莲烛，送学士回家。金莲烛是金饰莲花形灯烛，代表特别的礼遇和恩宠，有暗示想要提拔之意。

经如此一番谈话，苏轼终于放下思想上的负担，不再为敌手的攻击而苦恼、退却，更加努力工作，以期报效朝廷和先帝的知遇之恩。一方面，他尽力教育小皇帝，期待他成长为大有作为的一代帝王；另一方面，他比以前更为大胆言事，不再顾及个人祸福。

苏轼上疏言事，疾恶如仇，对于蒙蔽朝廷造成过错的大臣毫不隐瞒，直接予以揭穿，即使与自己相熟的丞相吕公著等人，亦是不留情面，因此开罪更多人。

此前一众朝臣对苏轼的攻击并未取得效果；相反，多数人搬石头砸了自己的脚。

苏轼的政敌们虽心有不甘，但并没有扳倒他的能力，于是迅速改变战术——不再以苏轼为攻击重点，而将火力转向苏轼的门人、弟子、朋友，扳倒苏轼难度较大，就另寻打开缺口的途径。只是可怜了苏轼身边这帮故旧门生，他们多数只是单纯的儒生、卑微的官员，却以这样的方式被牵扯进复杂的政治斗争，成为权力较量的牺牲品。

黄庭坚、欧阳棐、秦观、王巩等人只因与苏轼往还要好，个个被台谏官弹劾，他们的命运从此江河直下，失意和打击常相伴随。

朝廷广开言路，苏轼自觉有进言奉事之责，又有太皇太后信任，他便将个人荣辱置之度外，积极地参与政治事务。但让他始料未及的是，对手们竟将他的亲戚朋友当作打击的对象。

因自己让别人陷入不堪，这才真正令他惴惴不安。

就像一只脚踏进污泥的旅人，苏轼陷入无法脱身之窘境，苦苦挣扎而不得。倘使自己受难，倒也没有关系，但要亲朋落难，心中的痛真是无法排解！

于此万般无奈的情势之下，他又生出求放的决心，于是上疏朝廷，以健康为由，乞求一郡，然后告了病假，专等朝廷消息。

太后仍无外放苏轼的想法，只是不停地派人来探问病情，赐药赐膳。

苏轼虽然告病，谏官们却不敢有任何放松，反而加快活动的步伐。

他们企图一鼓作气，将苏轼拉于马下，而现在正是推倒这位心腹大患的机会。

见苏轼再三上奏，太皇太后也明白其苦衷，她老人家除了压下弹劾之外，对这些强悍的谏官也没有什么好办法。

左右为难之下，朝廷只得准了苏轼的请求，命他以龙图阁学士身份担任两浙西路兵马钤辖并知杭州军州事。

苏轼离京师上任前，朝廷给以极高的礼遇：赐衣一对，金腰带一条，金镀银鞍辔一副，马一匹；而后又赐龙茶、银盒。

至此，苏轼在京师度过了三年多的时间。

这一次，他要去熟悉的杭州了。

第八章
四度知州

杭城未了缘

在京师的三年多，从身份上而言，苏轼是三品官员，算得上位高权重，并为太后倚重，是朝廷的股肱之臣。虽然数度被政敌攻击和排挤，但他始终屹立未倒，皆因有太皇太后这个后台，倘若不是她老人家力保，他可能早已被驱逐在外了。

与前次受罚外放杭州出任通判的情况不同，此次外放却是苏轼主动请求而得。听闻外放获准的消息，他竟生出几分欣喜：终于可以离开是非之地，到美丽的江南过快乐的生活，而不致迷失在令人生畏的政治争斗当中。

与他此前的上任相似，一路之上总要拜访师友，聊天叙旧。他先去南都谒见前辈张方平，在张家一住月余。除陪张方平聊天外，还在张家为已经离世的范镇撰写墓志铭。范氏为苏轼前辈，早年之时对苏轼多有赏识举荐，及至后来乌台诗案，他也曾多方奔走营救；当谣传苏轼于黄州病逝时，范氏得到消息忍不住痛哭失声。苏轼对这位前辈一直礼敬有加。为范氏作墓志铭，苏轼视为分内之事，理所应当。

到杭州之后，苏轼迫不及待地去拜访好友佛印。

民间流传的众多与苏轼相关的故事中，总将佛印和苏轼塑造为一对活宝，只要两人聚在一起，笑声从不间断，并常伴有智慧的角力。民间传说中，二人幽默诙谐且喜欢把对方当作调侃对象，而苏轼这位人世间少有的天才人物，却总在与佛印的智力对峙中略逊一筹。除了佛印，好事的后人还常把琴操姑娘也编排进苏轼的故事中来，一僧一妓一才子，怎不令人心生无限联想？

听闻苏轼来杭，当地百姓夹道相迎，场面隆重热烈令他倍觉温暖。

仔细算算，距前次上任杭州已有十五年之久。苏轼不由得感怀其多，给皇帝的谢表中，这种情绪表露得一览无余：江山故国，所至如归，父老遗民，与臣相问。

十五年前，望湖楼上，饮酒大醉，诗兴横飞，他写下"黑云翻墨未遮山，白雨跳珠乱入船"的诗句。重游西湖，十五年前的种种浮上心头，时光飞逝，如白驹过隙——"还来一醉西湖雨，不见跳珠十五年"。

苏轼对杭州自有深情在焉，杭州不只山美水美，更有杭州人民的深情厚谊。

当年乌台诗案的无妄之灾降临之时，杭州人民感念苏轼的功德，为他设置解厄道场；当他被贬流放至黄州，又是杭州的朋友们集资，派人专程到黄州看他。

苏轼之于杭州，杭州之于苏轼，已经成为对方精神世界里不可分割的部分。没有杭州，苏轼身上浪漫轻松的一面就无法完全释放；没有苏轼，杭州的山水里面就会少几分神韵风情。

如无再与杭州相逢的机会，必定是遗憾。

十五年之后，苏轼回来了。再次踏上这片土地，既可以为当地百姓做事，又可以与当初的老友重逢，怎能不让他幸福满怀？

但幸福还未来得及细细体味，旱灾已经逼近。苏轼为官地方常遇天灾，这似乎是个宿命的魔咒，紧紧跟随他左右，仿佛要考验他做地方官的诚意。此前为官各地，历经多次天灾，对于杭州此次的旱灾，苏轼已经可以泰然应对。

苏轼在朝中与政敌争斗，常常苦恼不已，不堪其扰，但作为地方官，他总能救民于水火，政绩斐然。

旱灾会直接造成两个严重的后果：一是米价迅速攀升；二是饮用水水源不足。

苏轼果断迅速地领导军民投入抗旱工作当中，做好了两手准备：一方面，上疏朝廷争取政策倾斜，争取来自中央的救济；另一方面，他发动广大人民群众的力量，整治河道，开拓水源。

通过实地考察，苏轼根据当地的实际旱情算出粮食缺口，请求朝廷予以救济；为防救济无法实现，他又分别给文彦博、吕大防等一干朝中大员写信，争取他们的支持。

经过苏轼的多方奔走呼吁，朝廷最终同意了苏轼的建议，粮食救济得以实现。因此，当第二年粮食供应出现短缺之时，苏轼果断放粮，将不断上涨的米价给压了回去，避免了市场的不稳定和人心浮动。

开拓水源的工作，则是治理干旱之本。苏轼先是调集军士千余人，治理杭州的两条运河，不到半年工夫，河道得以疏通，货运得以实现，对于平抑物价和来往交通都起到重要作用。

之后，苏轼又投入治井的工作中，彻底地解决了水井的淤塞问题，使得杭州人民皆有清净水源可饮。他还于城外北郊新挖两口大井，为饮水更为困难的人们提供方便。

灾荒之后，常伴有瘟疫。

这次也不例外，元祐五年（1090 年）三月间，天气转暖，疫病开始流行，杭州是水陆交通要道，人员流通密集，传播疫病的速度甚快，因疫病而死的人自然比其他地方更多。

事不宜迟，苏轼迅速应对，采取相关措施：一是设置病坊（医院）；二是施药。

他拨出官钱两千贯，自捐黄金五十两，在城中设置一病坊，取名"安乐坊"，选派僧人主持施医的工作。他还将病坊制度化，每年给出一定额度的经费，使之成为常设机构，以期发挥更大的作用。

安乐坊亦成为有历史记载以来的官办医院之始。

苏轼在黄州时，曾从避难于其家的同乡友人巢谷那儿得到一秘方。

他便拿了这秘方，与安乐坊的医僧们通力合作，制出药剂"圣散子"。用这剂药来对付疫病，果然有神奇疗效。

病症危急者连续服用"圣散子"数剂，立即汗出气通；而无病者于天明时用大釜煎煮，服下一大盏，就有预防疫病的功效。有病医病，无病防病，可谓起到了预防与治疗相结合的效果。即使是平时疾病，饮用此药，也能促进饮食，百病不生。

此药实在灵验，且成本极低，价钱极贱，救治无数性命。

苏轼以雷厉风行的行事风格，果断抗旱、赈灾、疏河、治井、治病救人，成绩可谓卓著。杭州百姓目睹这一切，打心底里更加热爱和信赖他。

这亲身参与的种种亦让苏轼感慨：与其混迹于朝廷与人争斗，不如为百姓们做些实事，只有如此，他的内心才足够充实和宽慰。

西湖的再造与审美

治井取得不菲成绩，从根本上解决了杭州人民的饮水问题。

但另一问题又不请自来：西湖的水源呈现不足迹象，或将引发不良后果，一是杭州六井未来的地下水源可能枯竭；二是赖以西湖之水浇灌的千顷良田，也可能面临无水可用的尴尬。

入宋以来，西湖被钦定为皇家放生之地，向来少有疏通，因此湖面上水草丛生，枝叶蔓延，日积月累，竟生长出一块块的葑田。葑田占据了湖面，导致湖水被堵。人们眼睁睁看着西湖的湖面越来越小，水源也越来越少。

最先发现这一问题的是杭州的一百一十五名农民。他们联名向知州大人请愿，乞求官府动用力量，开浚西湖，以保证杭州人的饮水之源：

"西湖之利，上自运河，下及民田，亿万生聚饮食所资，非止为游观之美。而近年以来，埋塞几半，水面日减，葑荟日滋，更二十年无西湖矣。"若不及时开浚疏通，不只西湖美景不复存在，杭州人民也要无水可饮。

对此请求，苏轼当然慷慨应允，毫不犹豫。急百姓所急，为百姓谋福，一向是他为官的原则。更何况对他而言，西湖之于杭州如耳目之于常人，是必不可缺的组成部分。如若没了西湖，杭州便失了神韵。

苏轼与各方协商沟通，争取最大范围之同意。他特别强调治理西湖是利国利民的大好事，各方须齐心协力，合作互助，克服一切困难，务使西湖重新恢复先前的活力。

他先向朝廷上《乞开杭州西湖状》，以期得到经费上的支持。朝廷同意拨款，再加上地方财政先前的节余，终于凑足修治西湖的经费，这实是治理西湖的先决条件。

治理西湖不只是体力活，更是技术活。作为地方长官，苏轼深谙充分调动各方面的资源的重要性，只有如此，才能达到最佳治理之效果。

他广泛动员手下属员与相关单位，全力投入这项工作中：需要人手时，他向驻杭的军队长官寻求帮助；需要技术支持时，他向深谙水道工程的专家请教；需要地方官协作时，他会果断地下达指示。

在治理西湖的过程中，苏轼更是身先士卒，奋战于第一线。与在徐州对付水灾时一样，他在西湖边建了临时办公室，每隔一天便去湖面察看工程进度。他因治湖事务繁忙，吃饭也常不回家，在工地上与工人同食，填饱肚子继续干活。

几乎每天都会遇到新问题。

他满腹的人生智慧、丰富的治理经验，则有助于化解这些问题。比如，从西湖清理出来的大量的葑草和淤泥无处安放，若就地堆在湖边，实在有碍观瞻，对美景亦是破坏；倘若运出城外，则又要耗费人力、物力。苦思冥想之下，他终有一个万全之策——归结为一句话，便是"取之于湖，用之于湖"。

原来这西湖上先前只是东西方向有堤，南北往来却极不方便，苏轼的计划是再筑一条贯通南北的大堤，而筑堤使用的材料正是这些葑草和淤泥。如此一来，不但解决了安置这些废物的难题，更实现了废物的有效利用，可谓一举两得。

军民差役在苏轼带领下，经过半年持之以恒的努力，把西湖翻了一个底朝天，成效卓著。治理后的西湖面貌焕然一新：疯长的水草、腐臭的淤泥悉被清除；湖水焕发出清澈容颜；自南而北，一条全长八百八十丈、宽五丈的南北长堤屹立于湖面之上，为优美的西湖平添了一道人造的风景。

长堤修成，苏轼又命人在两岸遍植杨柳、芙蓉，利用盘根错节的植物之根来巩固堤岸。在长堤之上建九个凉亭，供游人休息玩乐之用。此堤初无名字，苏轼后任将其命名为"苏公堤"。直至今天，"苏堤春晓"仍是西湖著名的景致之一。

游人倘徉于苏堤之上，享受苏轼的馈赠，有谁不感念这位当年的太守？正是在他的主持下，西湖才重新变得明媚柔情。明人有诗曰："坡翁遗惠今犹在，薄暮归来醉欲迷。"

为断绝西湖重新堵塞的可能，苏轼接受钱塘县尉许敦仁建议，将岸边易生长葑草的湖面，划分成块，租予农家种植菱角之用。因为农家种菱前，须清除水草才可下种。每年做一次清除，可保证水面不会再长出葑草来。这个主意极妙，官府不但减少了清除葑草的支出，还可以收取租金，获取利益。

为防止农户种菱越界，影响西湖景观，官府还特别设定界限，建小石塔做标记，种菱不许侵入界外的湖面；不久之后，又建成三座石塔。这三座石塔便是形成于日后的著名景点"三潭印月"，而今存的三座石塔则为明朝重建。

开浚西湖取得了巨大成功。集中清理湖中的葑草和淤泥，不仅使得西湖的景色更加怡人，也让杭州人民之饮水和灌溉有了彻底的保障。

苏轼被巨大的成就感包围，心中无比欣慰，快乐溢满心头，正所谓"卷却西湖千顷葑，笑看鱼尾更莘莘"。

断案

抗旱或者治湖是非常时期的非常情况。苏轼大多时候的公务，依然是诸如断案一类琐碎繁杂的日常性事务。

苏轼断案有着鲜明的个人特色，在弘扬国法的同时还体现出浓厚的人情味儿。怀揣慈悲之心，处理各种诉讼，一如当初他对儿子的期盼，"以此书狱常思生"。

他深知，黎民百姓一旦卷入诉讼，无论胜诉或败诉，命运都可能将面临转折。一件案子处理不好，影响的有可能是涉案者未来的人生。所以，在以法律为准绳的前提下，站在当事人的立场去思考事情，才有可能处理得足够妥帖。

有一个处理债务纠纷的实例，颇能说明他断案的风格。

某人欠钱不还，被债主告到官府，苏轼传被告问案。被告具实以奏："并非不想还钱，实是家贫所致。父亲刚死，而今年雨水又多，天气凉爽，我家制作的扇子卖不出去，全都积在家里。"

这本是一个简单的案子。杀人偿命，欠债还钱，天经地义，按常理来看，苏轼立刻便可以判决，但他并没有这样做。他明白，简单判罚于他的工作倒是省时省力，若是出于同情之心，免了被告欠款，原告的利益又无法得到保障。

他灵机一动，生出个万全之策，他要亲自帮助被告完成还款。这确实算是司法史上的另类。

苏轼让被告取了上好的二十把扇子，又令手下取过文房四宝，只见他信笔挥洒，在扇面上又写又画，不消半个时辰，二十把经他题画的扇子已交到被告手里。

苏轼说："拿去，赶快变钱还债。"

抱着扇子的被告甚为感动，朝苏轼深鞠一躬，拜谢而出。此人刚出公廨，便被听闻消息的好事者堵住，众人争相购买经苏大人题画过的扇子，不大会儿工夫一售而空。

据说，有后赶来未买得上扇子的，恨不得打自己耳光。

还有一个案子，则可以透见他对读书人的关爱。

某天，负责税务的官吏押来一人，说此人偷税漏税，不但偷漏，而且冒名——冒的正是苏轼本人的名声。官吏搜查时发现，此人随身携带的包裹上，赫然写着"杭州知府苏某封至京师苏侍郎宅"，这苏侍郎便是指曾任门下侍郎的苏辙，其时，此人尚且不知苏辙任门下侍郎后三天，已经改任翰林学士兼吏部尚书。

也就是说，此人冒苏轼送弟弟礼物之名，以躲避沿路抽税。

苏轼详加审问后得知实情，此人名叫吴味道，年近六旬，是南剑州的乡贡举人，要进京参加来年举行的进士考试，只是家中贫寒，要凑足盘费，须由乡人资助。有好心人给他出主意，让他购买二百匹建阳纱，到京后再变卖出售，以支撑到来年考试。

如果沿路交征，估计带到京师时，手中的建阳纱剩下不到一半了，他无奈之下才出此下策。

苏轼非但不予怪罪，还特别将其包裹重新封过，亲笔写上"京师竹竿巷苏学士收"，交给吴味道，并跟他开玩笑："前辈，这回绝无人查你逃税了。只是来年考中，你要回来向我道谢。"

吴味道十分欣喜，只因遇到苏轼，不但未获罪责，盘资问题也得到完美解决。第二年，吴味道果然高中，他特意来杭州到苏轼府上道谢。

出身平民的苏轼，生性刚直不阿，是非善恶分明。遇到有违国家法度的官吏和地方豪绅，他眼里也容不得沙子，必以猛力整治。

杭州地方上有兄弟俩，分别叫颜章和颜益，挑拨民众闹事，向官府施压，以迫使官府接受他们缴纳的劣质丝绢。苏轼果断处理，即刻下令将颜氏兄弟抓捕。

苏轼乘势追击，将颜氏兄弟背景查了个底朝天，发现颜家本非寻常之辈，实为地方一霸，罪案累累，其故意煽动民众，挑头闹事，目的便是增强其威望，更加横行乡里。颜氏兄弟之父亲名颜巽，本是地方土豪，多次犯事皆顺利逃脱，神通可谓广大。父子联手在地方上为非作歹，以致胁迫乡民，听从其号令，与官府对抗。

即便如此，若按大宋律法，并没有重判他们的可能，只可以稍加惩戒。但苏轼以为，如此之恶霸，着实猖獗，若不严惩，必造成更恶劣之后果。因此，他便将颜氏兄弟"法外刺配"，做出这个没有法律依据的判决需要相当大的勇气，也给政敌留下了攻击他的口实。

他自知是在无法可依的情形之下做出判决，于是上疏朝廷，请求对自己进行惩罚。

御史台谏官如获至宝，自然不会轻易放过，特别是贾易，更是连上数章，不遗余力地攻击苏轼之作为。

最后的处理是朝廷免了苏轼法外施判的罪责，但也将颜氏兄弟给释放了。

苏轼虽是遗憾也没有办法，只得接受这处理结果。

政治旋涡

苏轼在杭州的工作尽管偶有挫折，但大都进行得顺利，之所以如此，除了其亲力亲为，也与同僚的良好配合密不可分。此次杭州任内，苏轼与先后三任通判亲密合作，十分愉快，算是官场上的幸事。

工作之外，苏轼在杭州的交往应酬仍然频繁。

他喜欢热闹，不可一日无友，不可一日无酒，因此，公事之余，常去看望一些老朋友，也认识了一批新朋友。在新老朋友之间，推杯换盏，作诗唱和，自由无碍。唯一引起他伤感的，是先前交往的那班朋友而今大多已不在世。现在围在他身边的，更多是些年轻后辈。

苏轼谐趣幽默，风度翩翩，才情汹涌，在一众朋友当中总是目光的焦点所系、话题的中心人物。人们喜欢听他高谈阔论，喜欢听他吟诵自己的诗作。杭州城内的文人几乎人人可以背诵这位文坛领袖的作品，并深深陶醉于其意境不能自拔。

苏轼依然对寺院情有独钟，常独自一人往杭州周边的寺庙里去，与方外高人饮茶论禅。和尚们都知道东坡好茶，总会拿出上等的好茶与这位平易近人的太守品尝。

比之在京师的钩心斗角，唾沫四溅，杭州的生活虽说不上十全十美，但足以令他心满意足。只是即使苏轼想在杭州继续轻松愉悦、心生幸福地生活下去，也身不由己。因为任期一满，他立马要被朝廷召回京师了。

论起苏轼还朝的深远背景，有两个主要原因。其一，仍是太后的眷顾，她一直深信不疑，苏氏兄弟于大宋而言是必不可缺的天赐之才，若不加以重用，实属可惜。其二，也少不了朝中某些大臣的进言，这些大臣认为在现在的政治形势之下，绝不能缺少苏轼这样一位敢言敢争的率直人物，他的真话可以消除某些错误的决策，使大宋在健康的轨道上顺利行进。

太后之所以看重苏氏兄弟，是因为她清楚地理解当下的朝局：党争之祸很容易让朝廷的活力丧失殆尽，如果重用苏氏兄弟，则可以避免这种危险，从而维持着各党派之间力量的平衡。

元祐六年（1091 年）二月二十八日，朝廷诏下，苏轼以翰林学士身份还朝。

这并非他向往的选择，只是人在江湖，身不由己。他早已厌恶乌七八糟的争斗，对回京一点都不热心。另外，弟弟苏辙现在已身居尚书右丞的高位，倘若回京之后，兄弟俩同朝为官，必然会更加激发一众政敌的斗志，要和兄弟俩决战到底。

他的设想几近完美：弟弟子由稳重深沉，留在京师担当大任，为朝廷尽心尽力；哥哥不堪争斗，则在地方干点实事，早些退休，安度晚年，尽享天伦。对苏家兄弟而言，这大约是最好的结果，也符合他们各自的个性。苏轼想，待将来弟弟退休，可以搬来和自己同住，以践当年"风雨对床"的约定。

所以，接到诏书后，苏轼并没有立即启程，而是先奏请辞去翰林学士，希望能够继续获得外放的机会。但朝廷召回的主意已定，任苏轼百般请求，也根本不起任何作用。

即将离开杭州，苏轼依依不舍。他便在这剩余无多的时光里，一遍又一遍欣赏杭州的风景，访问杭州的友人，这儿走走，那儿逛逛，杭州的一草一木、一人一事仿佛都与他有着特别的关联。经此一任，苏轼与这个城市的情感联系更加密切。

启程的日子终于还是到来了。

依苏轼的筹划，还是希望留在地方而非回返京师。他做了最后的努力，继续上疏请辞。

　　胳膊终究拧不过大腿，苏轼最后不得不回返京师，选择了独自一人踏上北去之路，留家人在杭州。他内心仍保留着一丝微弱的希望，但愿北去的途中可以得到朝廷批准，再次将他外放。

　　苏轼自认并不是可以承担荣华富贵的人物，他对高官厚禄也没有太多向往，故这一路之上行动迟缓，走走停停，实则是希望事情会有一丝转机。他虽尽了最大努力，却并未换来想要的结果，数次奏请仍未获准。

　　大概因为太后也自有她的一番难处，于她而言，苏轼是非来不可。

　　当今的朝局平衡已被打破，呈现出一边倒的趋势：朔党头子刘挚经过数年经营，现在大权独揽，手下党羽甚众，先前落败的洛党分子急于寻找新主子，也一并拜于他的门下。而憨厚老实的吕大防权力旁落，完全成了被摆布的木偶。刘挚的门下诸生占据了朝内多数要职，其气焰越来越嚣张。

　　太后如此迅速地提拔苏轼，也有用他协助吕大防，实现平衡朝局的目的。

　　因此，苏轼越是想要外放，则越是无法达到其目的。太后同样需要他这样一个忠实可信、敢于直言的大臣，加入她的计划当中。

　　苏轼仍不死心，至少在内心还为自己保留了最后一丝希望。这次进京，未带家眷前来即一个明证。到京之后，为了避嫌，也为了保持外官身份，他甚至没有住进弟弟家里，而是住到了兴国寺——他当年为参加制科考试而苦读的寺庙。

　　事实上，不管外放地方还是身在朝廷，苏轼都是政客们攻击的目标。一则他声名日隆，朝野属望，这最易使人妒忌；二则太后眷顾，经常给予关怀，他即使不在朝中，仍然是政客们的假想敌，他们知道太后早晚会把苏轼召还。

所以，这一次苏轼刚刚回到京师，对手的火力便骤然升级，直接要给他一个下马威。

他刚到宫门报到，老对手贾易便立即被提拔为侍御史，政敌们的用心昭然若揭。贾易是苏轼的死对头，因苏轼侮辱程颐而结下梁子。苏轼见对手已经布局，将自己视为目标，亦不能不顾不问，索性予以揭穿，正面阴谋，立即上札子禀明与贾易的恩怨始终；且据此强调，自己留京实在不利于朝局团结，更易滋生纠纷，还不如赐自己一郡，即所谓"朝廷以安静为福，人臣以和睦为忠"，自己外放有利大局。

太后坚定无比，任用苏轼的信念不容更改，包括苏轼本人也动摇她不得。

贾易等一众人等，利用御史台谏官的特权对苏轼挥动砍刀，无所不用其极，先称苏轼所奏浙西新近发生的水灾不实，后又企图再造一件新诗案，指苏轼诗含悖逆之意。除这两项主要罪行外，指出近年来苏轼各方面的工作差错若干项，肆意对其进行诬蔑，大泼脏水；歪典事实还嫌不够，又对苏轼人品大加鞭挞。

其用语之恶毒、用心之险恶，可谓登峰造极。

苏轼、苏辙兄弟四面楚歌，情势越发危急。当然，他们也不会坐以待毙，而是利用一切机会辨明事实，陈述前因后果。

这一番较量的后果是各打五十大板，谁也未讨得便宜，未分胜负。

苏轼外放颍州，贾易外放庐州，后改宣州。

显而易见，这又是朝廷在朝局势力相衡下的和稀泥。

苏轼希望中的外放却在这次较量中实现。

此时距离他还朝的时间，尚不足三个月。

到颍州去，到扬州去

元祐六年（1091 年）八月，苏轼到达颍州。

颍州虽无杭州那般繁华，却是适合修身养性的清静之地。与杭州一样，此地也有一个西湖，湖水清澈见底，水面辽阔，湖边林木茂盛，是玩乐宴饮的佳处。

他喜欢呼朋唤友，在湖边痛饮美酒欣赏美景。人生若想不寂寞，应常有朋友伴在身边。

身在颍州，他倒不寂寞，身边仍环绕着一群朋友，包括欧阳修的两个儿子、通判赵令畤，以及"苏门六君子"之一的陈师道等人。

前辈欧阳修曾知颍州，老人家喜欢此地风土，于颍州任上退休后，遂安家于此。欧阳夫人已于前年过世，一家人在此守制。欧阳修的儿子们与苏轼多有来往，感情深厚。当年赴任徐州时，路过京师的苏轼为二儿子苏迨向欧阳家提亲，遂与欧阳棐结成亲家，自此亲上加亲，与欧阳家族的感情更近一层。

赵令畤则是杭州旧识，本系宗室之后，现在的身份是签书通判，乃苏轼的亲密下属。

"苏门六君子"之一的陈师道，早于苏轼来到颍州。先前他因苏轼推荐，以布衣身份出任徐州教授，后任太常博士，亦因与苏轼关系亲近，被御史们收拾，降为颍州教授。结果二人却因此在颍州重逢，可以常伴左右，也算是因祸得福。

身边几多旧友，免去了精神生活的乏味之苦。

颍州并无太多公务要处理，苏轼则有大把的时间任由挥霍，这正符合他的本意。因为厌倦于官场的尔虞我诈，他这次彻底萌生了退休之心，再无对仕途的流连牵挂，由此心中清净许多，只以游玩饮酒为乐，享受恬淡生活为要。当然，才情时刻陪伴他左右，荡漾在他心中，好词好句随口而出。

美中不足的是，宴饮游玩时候欧阳兄弟却不肯作诗，而陈师道不肯饮酒。苏轼喜欢热闹，需与身边朋友互动，哪受得了这等行事风格？他随即便想方设法，鼓动着欧阳兄弟作诗，劝说陈师道解除酒戒。

好诗最忌无人喝彩，好酒最怕无人分享，朋友相处时互动最为重要。

这年年底，一个坏消息自南都传来，老前辈张方平去世，享年八十五岁。苏轼闻之心伤，立刻于荐福禅院举哀，缌麻三个月，此为五服中最轻者，孝服用细麻布制成，孝期三个月。他又为张氏作祭文，寄托哀思。为张方平所写墓志铭，近九千字，详述其一生功业、德行人品。文字真切朴实、生动感人，被历代文人许为墓志铭佳作。文末感叹："噫天何时，复生此杰？"

张方平于苏家两代有知遇之恩，是苏家兄弟最为尊重的长辈。当初，正是张方平不遗余力的提携和推荐，才使苏氏父子走出偏僻的蜀地，终为朝廷和文坛赏识，一时名闻天下。张氏其后更是两次引苏辙到自己幕下工作达六年之久。张氏与苏家相交三十八年，感情无比深厚。

颍州政事虽然清闲，但仍是官场生涯的主轴。为地方官一任，总想造福生民于一方，苏轼悲天悯人的个性深植于内心，即便到颍州，一切仍不例外。

他先是阻止了一项不可行的水利计划——本是为消灭水患而行，但并没足够的科学论证支持，十分盲目。倘若该计划实施，不仅无法达到消灭水患的目的，更有可能进一步加剧水患。苏轼及时派人重新勘测，并及时分析了这项计划不能开展的其他利害关系，成功地将计划阻止下来。

为了对付干旱天气造成的减产，苏轼在颍州还进行了一项庞大的水利改造工程，疏通了颍州境内重要的水道，解决了田地灌溉的问题。

更值得一提的事情，则是他救济饥民的政策。

此年秋，与颍州相邻诸州闹大饥荒，情况相对较好的颍州则成为诸州人民逃难的首选之地。苏轼及时对形势做出了预判，他认为若流民至颍州，官府又无足够能力施以救济，便可能造成可怕的后果，到时候尸首遍地，盗贼蜂起，无疑是一场不可挽回的灾难。

苏轼心急如焚，提前准备，集颍州一切人力、物力，筹集赈灾所需物资，以待流民进入颍州之后能够及时发放。

与灾荒相伴的另一恶果是盗贼。救济灾民是当务之急，但社会治安也不容忽视，它影响的是人心士气。因此，苏轼时刻加以警惕，及时对盗贼进行打击，以防止群盗并起的情形发生。正是在他强有力的主持下，这场灾荒的规模并未进一步扩大，而横行的盗贼也在官府的打压之下未造成太大的祸患。

苏轼在颍州任上只有半年，朝廷又有新任，调他至扬州。

从颍州至扬州，一路之上，苏轼见到许多流民，他们放弃了将要丰收的庄稼，宁愿流浪，这正是苛政引发的恶果。先前数年，天灾连连，收成不足以糊口，偶有一个丰年，官府又大力催缴先前欠下的官税。一般凶年之下，节衣缩食，省吃俭用，尚有活命的可能，但现在明明是丰收的年份，百姓们却流离失所。他们先要还下积欠，若不能还清，则被胥吏们棍棒交加，求死不得。

孔夫子曾言"苛政猛于虎"，而此时百姓的命运真堪比虎口之人。

因此，刚至扬州，苏轼立即上疏，请求给百姓一条生路，暂停清欠。不久，朝廷诏书下，赞同其建议。诏中所示，以前积欠无论新旧、有无官本，皆可以暂停一年催缴。于水深火热之中的生民而言，这不啻一个令人欣喜的消息，正所谓"诏书宽积欠，父老颜色好"。

若说此番事件是为生民请命，停止"万花会"则是向贪官污吏们举起了屠刀。

扬州有芍药，与洛阳牡丹齐名，蔡京任扬州知州时效仿洛阳办"万花会"，将十万余枝芍药摆放在城区风景优胜处，供人游赏，是当地春季的一大盛事。然则一班官吏与奸商勾结，总想利用举办"万花会"之机大发一笔横财。苏轼从中看出了猫腻所在，经过实际走访，他给"万花会"定了性——"以一笑乐，为穷民之害"，果断下令停办。

百姓们当然为之欢欣鼓舞，而贪官和奸商们却怀恨在心。

丧妻之痛与太后离世

只要太后听政，注定苏轼在外的日子不会太久。

元祐七年（1092 年）九月，苏轼再度还朝，这次的身份更为显赫，出任兵部尚书兼侍读。这一年他五十七岁，已是经历世事浮沉的老者，对于仕途，他的热情完全消散，迫不及待地想要退休，只是当下的现实情况令他无法脱身。

此次回朝还有一件重要的任务要其承担，便是陪同十八岁的皇帝哲宗举行冬季的郊祀之礼，即在郊外举行祭天活动。于此之前，皇帝已经举行过大婚，册立过皇后。此次祭天后，他就可以以成年皇帝的身份亲政了。

去京师的途中，苏轼连写数道奏章，希望郊祀之后仍可获准外放。但朝廷对此似乎漠然，并没有想要放他的意思。请求得不到批准，苏轼只好硬着头皮先行上任，以等待合适的机会再次请奏。

苏轼担任郊祀活动的卤簿使，掌管郊祀的仪仗队伍，严格按照礼仪法度行事，纵是皇后所乘之车与仪仗争道，他也敢直言上谏，以保持郊祀的严肃性。

举行郊祀当天，苏轼领仪仗在前引导哲宗御驾进入太庙，发现有红色和青色伞盖的十几辆牛车与仪仗争路，他便派御营巡检前往探问，回报说是皇后和大长公主的车队。苏轼严肃地告诉担任仪仗使的御史中丞李之纯："中丞有肃政之责，这事应当向皇上奏明。"李之纯胆小不敢奏明，苏轼只得自己向哲宗禀明情况。哲宗便派人将奏疏递与太皇太后。第二天，哲宗诏令整肃仪仗，自皇后以下皆不许参加迎谒。

当下朝廷的人事又发生复杂变化。苏轼的死对头刘挚已于上年遭到弹劾，离职而去；吕大防和苏颂分任左、右二相，承担着最重要的职责；而弟弟苏辙现任门下侍郎，是执政的副相，也算炙手可热的高位。

朝中官员更替如走马灯般频仍，像五十七岁的苏轼这般资历的官员在朝中已经鲜见。很多年轻小辈充斥朝中，他们有强烈的进取心和功利心，热衷于政治的缠斗，一心一意向高位爬升，为了仕途不惜一切代价。如此政局，苏轼更不愿在朝里为官。郊祀既毕，他便再次请求，奏乞越州（今浙江绍兴）。他内心所盼望的，是离京师越快越好、越远越好，待得越久，离得越近，便越有可能成为小辈们攻击的目标。

朝廷非但不予准许，反而予以高位，迁他为端明殿学士兼翰林侍读学士、礼部尚书。这越发让他纠结不已，本想尽快远离，却不料官位越坐越高，身不由己的任命让他又生出诸多无奈。

人生何其讽刺！年轻时，他对仕途充满热情，想将一腔热血报效国家，却经常受阻，升迁无望。而现在，他只想外放地方，充知一州，为百姓做些实事，却备受关爱，高官厚禄不请自来。

然而，朝廷的争斗让他后怕，先前种种令人生畏。

朝廷非久留之地，请求外放无法获得批准，两难之下，苏轼经过深思熟虑，寻到一个解决问题的办法：请求充任一边郡之地。边境穷困，生活艰苦，很少被朝廷眷顾，是人人避之不及的地方，苏轼想借助这个人弃我取的方法，以求避过争斗。他已经是折腾不起的老人了，无意在仕途与人纠缠，只想着清净、平安地安度晚年。

即便这样，朝廷亦不准许，而且要他不必再奏。如此一来，彻底堵住了离去的途径，郁郁之中，苏轼只好上任。

侍读年轻的皇帝，苏轼深感责任重大，从事这项工作十分尽力，盖因皇帝未来之走向直接关系到国运民脉。苏轼一改以前的帝师喜欢说教的作风，以循循善诱的方式向皇帝进言，教他知国家安危之道，听大臣言论得失。

为更深入地对皇帝进行教导，他还与其他同事合作编写了一本深入浅出的教材。此教材中收入诸多汉唐正史中可以进读的事迹，可读性强，无说教口味，尽显寓教于乐之效，只可惜年轻的皇帝并不能理解他的一片苦心。

十八岁的哲宗生长于高太后的阴影之下，自他十岁登基，从未真正插手过政事，都由垂帘听政的太后处理，朝廷群臣也一直以孩童视之，并不予以重视。即便皇帝有事询问，群臣也几乎无人认真回答。苏颂曾意识到此种情形实在不正常，曾经提醒朝中诸位大佬不要总拿皇帝当孩子，他总要长大，总要亲政，到时恐怕要有人承担轻视皇帝的后果。彼时上朝，哲宗和高太后相对而坐，大臣们向着太后汇报，把屁股留给备受冷落的哲宗，也难怪他亲政后，提及太后临政之事时说："朕只见臀背。"

我们或许无法揣测哲宗到底经历了怎样的心路，但根据其亲政前的经历不难推断，长期压抑后，逆反心理终有一天要爆发出来，表现在性格方面难免偏激。现在他终于亲政，大权在握，再来面对太后先前任用的大臣，怨恨难免时时流露，一律本着对抗之心，排斥且不合作。

苏轼用心良苦地教育哲宗，却像打在棉花上的拳头，从没有得到积极的回响。

面对年轻皇帝冷漠的表情、不合作的态度，苏轼不无忧虑，身为一国之君，哲宗要将大宋引向哪里？苏轼转念又暗自庆幸，皇帝到底还是年轻，还有时间来扭转他的观念，教他正确的道理，拯救大宋未来命运，兴许还来得及。

只不过这只是他的一厢情愿罢了，在哲宗看来，老师忧心忡忡的样子越发惹人厌烦。

于苏轼而言，不在其位，不谋其政，既在其位，必然要以十足热情投入工作。他不能容忍自己毫无作为，浪费时间以及建言献策的机会；在朝言事，积极发表意见，引经据典，并为朝廷提供可行的方法。无论是外交还是内政，苏轼都自有一套成熟的言论。

他甚至异想天开地就朝臣们莫衷一是的天地合祭问题提出一个看似异端的处理办法：持不同意见者，可就他的观点与他展开辩论，让真理最终大白于天下，此之谓"诘难"。

苏轼在朝本着耿介之心仗义执言，无形之中总会得罪一批人，树立对立面，这情形他自己当然知道，只是个性使然，胸中有话，不吐不快。

又总有一些争权夺利的小人将倍获朝廷恩宠的苏轼，看作眼中钉、肉中刺，前进途中的绊脚石。即便苏轼并没有开罪过他们一星半点，他们却有将他彻底扳倒的想法。政治的可怕之处即在于此，并不是无半点心机的苏轼所能把握的。

苏轼的反对者并未停止他们的动作，先后有两位御史董敦逸和黄庆基弹劾苏轼。二人责难的核心是，苏轼举荐大量的同乡和亲戚为官，试图扶植个人势力，另外一些理由则是诸如法外刺配一类的琐事。

总结起来，苏轼所受陷害无非两类：一类是在他的文字里面大做文章，说他讥讪朝政；另一类是攻击其人之作为，说其结党营私。

董、黄二人攻击苏轼的手段概莫能外，毫无新意。只是偷鸡不成

苏东坡传

蚀把米，不但未能扳倒苏轼，反而两人还被外放了。

这一场政治风波算是小风小浪，对经历过大风浪的苏轼而言，并未形成伤害，但不久后两个女人的死亡却带给他巨大的伤痛。

夫人王闰之于元祐八年（1093年）八月初一，病逝于京师的家中，年仅四十六岁。

王夫人于苏轼人生中占据着相当重要的地位。

苏轼半生为官，崎岖坎坷。在他政治生涯的低谷，王闰之相从相随，谨守妇道，陪丈夫历经风雨，支撑着整个家庭，从无半点怨言。苏轼于她，初是偶像，后是丈夫，最后是生命的全部。苏轼性豪放，喜交游，管家不多，但凡大小事务，均由王闰之负责，她以农村妇女的勤劳干练，把苏家上下打理得井井有条。"妇职既修，母仪甚敦"，对堂姐王弗所生苏迈视同己出，多予关照，"三子如一，爱出于天"。即便生活艰苦，她亦甘之若饴，将一家老少伺候得无微不至。元祐初，苏氏兄弟还朝，苏家一跃而成显贵之家，王闰之依旧不改勤俭，亲自操持苏家事务，固守着农村妇女朴实的本性。

这个勤俭持家的女人，这个相夫教子的女人，这个担当家中顶梁柱的女人，在尚未安心享受荣华富贵的时候，尚未安心享受天伦之乐的时候，突然告别这世界，怎能不令苏轼痛彻心扉！

苏轼一直寻找时机，离开政治舞台，与老妻一起回归蜀地故乡，过恬淡的田园生活，现在老妻离世，只留他一个人孤单地存活在世间。即便回到故乡，拥有一片田地，可没有了夫人这个得力助手，他应该如何面对？对夫人去世，苏轼十分内疚，不停地自我责备："旅殡国门，我实少恩。惟有同穴，尚蹈此言。"夫人，请原谅我暂时将你葬于京师城门之外，这实在是刻薄寡恩，将来死后，定要与你埋在一处！

夫人的音容笑貌总在苏轼眼前晃动，闭上眼睛，脑海中闪回的全是夫人的模样，他甚至不知道怎样迎接未来的日子。

王夫人是虔诚的佛教徒，临终前留下遗言，要将仅有的一点积蓄请画师绘制佛像，表达她对佛的敬仰。后来，苏轼请好友、人物画大师李公麟执笔，画了释迦文佛①及十大弟子像，供奉在京师。苏轼亲撰《释迦文佛颂》，以此作为对亡妻最好的怀念。颂词曰：

我愿世尊，足指按地。三千大千，净琉璃色。其中众生，靡不解脱。如日出时，眠者皆作。如雷震时，蛰者皆动。同证无上，永不退转。

尚未从丧妻的痛苦中缓过情绪的苏轼，在一个月零两天之后，接到另一个不幸的消息，宣仁太后病逝。高太后于苏轼有知遇之恩，正是她排除各种阻碍，起用苏轼，且深信不疑，多予机会，才使他回到政治中枢，而免于被废置江湖。太后之死，于他又是一重打击。

太后离世，哲宗亲政，政局更显微妙多变。

先前在强势的太后把持下，朝堂尚算安稳。如今太后去世，意味着新党的机会重来，失势的章惇、蔡确等人早已蠢蠢欲动，密谋复出，趁此混乱之机抓紧搅局。而对元祐朝臣向来反感的哲宗，则在亲政的第二天，召内侍刘瑗等十人复职。刘瑗是为宦官，与吕惠卿等人交好，关系密切。

这一明显信号令朝内大佬人人自危，他们普遍预感到一场暴风雨呼之欲来。

元祐更化以来，太皇太后垂帘听政，倾尽全力，护佑这风雨飘摇的大宋王朝。虽然病入膏肓的赵氏统治已呈现破败之相，但经一番努力，内部尚算平安，外部基本平和，北线、西线均无战事。太后为人做事光明磊落，忍辱负重，顾全大局。

---

① 释迦文佛即释迦牟尼佛。

她的逝世于当下政局乃是一巨大损失。

范祖禹、苏轼、苏辙等大臣出奏以对，恳请皇帝以天下为重，极论宦官小人不可使用之道理，如果听信此班人物专权，国家则将有覆亡的危险。刚刚亲政的哲宗大权在握，哪里听得进去，这些大臣的奏对只能更加激发出他对这班旧臣的仇恨，在他看来，这些重臣不除，自己身为皇帝的权威将会大打折扣。

太后去世前，曾召吕大防等一班大臣觐见，老人家对未来之政局有清晰的预判，她告诉这几位大臣："老身病势有加，与公等必不相见，公等宜及早求退，令官家（指哲宗）别用一番人。"

朝中形势如此，更增加了苏轼离开朝廷的决心，他接连上疏请辞。

不久朝廷便有新安排，任他知定州军州事，而这正是他求之不得的美差；于小皇帝而言，这敢于犯颜直谏的老师，是他未来执政的障碍之一，苏轼自请离去，也省却他费一番脑筋。这帮元祐旧臣，个个都不是好惹的主儿，离开朝廷对于自己行使权力更为有利。

命运将苏轼又一次掷往新鲜之地。

整顿边防

定州是北宋军事重镇，有非比寻常的战略地位。

定州之北便是虎视眈眈的辽国。九十年前，契丹人正是从定州城长驱直入，杀到中原的澶州城下，大宋国运一时危急，被迫订立"澶渊之盟"，宋朝以"岁币"为代价，换得近百年的安宁岁月。

自此后，大宋军队久不作战，处于极度的废弛状态，兵卒长期缺乏训练，虚弱懈怠。边疆军政只有破坏，未见建设，不免让苏轼这位新任知州忧心忡忡：万一敌人有变，杀过来，以大宋现在的军备，必然不堪一击。

大宋守边主力是禁军，苏轼经一番考察，发现驻守定州的禁军将士已基本失去作战能力，成为彻底的摆设。很多禁军士兵连体力都成问题，若持兵器行军数十里，个个怕是累得要死要活，哪里还谈得上打仗杀敌。苏轼有心训练兵士，又怕契丹人起疑，从而引发不必要的战争，只能就此作罢。

禁军不堪，戍守边疆的重任便不得不依靠当地的土人。曾长期遭受到契丹人侵犯的当地土人有着极强的警惕性，他们与辽国为邻，熟悉敌人的作战方式，了解地方的情报，并在与契丹人多次交手中积累了丰富的经验。土人们身强体健，出入起居都有随身携带武器的习惯，他们还组成"弓箭社"，自发形成乡间的抗敌力量。契丹人遇到他们，未战前已有几分心寒。

基于这样的实际情况，苏轼遂写奏状建议朝廷，起用土人和"弓箭社"，减免他们的税收，并采取奖励措施，以激发土人的积极性，实现保家卫国之目的。

彼时朝廷内外，再无谋划长远的大臣，大家都忙着加官晋爵，并没人把边疆之事放于心上，因此苏轼的奏状皆无下文，只是白白浪费精力而已。

战斗力薄弱只是其一，而军纪之腐败更让苏轼忍无可忍。

定州军务副总管王光祖是军中老将，积累了深厚的个人势力。王光祖倚老卖老，骄横异常，在军队中颐指气使。上梁不正，下梁必歪，在此等军官的领导之下，军纪可想而知——凡做官者，一概利用手中权力违法乱纪，克扣军饷，以致兵丁无粮可吃。而兵丁为了存活，便不得不想办法谋生——或者逃亡，或者沦为盗贼，反过来成为地方治安之祸。

在这个边疆小城里，军人势力迅速膨胀，连官府都不得不礼让三分，

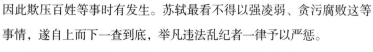

因此欺压百姓等事时有发生。苏轼最看不得以强凌弱、贪污腐败这等事情，遂自上而下一查到底，举凡违法乱纪者一律予以严惩。

在苏轼的铁腕治理之下，定州的军纪焕然一新。

第九章
岭南之地

一贬再贬

　　政局的走势已完全不受元祐大臣的控制。

　　刚刚执掌权柄的小皇帝怀着强烈的报复心，急于向宣仁太皇太后的旧政开刀，企图立即改变元祐时代的情状，再造一个崭新的朝廷，而不带有太皇太后的半点影子。

　　只是他仍显稚嫩，不知道应该从何下手，他必须依靠先前被逐出朝廷的变法派的力量。

　　擅长投机的朝中诸官被压抑太久的权力欲，借哲宗亲政的机会再度膨胀。他们以极其敏锐的政治嗅觉，接收到小皇帝的心理需求，于是投其所好，主动迎合，以便在将要重新洗牌的朝局里谋得一席之地。

　　与之相应，哲宗早已厌倦了元祐老臣们的说教，他需要通过一群人来帮助自己巩固权威。

　　因此，默契很快达成。

　　朝中小人与皇帝联合，元祐老臣们的未来可想而知。尽管他们苦苦谏劝年轻皇帝，要用心体会高太后苦心经营的成果，眼下风雨飘摇的大宋再经不起任何折腾，如使用新党人物当政，必将激起更大的动荡，让大宋的前途充满不确定。

　　这些话语非但入不了哲宗的耳朵，反而更易引发他的厌恶之情。

　　在皇帝年幼之时，高太后垂帘听政，凡朝廷一切政事，但听其处置，大臣们也只当小皇帝是个无法论事的孩子，从不向他奏对。这九年累积的愤懑和压抑，在他亲政后终于有了发泄的出口，他所发泄的对象自然是这帮元祐老臣。

　　吕大防和范纯仁双双罢相，苏辙被贬至汝州，范祖禹知陕州……

元祐大臣尽被清理，新党的人物重新占据了各个要职，章惇出任宰执，其他一干政治打手杨畏、李清臣、邓润甫、来之邵、蔡京诸人各担重任，把控了整个朝廷。

他们打起"绍述"的旗号，充分地迎合小皇帝的心理。所谓"绍述"，有继承之意，表示说要继续沿用神宗任用王安石时所做的变革措施。年号也由元祐改为绍圣，小皇帝在新党人物的把持下决意要恢复王安石新政——但请注意，这次"绍述"更像一场政治作秀，打着重新改革的幌子掩盖争权的事实。表面上，这是要重建神宗时代的变法政策，而实际上，不过是为打倒政敌所做的舆论准备。

章惇等人重回政治中枢，压抑已久的权力欲终于得到满足。他们尽情地发泄着多年来被排挤在外的愤恨，充分利用此次人事调整的机会，将在朝的元祐旧臣全力逐出，罢黜、贬谪的诏令一道接着一道，叫人目不暇接。

身在定州的苏轼，根据朝廷内外的动内，已预知难逃被放逐的命运，弟弟苏辙被贬的遭遇更让他清楚，这帮新党人物非可以平常视之，他们报复的手段向来凶狠毒辣。即便自己身在偏远的定州，也难逃过他们的算计。

已然如是想，苏轼反倒比平时放松了许多，心中再无羁绊，只专等命运的降临，在已定的命运面前，任何反抗看起来都是徒劳——因为该来的总会到来，该去的无法阻挡，再多忧虑和担心也是枉然。既然命运已做出安排，索性听之任之，顺其自然。

于是，苏轼尽情与定州友人饮酒赋诗，尽情享受在定州的最后时光。

他的想法很快便得到应验。

新党诸人在朝廷上再次展开对苏轼的攻击，只是依然没有什么新鲜手段，还是从苏轼的文字着手，断章取义，又告他讥讪先朝。苏轼为人为官向来磊落，每每出任地方官，政绩斐然，可攻击的地方不多。

苏东坡传

因此，不能责怪攻击他的人智力出了问题，实在是苏轼勤勉、成绩突出，叫人抓不到太多的把柄，便只好从文字里下功夫。实践已经证明，攻击苏轼的最佳途径便是告他讥讪朝政。这个手段百试不爽，盖因苏轼诗词太多，文章太丰，平时又非小心谨慎之人，不会着意清扫可能留人口头的痕迹，小人们只需稍稍断章取义便可罗织罪状。更何况现在新党掌握大权，即便苏轼有理，人家也不会听，被贬是注定的下场。

倘若说乌台诗案至少还能找出蛛丝马迹的所谓罪证，这次则完全属于无赖式的诬陷，加诸苏轼身上的所有罪状，都系出于现实的政治斗争需要而编造出来。

现在的苏轼已经参透了政治的奥秘，在认识上比从前更深一层。他知道辩解无用，甚至无心辩解——小人们不足以与之讲道理，他们想要诬陷，自然会手段使尽，自己哪里是他们的对手？

苏轼兄弟的命运又一次被推向低谷。

绍圣元年（1094 年）四月初三，朝廷以语涉讥讪，命苏轼以左朝奉郎（正六品上）知英州（今广东英德）军州事。

先前被贬至黄州时，苏轼内心是一幅凄凄切切的惨然景象，但这次他却无比镇定和从容，甚至十分洒脱，正如他所说"瘴海炎陬，去若清凉之地"，根本不像被贬官，倒像是去做一次长途的旅行。他内心已经完全放下仕途，对做官提不起哪怕一点点兴趣了。

五十九岁的苏轼带着家人启程前往遥远的南方。谁知刚刚出发不久，朝廷新命又至，令其充左承议郎（正六品下），仍知英州。如此诏命不过多此一举，他已经不在意官位，又怎会在意品级变化。新党如此作为，也不过是为羞辱他而已。

过汤阴时，苏家一行旅途疲惫，便在道边的饭馆里歇脚，每人喝了一碗豌豆大麦粥，疲劳顿消，他便和几个儿子闲聊。苏轼提醒诸子，苏家已今不如昔，以后要做好过苦日子的准备，人须适应环境，不必贪恋富贵，若忘记此前的锦衣玉食，今天的一碗豌豆粥则也算得上难得的享受。

又隔几天，朝廷的诏命再次追身而来："合叙复日不得与叙，仍知英州。"按照宋朝官制，官员任官至一定年限，如无重大过失，即可调级升官，是为叙。这诏命分明是要取消苏轼升调之可能。

十余日之内，三改谪命，一帮小人肆意作为，欲将苏轼置于万劫不复之境的险恶用心昭然若揭。

闰四月十四日，苏轼到达滑州（今河南滑县）境内，前路漫漫，天气也有越来越热之迹象，他已年老体弱、两眼昏花，再加上左臂肿痛的老毛病复发，若一路辛苦行走，极有可能死于道中，便向皇帝奏状，请求赐船准他前往英州贬所。

苏轼特意自陈留（今开封市陈留镇）绕道汝州，看望先前已经被贬至此地的弟弟苏辙。苏氏兄弟在元祐朝同为朝廷重臣，但两人财务状况迥异。弟弟勤俭，积蓄不少，哥哥向来不善理财，为人又十分大方，常资助后辈门生，所以，这一次贬谪立见财务之紧张。

苏辙拿出七千银两，交给侄子苏迈。苏家人合计，到金陵后，由苏迈带领家眷中的多半住到宜兴去，苏家在那里曾置办过一些田地，今后可以凭此为生。如此这般，也能为苏轼减掉些后顾之忧，而不用全家前往谪地，一起跟着受罪。

待苏轼至陈留，朝廷准许他坐船前往的诏书抵达，算不幸中的好消息。

盛夏炎热，有船乘坐，自然舒适不少，身体遭遇的折磨也小许多。登舟而行，一路南下，苏轼沿途又多见亲朋旧友。至韦城时，遇吴安诗的外甥欧阳思仲。先前吴氏任中书舍人，因撰写苏辙贬谪的告词中有"文学风节，天下所闻"等褒奖之语，被攻击落职，苏轼手书一幅书法托欧阳思仲转送以表达敬意。过雍邱时，得晤在此地任县令的米

苏东坡传

芾和老友马梦得，米氏与苏轼同样才气纵横，多有交流；马氏跟随苏轼三十余年，可谓挚友。至汴上时，与老友晁说之饮酒。至九江，又有杭州时的旧同事苏坚来迎……苏轼多年为官，贵为一代文宗，再加上其豪爽开朗的天性，赢得朋友无数，可谓交游天下。

行程虽也辛苦，好在有亲朋老友相顾，自然比较顺利。最令人感动的是门人张耒，苏轼过扬州时，正在润州任职的张氏因受官法约束，无法亲自看望近在眼前的恩师，无奈之下只好精心挑选了两个可靠的兵士王告和顾成，随苏轼南行，一路多加精心照顾，护送苏轼直至惠州。

六月七日，泊船金陵，遵照王闰之夫人遗言，舍施她所有曾佩戴过的金银首饰，令三子画释迦文佛像，并供奉于金陵清凉寺，做水陆道场，祈福全家。然后，长子苏迈带其家眷前往宜兴，安顿生活。

苏轼南行至安徽当涂，第四次接到朝廷降职的诏命："责授建昌军司马，惠州安置，不得签书公事。"之所以有这样的任命，皆是因为章惇拜相，加大了对元祐旧臣处置和迫害的力度，苏轼亦无避免的可能。

于眼下的苏轼而言，贬去哪儿贬何职已经无所谓了。现在朝廷上下，一切听任章惇等人摆布，他无法逃出他们的手掌心，英州或者惠州均在岭南之地，别无二致。唯一让他担忧的，则是年轻的儿辈跟着自己一路颠簸，太过受罪，反倒不如他一人前往，领受这本属于自己的贬官生活。

非但儿子们不同意他的主张，儿媳们也不肯让年近六旬的老父亲独自去陌生的荒凉之地，若听凭他的主意，一定是有去无回。全家人商量的结果是苏轼向儿子儿媳做出一定程度的妥协：他带幼子苏过一人同去谪地，苏迨则带领两房家眷前往宜兴，和长兄苏迈一家团聚生活。

这是一次悲伤又无奈的分别，苏轼却表现得十分镇静，他努力宽慰家人，不必为自己担心，有苏过在身边，相信父子同心，一定可以挨过寂苦的岁月。

相伴苏轼多年的朝云自打进入苏家，便死心塌地把自己视作这个家庭中的一分子，富贵贫贱，不离不弃。在家人最危难的时刻，她依然要求陪伴苏轼去遥远的岭南，随身照顾，这让苏轼大为感动。穷困之中，心心相印的温情最是叫人安慰。朝云像一抹黑夜之中的光明，给他增加几分信心和勇气。此前朝云只是一名家妓，现在她已成为苏家人。在苏轼眼中，朝云已不只是可以倾诉衷肠的红颜知己，更是照顾他生存起居的妻子，只是没有所谓的名分而已。

大计已定，一家人再次分成两路：苏迈带家眷去宜兴；苏轼与儿子苏过、朝云，还有三个年长的女性仆人，又向惠州前行。

之前与长子苏迈分别时，苏轼颇有些伤感，而与苏迈分别却又让他安心不少——家人不用再跟随自己受苦，思想上没了包袱，有如释重负之感。

身处困厄之境，苏轼豪气不减，一路之上，凡遇壮丽山河等美好风景，仍忍不住作诗赋词，不减当年气概：

暴雨过云聊一快，未妨明月却当空。

（《慈湖夹阻风五首·其四》）

身受残酷的政治迫害，又处于颠沛流离的旅途，他依然志向不改，心向朝廷，骨子里怀着对黎民百姓的深刻同情，报国的一腔热血无法冷却：

许国心犹在，康时术已虚。

（《望湖亭》）

八月初，他所到的地方官府得知朝廷新颁诏书，称苏轼是个罪官，不配享受乘船的待遇，遂派了五百兵士，兴师动众地追赶上苏轼，要将这艘官船收回。万般无奈，苏轼只得放低姿态，与那等趋炎附势的将领商量，宽限他半日，只待到埠头，他将自费租船，届时便要将官船归还。

待他雇了船，行至赣州时，又接到朝廷新命，将他贬为宁远军节度副使，仍然惠州安置。这第五次的诏令，在他看来，不过是多此一举，只是又一次变相的迫害而已。

直到绍圣元年（1094年）九月，一路历尽艰难险阻，苏轼到达大庾岭。彼时，此岭代表着一条重要的分界线：岭内意味着繁华热闹的世俗生活；而岭外则是无尽的蛮荒之地，意味着无边的落寞和苦难。

按宋制，向来不杀大臣，贬到岭外算是最重的惩罚。而苏轼是哲宗亲政后第一个遭贬岭外的官员。

苏轼的内心想必一路之上也常有波动，特别是登上大庾岭的一刹那，他甚至有可能生出一丝紧张。从此以后，将置身于与世隔绝的境地，岂非一种无形的枷锁？惠州与中原隔绝，只能凭书信才能够了解北方的消息。

但我们也有足够的理由相信，他是一个擅长破解自己心魔的人物，因他是这样的一个天才，又深谙佛教和道法，一定会不停地进行自我心理疏导，为将要遭受的苦难寻找一条可能的出路。

他所作《过大庾岭》诗，几乎透露了全部天机：

> 一念失垢污，身心洞清净。
>
> 浩然天地间，唯我独也正。
>
> 今日岭上行，身世永相忘。

仙人拊我顶，结发受长生。

他是一个彻底的儒士，使命感永远在肩；他又是一个宗教思想的深刻体悟者，在他每一次精神危机出现时，宗教则成为他救治心灵的良方；而他个人的性格中又有一种生而乐观的因素，较少产生烦恼。

因此，每每被困于心灵的迷雾，他总可以从中走出来，让生命的意义不断得以扩展。

这年十月初二，他们终于到达谪地惠州。

不得不提的是，他的小儿子苏过，这个二十三岁的青年，除一路上照顾父亲的生活起居之外，还与父亲作诗唱和，词句之中才华初显。这一路上，不但排解了老父亲的寂寞，更让苏轼生出对苏家后人健康成长的无限快慰。

惠州新生

岭南情形并没有传说中的那么可怕。

恰恰相反，苏轼在这里所受到的礼遇反倒让他倍感温馨。初至此地，他非但未有心理上的不安，反而更多是"既来之，则安之"的坦然。

惠州风景亦非一无是处，山清水秀，景色绮丽，比起"人间天堂"杭州虽然稍稍有差，但亦别具风貌。

"岭南万户皆春色，会有幽人客寓公。"

这么偏僻的地方来了苏轼这样一个名动天下的人物，自然引起一番轰动。

惠州虽处岭南，但没有人不知道苏轼的大名，人们纷纷来看望他，热情地招呼他。这让他与惠州当地的人们在极短的时间内建立起了熟络的关系。虽是初到此地，他竟没有半点生疏，甚至一度疑心这是他曾经来过的地方，正所谓"仿佛曾游岂梦中"。

地方官府也十分礼遇这位名满天下的大学士，特别安排他在合江楼暂住。合江楼是三司官员临时的居所，建于东西二江汇合之地，此处占尽地利，将各色美景结合一处。翠绿的绵绵青山，不息的滔滔江水，风景极尽优美，身在其中，甚为惬意。

苏轼甚至怀疑自己这一次到了人间仙境，至少离仙境如此之近："楼中老人日清新，天上岂有痴仙人。三山咫尺不归去，一杯付与罗浮春。"

合江楼只是暂住，它并非贬官的久居之所。十多天之后，苏轼带领儿子和朝云及老女仆，搬到嘉祐寺去住了。此寺庭院深深，安静幽远，苏轼喜欢这里的环境和氛围。

他与佛有缘，一至此处，便感觉心地敞亮了许多。

离寺不远，有松风亭，亭下梅花盛开。当年苏轼被贬谪黄州时，曾路过麻城县春风岭，看梅花盛开，遂生出面对穷途的伤感悲哀，不由得叹息个人的命运。而现在，他却可以一笑而过，平和地看待花开花落，他不再有追逐仕途的雄心壮志，只想过安静惬意的生活，万千荣华富贵不过是人生的一场迷梦。

"酒醒梦觉起绕树，妙意有在终无言。"他已彻底悟透人生，不再为个人的际遇纠结，内心已无悲戚和怨尤，抱定了顺其自然的意念。人生一世，匆匆复匆匆，安于世事，享受当下的自在才最重要。

在这边远的岭南之地，他也有许多雅兴，常于附近各地游逛。

此地春来早，花木早生蕊。春节刚过不久，满眼已是遍地葱茏，花香袭人，游乐其间也算独有的享受。而北方，此时尚是春寒料峭、冰封大地的时节。

惠州虽非先前想象的荒凉不堪，但生活条件着实较差。这里久不成集市，每天只杀一只羊卖，苏轼手头紧张，不敢与他人争买，只好嘱咐屠夫将羊脊骨卖给他。这羊脊骨骨缝间尚有未剔尽的小肉丝，回家放锅里煮熟，趁热拿出，用米酒浸泡，然后撒点盐，再用炭火烤至微焦食之，堪称美味。一家人最美好的时光，就是抱着羊骨头啃的时候。

在写给弟弟的信中，他特别夸耀自己发明的这种吃法甚好，有如吃蟹腿之肉。苏轼是顽强的人，越在艰苦的条件下，他却越能生发出创造力，用普通的食材做出美味。不过是无肉的羊骨，经他加工，再形之于文字，简直成为天下绝等美食了——不过按他一贯的作风，这里面可能有夸张的成分。

显然不管生活如何辛苦，苏轼自有办法对付，他乐天知命的天性每每在关键时刻起了作用，苦难常常充当了他培养乐观精神的土壤。

数日无肉并不可怕，可怕的是身边没有朋友。

尽管岭南于他是新鲜之地，但很快他身边又聚集了一批朋友，这朋友当中既有当地的同僚，又有世外的高人，还有普通的百姓。这些人时时陪苏轼游山玩水、吟诗作赋。有的人知他爱喝几口，便提了自酿的美酒前来拜会。

时任惠州知州詹范与已故的黄州太守徐大受是好朋友，苏轼被贬至黄州时，多受徐大受照顾，而现在詹范又与苏轼一见如故。和徐大受一样，詹范也常带美酒与苏轼分享。除詹范之外，另有不少本地的官员仰慕苏氏风范，从而与他订交，比如程乡县令侯晋叔，文采气节颇佳，一见倾心，成为知音。

绍圣二年（1095 年）元宵节，詹知州亲自带了厨师和酒菜来嘉祐寺陪苏轼过节，两人把酒问盏，谈笑风生，话题免不了提及好友徐大受。苏轼年纪渐长，易对往事生发出许多回忆，别有一番感慨。

他对山水的爱好非但没有消减，反而越发入迷。

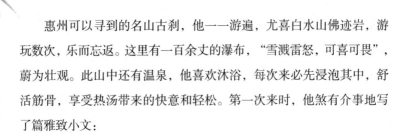

惠州可以寻到的名山古刹，他一一游遍，尤喜白水山佛迹岩，游玩数次，乐而忘返。这里有一百余丈的瀑布，"雪溅雷怒，可喜可畏"，蔚为壮观。此山中还有温泉，他喜欢沐浴，每次来必先浸泡其中，舒活筋骨，享受热汤带来的快意和轻松。第一次来时，他煞有介事地写了篇雅致小文：

《游白水书付过》

绍圣元年十月十二日，与幼子过游白水佛迹院，浴于汤池，热甚，其源殆可熟物。循山而东，少北，有悬水百仞，山八九折，折处辄为潭，深者缒石五丈，不得其所止。雪溅雷怒，可喜可畏。水崖有巨人迹数十，所谓佛迹也。

暮归倒行，观山烧，火甚。俯仰度数谷，至江，山月出，击汰中流，掬弄珠璧。

到家二鼓，复与过饮酒，食余甘、煮菜。顾影颓然，不复甚寐。书以付过。东坡翁。

苏过是十分懂事孝顺的青年，也是父亲最忠实的游伴，每每陪老父游玩，常与老父唱和。父子相处无半点隔阂，其乐融融。

按照中国的传统，苏轼此时已是六十岁的花甲老人，理应老成持重、不苟言笑，更何况作为一代文宗，他更应该端起架子，坐等人家上门拜见。

但他不是世故老人，对一切事物的兴趣不减，不但交游往来频繁，还不断地将个人爱好发扬光大，最令他着迷的当是做药和酿酒。

苏轼对医药的兴趣颇有些年头了，早在黄州时，就曾结交医学造诣很高的庞常安，并曾下功夫研究。第二次杭州任上，灾后疫病流行，他将所制药剂"圣散子"发放给民众，救治无数平民百姓。现在，他开始研究孙思邈的《千金方》，亦颇有心得。

惠州本是缺医少药之地，再加上瘴毒流行，对当地人的健康构成极大威胁。在此种情势下，苏轼的专业知识派上了用场。他向来有济危救困的责任感，所以，他了解到瘴毒实情便去搜购各种所需药材，制药以施舍百姓。如遇惠州购买不到的药材，便托人到广州采购。许多百姓服用他的药后，病情皆有好转，对他的菩萨心肠十分感谢。

倘若说施药救人是乐善好施的天性起了作用，酿酒则是自娱娱人的快乐使然。

苏轼自黄州时始酿蜜酒，事实上，那是并不成功的实践，有人因为喝了苏轼酿的蜜酒而拉肚子，但这并不能阻止他对酿酒的兴趣。现在惠州生活如此清闲，且没有禁酿私酒的法令，所以，这一爱好又适时得以发挥了。

苏轼酿酒的秘方由一个隐者传授，与蜜酒不同的是，这次酿酒的主要原材料是桂花，是为桂酒。对自酿的桂酒，苏轼喜爱有加，认为它非人间之物，而是天上的珍品，生怕别人不信，还特地写诗为证。

这大约是苏轼的自我推许，种种迹象表明他酿酒技术一般，水平亦一直有所欠缺，与制药的功夫相比，实在差距悬殊。曾有人好奇，特地询问他的儿子苏迈和苏过，他们父亲所酿的桂酒味道到底如何，二子拊掌大笑，一句话就出卖了亲爹：大抵气味似屠苏酒。屠苏酒是药酒，味道能好到哪儿去？可能是他酿酒的某个环节出了问题。

苏轼好酒，但不善饮，恐怕是不能喝酒的人里最爱喝酒的了，他自己也说"天下之不能饮，无在予下者"，但他对酒的热爱又怕是远远超出一般人。他常常借了酒劲与朋友谈笑风生，而灵感也因之源源不绝，随口吟诗赋词，妙语频出，成就无数名篇。他自豪地夸耀"使我有名全是酒"，酒是其生活中绝对不可缺少之物。

制药和酿酒颇为耗时耗力，在别人看来是"劳己以为人"，但他却乐此不疲，他的理由是"病者得药，吾为之体轻；饮者困于酒，吾为之酣适，盖专以自为也"。生病的人有了活路，饮酒的人喝到痛快，都是他人生中喜见的乐事。

除酿酒之外，他还种菜，以供一家食用。苏轼细心照料着他的菜地，碧绿的各种蔬菜常让他心生欣喜之情，兴致高了也会亲自下厨，做几个拿手小菜。

他能享受富贵的生活，亦能对付这贫穷的日子，且常常乐此不疲。无论好吃难吃，他一概吃得津津有味，旁人也只能羡慕他的好胃口。

他还爱上了南方的水果，一发不可收。这里特产的果物，在他看来是新鲜体验，全都闻所未闻、尝所未尝。荔枝、杨桃、槟榔等亚热带水果让他眼界大开，他大快朵颐，于是有了"日啖荔枝三百颗，不辞长作岭南人"之句。

不过，三百颗是诗人的夸张之词，用不着当真，他只想说明自己吃得痛快。

亲情重叙

当今丞相章惇几欲置苏轼于死地，令人百思不得其解。

早在初出仕途时，苏轼到陕西凤翔府任签判，两人便已相识，彼此意气相投，引为知己好友；苏轼被贬官至黄州时，亲友故交多断了联系，与章惇仍有书信往来，字里行间可见关系亲密非同一般；乌台诗案之际，章惇因为看不惯王珪陷害苏轼的行径，曾当面予以质问；及至元祐更化，章惇与司马光有隙，多亏苏轼从中调停才不致矛盾有更深的发展。

彼此虽然政治理念不同，但他们一直保持着不错的关系。可以肯定的是，章、苏二人纵然之前因苏辙的弹劾而结下梁子，但也不至于让章惇对苏轼燃起无尽的仇恨而起杀人灭口之心。更何况苏轼还是他儿子章援的座师，犯不着使用如此阴险的手段陷害自己曾经的好友。

为何章氏会对苏轼痛恨入骨，史书中并无明确的证据，这着实令人费解。

朝廷五改诏令，对苏轼大加贬谪已属罕见，而现在章惇仍觉不够解恨，更生斩草除根之心，他生出一计，要对苏轼痛下毒手。

这次被章惇当作工具的，竟是苏轼姐姐八娘的丈夫程之才。程氏是苏轼的姐夫，也是他的表哥。当年，八娘无故死在程家，苏洵痛失爱女，气愤不过，对程家怀怨在心，除作文大加辱骂之外，还令后世子孙与程家断绝往来，从此再不认这门亲戚。

两代之间的怨恨，至此绍圣二年（1095 年），已有四十又二载。彼时，苏轼十七岁，而现在他已是花甲之年。

章惇是苏轼的朋友，熟悉苏氏家事，他竟阴险地想要利用程、苏两家仇隙，起用程之才任广南这一路的提刑。提刑代表朝廷巡查地方，对地方官员有监察之责，章惇正是要利用苏、程两家的旧仇大做文章，使表兄弟二人自相残杀，此招可谓阴损至极。

苏轼内心十分矛盾，对于多年不曾联系的表兄程之才一时竟不知如何应对。他明了章惇的险恶用心，却不知程之才到底是何想法。但事情既然已至眼前，苏轼想来想去，也只好勇敢面对，遂考虑由他来惠州新交的朋友程乡县令侯晋叔到表兄那里探探口风。侯晋叔的回话让他很是放心：程之才并无斤斤计较的想法，对于两家过去的种种恩怨和误解也已不再为意。

关于这段四十二年前的往事，程之才与苏轼的看法大体一致：八娘之死，于程家和苏家而言都是十分遗憾的事，若因此造成两家反目成仇，更是让做小辈的他们揪心难过。这么多年来，两家一直没有机会坐下来好好沟通，解开这个心结。

经过一番书信往来和真诚的沟通，四十二年的恩怨就这样轻盈地化解于无形。程、苏二人约定要亲见一面，平抚多年不曾往来的遗憾，解开这个疙瘩。

绍圣二年（1095 年）三月初，程之才按行惠州，苏轼碍于罪官身份无法亲往迎接，便派了小儿子苏过前去。七日，程之才亲自到嘉祐寺苏轼的住所，看望他这四十多年不见的表弟，并带来了丰厚的礼物。

两人相对而坐，坦露胸怀，畅谈这四十余年来的种种，尽释前嫌。

苏轼和程之才系两代姻亲，为姑表兄弟。小时候，他们是关系很好的玩伴，一起玩耍，常来常往，相当熟络。而今对饮，二人才觉人生不过恍然一梦，当年美好往事依然历历在目，然而世事沧桑，岁月无情地令他们生出白发，长了皱纹。

此时，二人之间的亲情非但没有消减，反倒更为可贵。

兄弟俩相谈甚欢，话题无所不包。童年时代的美好，分别之后的各家情况，对家乡的思念，变迁的故旧亲友……共同的记忆被唤醒，一发而不可收。当初程、苏两家有恩怨，他们作为小辈被长辈的意志裹挟着参与其中，而现在他们已是白发的老人，不应该再纠缠于过去，把仇恨延伸到下一代心中。

程之才还讲起他的曾祖父程仁霸，也就是苏轼的外曾祖父。程老先生是正人君子，曾经仗义欲平冤狱。应程之才之请，苏轼为程老先生作记，名为《外曾祖程公逸事》。借由苏轼的生花妙笔，程之才相信，曾祖父的事迹将在更大程度上得到传扬。

这一场温馨的会面令他们再无隔阂，"世间谁似老兄弟，笃爱不复相疵瑕"，被浓浓的亲情包围，两人重拾久违的温暖。

而章惇自以为巧妙的一计，彻底土崩瓦解。

第二天，苏轼到三司行衙回拜程之才，二人会于合江楼。程之才得知此前苏轼曾在此暂居，便指示当地的官员，仍要请苏轼来住合江楼。受表兄眷顾，苏轼不久之后又搬回来居住。

表兄的到来不只让他个人的生活条件有所改善，二人更是在以后的时间里多有合作，造福于地方百姓。

大慈善家

每为地方官，苏轼都会尽最大努力为百姓谋福，而现在贬谪岭南，身为罪官，心中所牵挂的依然是百姓的生活。他时时留心，尽个人最大之努力做他力所能及的事，从中得到满足和快慰。

他曾到江边散步，发现多处有死者枯骨，无人掩埋，暴露于野，一任风吹日晒。苏轼大动恻隐之心，想要解决这个问题。他找到惠州知州詹范商议，希望能够筹措到一笔经费，专门用于收拾尸骨，使其安葬。

这项工作由詹范报告给程之才，程氏则大力推动，由官府设定机构专司处理，后所涉范围亦越来越大，并至海陆丰等地。苏轼作为首倡者，积极参与其中，不但捐款赞助该项事务，还亲作《惠州祭枯骨文》，对死难者表示同情和慰藉。文中有"尔等暴骨于野，莫知何年，非兵则民，皆吾赤子"之语，字字句句真情流露，读后让人鼻酸。

苏轼虽是罪官，但因表兄程之才大力支持，又与地方官相处友善，这让他的善行得到了最大程度的体现。此一事务的成功大大激发了他的积极性，只要发现有事可为，他必积极号召并争取官方配合，从而在个人能力允许的范围之内做更多好事。

他看到惠州当地农业设备落后，便推广一种快速插秧的机械"秧马"。这种机械的神奇之处是可以行于水田当中，载人插秧，速度极快，大大节约了劳动成本和时间。为加快这种进步机械的推广，他亲作《秧马歌》，利用顺口溜的形式将秧马的外形、操作、功用一一介绍。很快，惠州人民都使用秧马了，自此生产效率大大提高。

我们来欣赏这首《秧马歌》：

> 春云蒙蒙雨凄凄，春秧欲老翠剡齐。
> 嗟我妇子行水泥，朝分一垄暮千畦。
> 腰如箜篌首啄鸡，筋烦骨殆声酸嘶。
> 我有桐马手自提，头尻轩昂腹胁低。
> 背如覆瓦去角圭，以我两足为四蹄。
> 耸踊滑汰如凫鹥，纤纤束藁亦可赍。
> 何用繁缨与月题，辖从畦东走畦西。
> 山城欲闭闻鼓鼙，忽作的卢跃檀溪。
> 归来挂壁从高栖，了无刍秣饥不啼。
> 少壮骑汝逮老矣，何曾蹶轶防颠挤。
> 锦鞯公子朝金闺，笑我一生蹋牛犁，
> 不知自有木驺骎。

秧马轻快便利，能提高效率、节省体力，各位乡亲，请快快使用这种工具。苏轼并不满足于仅在本地推广秧马。江浙是稻米主产区，他遂生出将秧马推广到江浙的想法，凡遇彼处来人，必将秧马介绍给对方。

对许多军政大事，苏轼亦积极出谋划策，提出建议和意见，且多为之才表兄采纳。因此，在他的穿针引线之下，各州县官吏也都投身其中，一时颇有励精图治之风。

更值得一提的，惠州的东西二桥与广州的引水工程俱是苏轼的辅政杰作。

惠州有一条东江，两岸来往众多，只有简陋的竹浮桥供行人使用。但是，江流湍急，竹桥极易损坏。苏轼提出，若采用罗浮道士邓守安的建议，改用船桥，便可以很好地解决这个问题。

苏轼发动程之才等人牵头来募集费用，他将自己朝服的犀带也捐出来，并邀请邓道士来惠州主持修筑此桥，不到两个月便施工完毕，命名为"东新桥"。

惠州西湖上原来也有桥，但屡遭人为破坏，栖禅寺僧众化缘筹集资金，决定造一坚固的石桥，再无破坏之可能。苏轼闻之欣然赞许，但这次他已无力赞助，只好写信动员自己的弟媳苏辙的夫人史氏捐赠。史夫人也非等闲女性，欣然从之，将此前内宫所赐的金钱悉数捐出，桥建成后命名为"西新桥"。

两桥落成，受惠的老百姓欢欣异常，兴高采烈地集会，杀鸡饮酒，庆贺这一大事件。苏轼则作《两桥诗》，诗曰："一桥何足云，欢传广东西。"虽为自谦之词，内心亦有掩饰不住的喜悦。

他对惠州人民的关爱远不止于此，就连广州人民的饮水问题也十分关心。

绍圣三年（1096 年）冬，罗浮道士邓守安和苏轼说及广州人民的饮水之事。广州地处沿海，城内人吃水困难，刘王山倒是有泉水，但采水所费不菲，非普通百姓可以吃得起，仅为官员和有钱有势的人家享用，老百姓只得饮用盐苦水。每至春夏之交，都因饮水而引发疫疾，死者甚众。

邓守安主张，可以将离城十里的蒲涧山滴水岩的泉水引至广州，扩充水源，使全城百姓都可以饮用甘甜的山泉水。对于这一富有建设性的设想，苏轼相当赞成。

时任广州知州的王古是苏轼至交王巩的堂兄弟，因此，苏轼立即写信给王古，建议由他出面来实施这一造福于人民的引水工程。对苏轼的这一建议，王古十分重视，除迅速派人实地考察之外，又数次与苏轼商议，拟订方案，筹集经费。此次办事的效率极高，到当年十二月，引水工程便已动工。在施工过程中，苏轼充分发挥其聪明才智，解决了许多实际的困难。比如，他考虑到引水的竹管有可能发生堵塞问题，便提供了解决方法：每根竹管上钻一个绿豆大的小眼，用小竹针堵住，以备日后验证是通是塞。若是塞了，将竹管换掉即可。

　　这一次通力合作，使王古与苏轼的友情加深许多，因而王古常向苏轼请教便民之策。苏轼还建议设立"医药院"，因广州是商旅往来之地，一旦疫病流行，将不易控制，而设立"医药院"有助于控制疫病流行。

　　虽为罪官，但苏轼仍积极地参与到政事当中，并以此为乐，享受其中。

　　他只是遗憾受个人的能力所限，无法为老百姓做更多的工作。

朝云之死

　　朝云刚刚三十出头，正值人生中最美好的时光，她跟随苏轼已经二十余年，其间亲眼见证了苏家的盛荣与衰败。不管何时何地，她都与这一家人共进退，从不曾打过退堂鼓。自从王闰之夫人去世后，她在这家里俨然是一位能干的贤内助。

　　她随这六十老翁到遥远的岭南，负责他的饮食起居。她以女性特有的细致和干练，对苏轼予以精心的照料。

　　朝云是个聪明女子，本不识字，但在苏轼的熏陶之下，可以读懂诗词，并练得一手不错的书法。她还跟苏轼学佛，成为一个虔诚的佛教徒。此番南迁，多亏这个红颜知己悉心照顾，苏轼才得以身体健康地来到惠州，同时不至于太落寞。

到惠州后，处患难之中，苏轼与朝云的感情日益加深，他写诗词称赞朝云，喻其为天女，称道其善解人意，与自己精神相通。红颜白发相互依靠，实在难得。

可谁知绍圣三年（1096 年）六月，惠州瘴疫流行，朝云不幸染病，病势严重。到七月初五时，瘟疫竟夺去她年轻的生命，时年三十四岁。她在弥留之际，口诵《金刚经》六如偈：

> 一切有为法，如梦幻泡影，
>
> 如露亦如电，应作如是观。

数年前，朝云随苏轼北上，儿子苏遁于金陵途中早夭，给她以致命的打击，从那时起她开始潜心学佛，以缓解心灵的苦痛。

自来惠州之后，朝云全部的精力都放在苏轼一人身上。除精心照料苏轼，她最大的快乐莫过于跟随苏轼习字读书，听他谈佛论道。在共同经历的二十余年里，惠州这段生活算得上她生命中最美好的时光。经济上的拮据、生活中的窘迫、语言上的障碍、气候上的不适……所有这一切都未曾动摇她的意志，她能和苏轼生活在一起，便有幸福感充溢此心。

她的要求无多，只需这一份欢乐之爱。

苏轼亦将朝云当作爱情的寄托，而她猝然离世令这位老人一时无法接受。他牵着朝云的双手，任眼泪肆意纵横。

在苏轼一生经历的女性当中，朝云的身份和地位最是特别。她本是夫人王闰之为其挑选的侍妾，却以真性情打动了这位生性浪漫的诗人。苏轼平生不好色，对聪明、漂亮的朝云却情有独钟，两人的感情在黄州时升华。之后朝云产下儿子苏遁。及至后来还朝，朝云戏称他

"满肚子不合时宜"，至此，他已将她引为知己了。

依朝云遗言，八月初三，苏轼将她葬于丰湖栖禅寺东南湖滨山坡上的松林中。此地林木成荫，清新肃穆，是墓地的理想所在。于此环境中，朝云可以安心地告别这苦难的世界，她的灵魂已升入天国，不用再受人间的苦难。

苏轼因朝云之死黯然神伤，但他亲笔撰写的墓志铭却是深沉简练，字里行间散发着浓郁大爱：

东坡先生侍妾曰朝云，字子霞，姓王氏，钱塘人。敏而好义，事先生二十有三年，忠敬若一。绍圣三年七月壬辰卒于惠州，年三十四。八月庚申，葬之丰湖之上，栖禅山寺之东南。生子遯，未期而夭。盖尝从比丘尼义冲学佛法。亦粗识大意。且死诵《金刚经》四句偈以绝。铭曰：浮屠是瞻，伽蓝是依，如汝宿心，惟佛之归。

朝云葬后，苏轼茶饭不思，作《悼朝云诗》：

苗而不秀岂其天，不使童乌与我玄。

驻景恨无千岁药，赠行惟有小乘禅。

伤心一念偿前债，弹指三生断后缘。

归卧竹根无远近，夜灯勤礼塔中仙。

乐观豁达的老人对于朝云深沉的爱，化为内心真诚的祝愿，希望她能在天国里过幸福的生活。唯有如此，他的心才能得以安慰。

朝云是苏轼不可缺少的精神伴侣。朝云已逝，他总觉得空虚难挨，从此以后，他将一个人孤苦地度过余生的时光。这令他悲戚不已，一时竟不知如何度过没有朝云陪伴的岁月。

朝云的音容笑貌总在孤单时刻浮上心头。每每想起，他都要作诗怀念，字里行间仍是依依不舍。

奔海南

朝云离世后，孤独的苏轼看上去又苍老几分，在此边远的贬谪之地，只剩小儿子苏过相伴了。

东坡先生的三个儿子当中，以苏过最得乃父真传，其为人为文与父亲十分相似，后人尊为"小坡"。苏过孝顺，深知老父亲的心境，时时相陪左右。父子一起吟诗唱和，亦拾得不少快乐。

苏轼教子完全任其天性而为，不对儿子求全责备，不提超出他们能力的要求。长子苏迈性格忠良温顺；老二苏迨聪敏好学，无奈体弱多病；只有这老三苏过尽获苏家诗文传承，只是父亲声名太隆，使其不彰。

苏轼多年来寻佛问道，广有收获，在此凄苦、清闲的环境之下，更易追寻心灵的静养，向往至高的精神境界。在惠州，他发现陶渊明于自己精神建设中的地位越发重要，再次树立以陶为师的念头，去寻找恬淡和谐的精神家园，与自然同乐。

苏轼是陶渊明闻名于世的主要推手之一。陶渊明地位之确立，与其大力鼓吹密不可分。他读陶诗，和陶诗，并积极地追慕陶渊明的生活态度。

东坡读陶诗甚早，但他的创作前期，诗文中所呈现与陶相关的意象不多，这显然与年轻时积极入世有关——"奋厉有当世志"，心中想的是建功立业，与陶渊明的隐逸行为相去甚远，不予关注也在情理当中。

前期创作的与陶渊明相关的诗中，苏轼所关注的依然是作为隐士的陶渊明，所述主题侧重于对现实的不满，表达归隐田园的愿望，如"田园处处好，渊明胡不归""自非陶靖节，谁识此闲趣""想像斜川游，作诗寄彭泽"等。

乌台诗案后，苏轼被贬至黄州，耕种东坡，过起了半隐居的生活。境遇和心态的改变，对陶渊明的认知亦随之改变，他一步步向陶氏靠近。元丰四年（1081年），苏轼作《东坡八首》描述黄州躬耕生活，后人评价"八篇皆田中乐易之语，如陶渊明"。

苏轼真正的和陶诗是元祐七年（1092年）知扬州时所作的《和陶饮酒二十首》。自此之后，一发不可收，到他去世，这一阶段所写和陶诗竟达百余首，并频频在书信、词作、题跋中提及陶渊明。陶氏遂成为苏轼一生追随的精神象征。

所谓"和诗"，指唱和之诗，就是先有诗人作一首诗，其他诗人跟进唱和。关于平仄的运用、节奏的安排，不同体裁有不同要求，讲究步韵、依韵、用韵。步韵是用他人诗作韵脚的原字及其先后次第来写诗唱和；依韵是按照他人诗歌的韵部作诗，韵脚用字只要求与原诗同韵而不必同字；用韵是以原诗韵脚为韵脚，而不按其次序。

苏轼晚年读陶诗，已跳出文字的框架，领会陶诗的精神，他曾断言："陶渊明意不在诗，诗以寄其意耳。"苏轼和陶，意亦不在学得像与否，不是生搬硬套，不是简单的模仿和重复，而在于学习陶氏的高风亮节，高蹈出尘。

对陶氏诗品、人品的仰慕，对陶氏任心自然的认同，对官场的厌弃，对归隐的向往，才是苏轼和陶的本质所在。

他把陶渊明一生所作的诗歌找来，决心要一一步韵唱和，这只是表面的工作；内心深处，陶渊明是他精神世界里的同道，是他的领路人。

苏轼在惠州两年，写和陶诗近百首，可谓陶渊明的后世知音。被贬至黔南的黄庭坚作《跋子瞻和陶诗》："子瞻谪岭南，时宰欲杀之。饱吃惠州饭，细和渊明诗。彭泽千载人，东坡百世士。出处虽不同，风味乃相似。"

他现在是越来越淡泊的老人，完全无视名利地位这些身外之物了。

苏轼一方面建设心灵的家园，另一方面他亦遵从于现实，建设实际的家园。因为表兄程之才被朝廷召还，合江楼寄住不下去了，而朝廷又有"元祐臣僚，一律不赦"的诏告，他放弃了北归的希望，一心要在惠州落户。

因此，他考虑找一块地方造一所房屋，供以后全家团聚时居住。

他看中了一块土地，位于归善县城东面的白鹤峰上，这里环境幽雅、交通便利，又有美好景色。苏轼毫不犹豫地将此地买下，然后依照山势进行规划，打算造屋两进，共有二十间。苏轼于建筑方面颇有不少独门心得，又有特别的审美，他为庭院设计了众多功能。居室、庖厨、厕所、书房、花园，无一不有；为了饮水方便，开凿深井一口。

自开工之日起，又着实忙碌一番，多劳朋友和乡亲帮忙，到绍圣四年（1097 年）二月，经历大半年之后，白鹤峰新居才算告成。老人站在峰下看着自己辛苦换来的劳动成果，甚为欣慰——这一处新居，是他亲自设计、监工，又亲自挑选材料，可谓耗费心血。因建造房屋，他花光了全部积蓄，其间一度只得靠煮芋头充饥。

绍圣三年（1096 年），长子苏迈担忧年老的父亲，便请求去同在岭外的韶州做官，得到允许，即和弟弟苏迨带两房家眷来惠州。全家人得以在白鹤峰新居团聚，一时欢声笑语，诉不尽无限相思。父子兄弟相见，自然有太多话说。但坏消息也随之而来，仿佛故意折磨这一家刚刚团聚的人。苏迈原本已授韶州仁化县令，但按现在的朝廷规定，贬官的亲属不得在邻邑做官。苏迈尚未到任，便已被罢去。家里一时添了如此多张嘴，经济瞬间转入困顿，由于手头拮据，时时需要借钱维持生计。

即便如此，能够共享天伦之乐，苏轼已感觉到十分幸福了。

苏迈长子苏箪这年已经年满二十岁，是大小伙了。如今，苏轼已是儿孙满堂的祖父。

章惇等人对苏轼的迫害依然没有到尽头，他们把持着年轻的皇帝，勾结深受皇帝喜欢的后宫刘妃，已经可以为所欲为。这群人再次向元祐大臣举起屠刀，甚至连死去的司马光以及老迈的吕大防都未能幸免。

章惇之所以如此憎恨元祐大臣，复仇心理只是其一。历史的经验告诉他们，如果不能斩草除根，元祐党人随时有可能重新得势，从而威胁到自己的政治前途；趁现在手握大权，极力除之，则可以免去这层担忧。

不久之后，苏轼便得到消息，苏辙亦被贬至岭南——这消息不免令苏轼担忧，他隐隐觉得自己怕是连惠州也无法待下去了。

元祐旧臣当中，章惇最为忌恨的有三人：一是苏轼，他有巨大的声望，是哲宗皇帝亲近的老师；二是范祖禹，此人学问气节俱佳，他是吕公著的女婿，曾力阻章惇为相；三是刘世安，此人以刚强敢言闻名，时人称之为"殿上虎"。此三人是章惇心底的病，如果不趁此机会将他们置于死地，以后就免不了担惊受怕。倘若有一天这几人再度得势，又怎么能放过他与他的同党？

因此，他再度积极地向朝廷提议，加重对元祐大臣的处罚。

四月中，朝廷诰命到达惠州，责授苏轼琼州（今海南海口）别驾，昌化军安置，不得签书公事。他已料到被再度贬官的结果，所以特别坦然地接受了现实。

因建白鹤峰新居，耗尽了家财，路上无盘缠可用，他只好写信给好友广州太守王古，请他资助。这一次，他仍要带着小儿子苏过同行。

苏轼知道，以自己的高龄，这一次到海南怕是有去无回，因此便做好就死的准备。

　　行前，他将后事仔细交代长子苏迈，并打算到海南后先买一口棺材。他心中坦然，能接受任何后果。

　　就此别过儿辈及孙辈，全家人送走六十二岁的老翁，内心何等滋味！

　　眼泪早已忍不住打湿了衣衫。

第十章
海南生活

垂老投荒

苏轼六十二岁高龄被贬往环境恶劣的海南孤岛，便下定了赴死的决心。

他早已习惯了被贬谪的生活，不致抱有太多的伤感和难过。除了放不下弟弟和家人，他没有什么可以牵挂。经过多年苦难的历练，以及佛道思想的洗礼，他为人处世越来越洒脱，既然躲不过命运，何不坦然接受？

绍圣四年（1097年）五月，苏轼溯西江而上，抵梧州。听闻弟弟苏辙已被贬至雷州，此时正行至滕州境内，距离梧州不过二百五十里，苏轼甚为惊喜，急派人前往通知苏辙，让他在滕州等待，自己好赶去相会。

苏辙得信，亦喜出望外，想不到途中仍有机会与哥哥相见。五月十一日，兄弟二人遇到，执手相看泪眼，又是激动又是欢喜。自他们前一次晤面，匆匆又是四年。这次意外重逢，兄弟自有一番衷肠倾诉，看到彼此身体硬朗、气色颇佳，心中稍安。苏轼作诗记叙这次会面，称"江边父老能说子，白须红颊如君长"，大意是哥哥我听先前见过你的父老说，你胡须已白，面色红润，一派长者之风，今天一见，果然如是。

苏轼、苏辙兄弟皆已年迈，他们心里清楚看眼下形势，今后见面机会无多，因此便格外珍惜这相见的时光。

到吃饭的时间，兄弟俩在路边一个卖汤饼的摊贩处买饼共食。饼子粗劣，难以下咽，苏辙咬了几口，不堪忍受它的味道，便将筷子和饼子丢下，长长叹了一口气。

而苏轼不以为意，风卷残云，一扫而空。

苏轼对待食物自有一套法门，那就是不论在任何恶劣条件下，总能采取乐观的态度。他不是不知道这饼子难吃，只是他可以借由一种方法让自己忘掉它的味道，将肚子填饱。这方法便是对于粗劣的食物不经细嚼慢咽，直接囫囵吞下。

这不是欺骗自己，而是借由心理的作用来适应艰苦的生活。

兄弟俩意外相逢，令乏味的旅途平添几分欢乐，雷州与琼州是同一方向，二人便可结伴同行，共度二十余日。一路之上，兄弟俩同吃共住，唱和不断，心情亦大为放松，一点不像前往谪地。或许他们都已明白，"风雨对床"的约定难以实现，唯有珍惜这一次相伴的时光。心照不宣的兄弟共守着同样的默契：让时间再慢一点，让共处的日子再久一点。

从滕州到雷州并不算远，兄弟俩则尽量拖延，好叫这次相聚更长久一些。

尽管依依不舍，但终究仍要分离，相聚已属惊喜，实在不敢再有更多奢望。在弟弟的贬地雷州待了四天之后，苏轼便又启程赶往海南。

六月十一日，苏辙在海边送别哥哥，苏轼登舟渡海。

这次分离是兄弟俩的诀别。自此以后，他们再没能见面，而"风雨对床"的约定则成了二人生命中最大的遗憾，到最后也未实现。

经历一番与风浪的搏斗，历尽艰苦的苏轼父子终于踏上海南的土地。

苏轼在琼州登陆，然后雇了轿子继续前行，途中休息数日，七月初二到达昌化军贬所。昌化，古儋耳城，此地湿热，多雨多雾，瘴疠横行，极不宜居，被中原人视为绝境，简直是有去无还，章惇用心昭然若揭。

据说，章惇将苏轼贬至此地，把苏辙贬至雷州，是一场文字游戏的结果。苏轼字中有"瞻"字，章氏便将他贬至儋州，因"瞻"与"儋"

偏旁相同；而苏辙字中有"由"字，章氏则将其贬至雷州，因"由"和"雷"下面的"田"字形似。事实果然如此，抑或是后人附会，尚待考证。倘若真是如此，则尽显章惇掌握权柄之后极尽骄横的态度。

掌权者对元祐旧臣的疯狂报复，绝不有任何回旋的余地。政治斗争之阴险至极，这一回苏轼算是大大地领教了。

初到昌化，总要适应新环境。现在的情形与苏轼刚至黄州时的情形有几分相似处：眼前茫茫一片，没有亲戚朋友在身边，寂寞孤独时时来袭。过往的经历已让他能轻松应对当下的情况，因而他对于暂时的寂寞并不以为意，只想着努力找些事情做，借此分散精力。好在他随身带了几本书，聊备一读，似乎这样就可以稀释寂寞的空气。

最让他不适的还是当地的气候。昌化炎热，空气又潮湿，瘴疠之气极易让人染病，身处这恶劣的环境下，周身不适，颇为难受。再加上长途跋涉过程中苏轼不幸染病，身体相当虚弱，因此，刚到昌化的大部分时间，苏轼是待在住所养病的。

他住在租来的官屋里，房子相当破败，遮挡风雨的基本功能都无法完全实现，此情此景不免让他想念惠州的白鹤峰新居，以及住在那儿的亲人。眼下最能给他精神安慰的，是离他不远、人在雷州的弟弟子由，但是海天相隔，无法相见。

好在还有儿子。爷儿俩可以一起饮杯酒，作首诗，聊以自娱。此前他曾珍藏了一套酒器，因谪海南给变卖了，只余一只做工精妙的荷叶杯，如今正可以用这只杯子饮酒，也算是物尽其用。

他在写给朋友的信里说："此间食无肉，病无药，居无室，出无友，冬无炭，夏无寒泉，然亦未易悉数，大率皆无耳。"要啥没啥，只能自生自灭。基本的生活条件全不具备，天底下再没有比这更糟糕的事情了。

人在雷州的苏辙，境况比哥哥也好不到哪儿去。情形这般艰难，兄弟俩却可以借此为话题寄赠诗作，互相取笑，同时亦劝勉对方——
这么多难关都闯过来了，这一次当然可以挺住。这种乐观精神在《闻
子由瘦》这首诗里呈现得淋漓尽致：

> 五日一见花猪肉，十日一遇黄鸡粥。
>
> 土人顿顿食薯芋，荐以熏鼠烧蝙蝠。
>
> 旧闻蜜唧尝呕吐，稍近虾蟆缘习俗。
>
> 十年京国厌肥羜，日日烝花压红玉。
>
> 从来此腹负将军，今者固宜安脱粟。
>
> 人言天下无正味，蝍蛆未遽贤麋鹿。
>
> 海康别驾复何为，帽宽带落惊童仆。
>
> 相看会作两臞仙，还乡定可骑黄鹄。

　　在诗中苏轼问弟弟：你怎么搞的，竟然弄到帽宽带落瘦到惊动了
仆人？下次见面，我们俩都跟瘦神仙一样了吧，以彼时体重，定可以
骑上黄鹄回蜀地故乡。

　　在如此艰苦环境中，大约只有苏轼还可以谈笑自若。

　　弟弟也受了哥哥热情的感染，和了一首相同趣味的诗。

　　在此逆境中，苏轼有时也觉无奈，但他是善于自我开导的人，常
用好心情代替坏心情。

　　初来昌化时，他还经常想，或许有机会可以离岛北归，但看水天
渺茫，又陷于无望的情绪里面。但转念再想，眼下的自己如同一只蚂
蚁，遇到泼来的一盆水，慌乱之际爬上漂在水中的一片草叶，不知道
何去何从。好在水很快干了，蚂蚁回到家遇见同类，哭着告诉对方："只
差一点就见不到你了。"这只蚂蚁哪里知道，不过俯仰之间，形势就
会发生变化。

这是苏轼对眼下情形的解嘲，却也是对个人心灵的开导：人生一世谁不是在"岛"上？不管身处岭外还是中原，归与不归，定下心来过当下的生活好了。此心安处，皆是吾乡。

自娱娱人

海南岛不比中原，地处偏远，气候迫人不说，就单说这吃饭饮食，也是一大问题。

岛上居民世代无务农习性，他们从不耕田，自然无法生产大麦、小麦、水稻之类的粮食。本地人生活品质不高，他们以薯芋为粮，煮粥以饱腹，经年不变，对于味道没有什么追求。好在父子俩可以到市场上去买岛外运来的米面，但价格高昂，次数多了，也吃不消。

当地人不种田的情形让苏轼十分吃惊，他怎么也想不通，他们为何懒惰至此。为了改变这种情况，苏轼作《和陶劝农六首》，意在劝导当地人垦地自种，过上吃粮的生活。这大约只是他一厢情愿的想法，人家多年形成的生活方式和习惯，又怎么会因他写几首诗而发生质的改变？

苏轼就是这样一个人，明知个人的力量甚微，但看到某些不合自身价值的事件，总忍不住要站出来说话，并希望能够产生影响而有所改变。后来的事实告诉我们，他的努力也终于有了回报，海南人终于肯耕种田地了。

另有一件事，也可说明苏轼的个性。

海南有个风俗，人们相信杀牛可以治病，因此无辜的牛常常成为刀下的牺牲品。怜悯生命的苏轼看到此情此景，心中甚感不安，他书写了一篇柳宗元的《牛赋》，寄给琼州僧人道赟，希望借他之手广为传播，帮助人们改变杀生的不良风俗。

他还书写了一首杜甫的诗，奉劝当地人改变另一陋俗——男人游手好闲在家享受生活，而由妇女承担诸如上山打柴等家庭生活的重担。

海南种种恶俗深深困扰着他的心，他虽无能为力，但绝不会眼睁睁任由它们肆无忌惮地发生。

生活习性的大不同，让他不得不想办法适应本地的生活。他喜欢吃肉，此地却无肉出售。他在惠州时，尚有羊骨可买，骨头缝里边的肉丝儿可以让他过一点吃肉的瘾，现在来到昌化，却彻底无肉可吃了。当地人也并非不吃肉食，只是当地人所吃的肉食怕是他根本不敢尝试，如老鼠、蝙蝠、蜈蚣，每一种都足以令他心惊肉跳。

苏轼唯一敢试的，大概只有鱼肉了。本地盛产海鱼，价格低廉，可是苏轼怕腥，又吃不下，在这形势之下，吃肉是没有指望了。无鱼无肉，饮食相当清淡，营养严重不良。到昌化后不久，他的体重锐减，越来越显清瘦，原本红润的脸色渐渐暗淡下去。

无肉可吃还不是最可怕的，最可怕的是连米面也常中断。岛上不产米面，只能从外面运来，一遇到恶劣天气，航运停顿，米面也买不到。既然没有办法改变现状，倒不如主动适应它。父子俩只好入乡随俗，跟当地人一起吃起薯芋来，好在并不那么难吃，只是吃得多了，有消化不良之虞，肚子会时不时抗议。

但艰苦的生活似乎难不倒这对美食家父子，连薯芋这样简单的食材，两人也能吃出花样。苏过身上遗传自父亲的，除了诗词修养，还有钻研美食的天分。他擅长烹饪，善用简易的食材做出可口味道，他发明的"玉糁羹"便是以薯芋为原料制成的。苏轼品尝过儿子制作的美食后，遂大叫起来："色香味皆奇绝，天上酥酏则不可知，人间决无此味也。"

不过，这玉糁羹味道究竟多好，是不是真如苏轼所言"色香味皆奇绝"，颇值得怀疑。

苏轼一向以苦为乐，这是他每逢绝处尚可逢生的诀窍。

在别处生活，虽也曾穷至极点，但还没有到断粮之地步，再怎么艰苦，究竟饿不到肚子，而如今在这海南岛上，常因气候变化而断粮。

元符二年（1099年）四月，一场大旱导致岛上米价大涨，眼看着就要绝粮。在束手无策的情况下，苏轼居然想到道家修行的辟谷法中有一种龟息法有止饿的功效。其方法是：模仿龟的呼吸，每日凌晨东望朝阳，吞吸初升的阳光，与口水一起咽下。据说此法甚好，不但可以充饥，还可以使身强体壮。他把这个方法写下来，与儿子一同练习，借此抵抗饥饿。

日子艰苦，但没妨碍他画饼充饥的乐趣，趁此机会作《老饕赋》，充分怀念那些过去享受过的美食，并以此方法解馋。

他精通美食，享受美食，并认为此是人间至乐之一种，这大约也是他与道家和佛家不同的地方。

忍饥挨饿的日子甚是难挨，最难挨的乃是思想上的寂寞。

他好热闹，不可一日无友，不可一日无酒，但刚来海南的那段时间，人地两生，孤独和寂寞填充了全部的时间。纵是海南允许私人酿酒，他自己也有这个爱好，但眼下根本没有一个客人，酿酒又有何用？根本提不起精神。

好在他到昌化两个月之后，昌化军使易人。新任的军使名叫张中，他一至此地，就来拜访苏轼了。他早就从别人的口中听闻这个名满天下的文坛领袖被贬于此。如此人物贬于自己领地，当是无上的光荣。

张中对苏轼恭敬有礼，与苏过则相谈甚欢。与苏家父子来往几次后，张中就与苏过成为莫逆之交。

二人喜欢下棋，且有棋瘾。张中每至苏家，必与苏过厮杀一通，常杀得难分难解，兴致高昂。苏轼无事，闲看两个小辈对弈，自己虽不懂棋，却也觉得好玩，百观不厌，并总结出他的棋道哲学："胜固欣然，败亦可喜。"棋局犹如人生，不再以胜败为出发点，心中便坦然自得，不会纠结在输赢之间。

张中成为苏氏父子的朋友，对他们的生活也多有关心。他看到父子俩租住的官屋破败不堪，便以整修官房的名义，将他们居住的房屋修补，使之不再有漏雨之忧。

张中知道老人家寂寞，便又介绍了几个土著朋友给他，这样苏轼才有了几个熟人。有事无事便去各家各户串门儿，闲话家常，慢慢地，苏轼在当地的熟人渐渐多起来。

有了朋友，生活才算走回正常轨道。

现在苏轼上了年纪，若非饮食所造成的困扰，精神气质比大多数同龄人好不少，这也归结于他那一套独特的养生方法——他最喜欢梳头和沐浴，不要小看了这两种活动，这是他保持旺盛精力的秘密方法。

他每天早晨起床之后，必梳发数遍，梳完之后精神为之大振，看起来神采奕奕。

梳发简单，但沐浴成了问题，在这海南岛上，无澡盆之类的器物，无法行洗澡之实。无奈之下，他想出了干浴的办法，这个是道家的发明。

夜晚睡在床上，他用两手不停地抚摩身体，称之为"干浴"。这样的洗澡方式对个人卫生估计无大好处，但于身体保健而言，却有促进血液循环的功效。即便是看起来有点儿自欺欺人的"干浴"，他都已经心满意足了，自称"垢净各殊性，快惬聊自沃"，这便是他眼里的快意人生了。

总能化解危机

元祐旧臣所受的迫害，并未因多人贬谪而告终。章惇一门心思斩草除根，追杀到底，苏氏兄弟的灾难自然也并没有消停的迹象。

绍圣五年（1098年）二月，章惇、蔡京二人议派吕升卿、董必察访岭南。吕升卿系吕惠卿之弟，与苏氏兄弟的仇恨自然不共戴天；而董必争勇斗狠，是著名的刽子手。苏氏兄弟如若落入此两人之手，下场肯定悲惨。

章惇此招比上次未成功的借刀杀人计更为凶狠。

这一次，他决定不为元祐大臣留任何后路了。

幸而曾布和左司谏陈次升上奏，对皇帝晓之利害，以为派吕升卿察访岭南必对元祐旧臣造成伤害，于是才有改派之命：吕升卿不再察访，只派董必一人前去，但察访之地由此前确定的广南东路改为广南西路，而苏轼、苏辙所在的儋州和雷州又都在广南西路所辖范围之内，一场灾难眼看无可避免。

董必按察雷州，果然一如所料，对苏辙毫不手软，挑尽他种种不是，并将曾帮助苏辙的一干人等如雷州太守张逢等人严加查处。最后的结果是，朝廷下令将苏辙诏移循州安置。处理完苏辙的事情，按正常的程序，接下来必然要派人渡海来收拾苏轼。此前，董必已有谋杀刘安世、弹劾孔平仲之举，现在，大家都忍不住要为苏轼暗暗揪一把心。

不料，董必正将派人来昌化时，半路上却杀出来一个程咬金，此人叫彭子民，是董必的亲信和心腹。彭氏不知何故，对苏轼遭遇极为同情，流着眼泪劝说董必："人人各有子孙，又何必赶尽杀绝？"

一向心狠手辣的董必亦不知触动了哪根神经，对彭子民的劝言有所感悟。他又为完成任务，只派了一个小使臣前去，此人对苏轼父子尚算客气，仅仅把他们从官屋里赶了出来，并无其他动作。

被赶出官屋的父子二人无处可住，只得暂息于城南南污池侧的桄榔林下数日，真正体验了无处可居的窘迫。即便到了这般凄惨地步，苏轼仍不改乐观心态，超然的处世态度又一次于紧要关头让他渡过难关。

父子俩在桄榔林买了一块地，经张中和当地的土著朋友黎子云、符林等人帮忙，盖起三间平房，取名"桄榔庵"，总算是又有了自己的住处。想想这为官的生涯于各地造屋几所，都住得十分短暂，也不知道这桄榔庵到底会住多久。

虽然再次逃过了章惇加害，但并不代表可以过上安心的日子。政治之残酷，甚至于超乎苏氏兄弟的想象，他们对于政敌的杀伤力总是估计不足。现在，朝中又掀起一场新的运动，运动的核心仍然是建设文字狱，专门挑拣元祐旧臣的奏章和文书，逐篇审阅，罗织过去反对变法的文字，对当事人进行严惩，由此获罪的人竟有千人之多。

苏氏兄弟奏章甚多，这帮人随机抽出一篇，任意加以点染和解释，都可成罪。

此事愈演愈烈，规模也越来越大，及至后来还专门成立了诉理局，专职处理此项事务。章惇等人的本意并非为王安石变法平反，不过是疯狂的报复心使然，他们只想将元祐旧臣及其同党一网打尽，务使权力牢牢掌握在以他为首的一伙人手中。

苏氏兄弟遭殃，他们周遭的朋友与门人亦被牵涉其中，秦观、张耒、晁补之等人，或贬或降，都深陷于政治的旋涡当中，人人面临水深火热。

就连眼前的昌化军使张中，也因帮助苏轼修葺住处这等小事而遭免职，他也要离开这个地方了。张中是苏轼父子来海南后交谊最为深厚的朋友之一，张中将去，苏轼作诗相送，表达不舍之情，并对张中的照顾表示由衷的感谢。

张中亦与这对父子结下深厚情谊，竟不忍离去，一直在昌化逗留了十个月，相伴左右，直到非走不可时才来辞行。

新友与故交

自章惇执政以来，与"二苏"相从者，大都遭殃，贬官、罢职或者远谪，处罚不一。在这场政治的狂风暴雨中，人人自危，为了躲避祸端，先前的老朋友大都与"二苏"断绝音信，不再往来。初来昌化时无友算是孤独，但身处低谷，老友相避，更当是寂寞中的寂寞。

连苏轼最亲密的弟子黄庭坚、张耒等人，在这场政治迫害中，也与这位老人没有往来，半点消息皆无。苏轼十分怀念他们，只好作诗寄怀。

如此情形之下，竟也有朋友不顾现实压力，毅然要来海南看他，方外高人诗僧参寥便系其中之一。听说参寥要来，苏轼急忙写信劝阻，参寥本人也因与苏轼交好而受牵连落难，被迫还俗，因有这变故，计划才未实现。

眉山的同乡杨济甫也想来海南看望苏轼，只是已年老体衰，力有不逮，便想叫儿子杨明代他前来看望。苏轼亦是以路途险远为由，再三加以劝阻。他虽然也想见到老友，但不得不替别人考虑，以他个人实际行走的体验，如此遥远的旅程实在受罪，他要爱惜友人的身体和生命。

苏轼的妻弟王箴，对落难当中的姐夫既同情又牵挂。为亲见姐夫一面，王箴只身一人，从蜀地出发，由水路直奔海南而来，中途听闻苏轼内迁，才终止行程。

　　第一个真正跨海来访的朋友是神奇道士吴复古，这位与苏轼相知相交的世外高人，曾数度造访苏轼。此次，二人在遥远的地方相见，兴奋之情可想而知。往事历历在目，恍然如梦，时光飞快，竟有三世之感。

　　苏轼的眉州老乡巢谷，是当年苏轼被贬至黄州时东坡雪堂的座上客。黄州别后，"二苏"重入朝廷，官高位显，巢谷从不曾登门拜访。而现在，"二苏"分贬两处，巢谷却从眉山出发，徒步行走万里，要与苏氏兄弟相见，其为人真挚可见一斑。

　　巢谷先到雷州去见苏辙，然后执意渡海来看苏轼。苏辙劝他，不要前往儋州，路程遥远，还要渡海，以他老迈的年纪和瘦弱的身体，难以完成这一宏愿。巢谷晤见老友心切，执意要去。当他行至新会时，当地土贼盗走了他的行李，后来听说土贼在新州被抓，巢谷又赶到新州，想要讨回仅有的一点盘缠，旅途劳顿，再加上急火攻心，竟病逝于新州，客死异乡。

　　后来苏轼知此消息，忍不住大哭一场，朋友义气如此，怎能不让他这个看重友情的人潸然泪下？

　　老朋友们固然牵挂他，但天高地远，难得一见，他也结交了当地的新朋友。

　　苏轼随和开朗，乐于与人交往，经张中介绍，认识了一批老年朋友，如黎子云兄弟、符林、吴翁……虽然人数并不算多，但亦可以在一起聚饮作诗，相谈甚欢。

　　这几个老者有时玩得兴起，直到三更才散。

　　此外，他在本地还收了一两个弟子，其中之一是琼州人姜唐佐。这个年轻的后生，大约在半年的时间内每天都来向苏轼问学，并常陪他聊天、喝茶，二人建立了深厚的感情。只是不多久，姜氏要回琼州，前来辞行，请求苏轼赠诗，苏轼题二句"沧海何曾断地脉，珠崖从此破天荒"，并告诉他"等你将来中了进士，我再为你续足成篇"。

姜氏未辜负苏轼期望，于日后高中进士，只可惜苏轼当时已去世，续篇也只得由弟弟苏辙来完成，"锦衣不日人争看，始信东坡眼力长"。

这算是兄弟俩联袂成就的一段佳话。

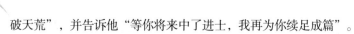

蛮荒之地的文化生活

苏辙曾对哥哥好言相劝，要他到海南之后，务必不要读书，不要写诗，把身体健康放在第一位。

但对一个嗜书的人，这样的劝解大约只能起一时作用，但绝非长久之计。

人生本已这般无趣，若再没有书读，岂不是比杀了他还要难受？

海南偏远蛮荒，文化落后，书籍稀少，遍寻不着，苏轼因此甚为苦恼，常急得百爪挠心，只后悔当初仓促渡海，没有带很多书籍过来。等他初次拜访黎子云时，发现黎家有柳宗元集数册，如获至宝，便立即借了回来，诵读不止。

惠州做官的朋友郑嘉会写信给他，说自己有书千余卷可以借他阅读。这个好消息让苏轼欣喜若狂，兴奋不已，他本有意著书立说，来排解难挨的寂寞时光，却苦于没有参考用的资料，今得这千余卷书，等于天上掉下来一个大馅饼。

有了必要的参考资料，著书立说的豪情重新涌起，苏氏父子在桄榔庵的家中，以写作来排遣寂寞的时光。

他先是着手整理在黄州时写作的《易传》和《论语说》，接下来新撰《书传》及《志林》。《志林》原打算写一百篇，实际只完成了十二篇。今天传世的《东坡志林》，并非东坡原定的著作，而是后人集数种短文的编本，书中所载文章，以短小居多，妙笔生花，挥洒自如，有助于从另一侧面了解苏轼的个性和思想。

《易传》《论语说》《书传》三书耗时长，费力亦多，可谓心血之作，苏轼个人也颇以此自许，认为三书是他的传世之作。

《易传》和《书传》皆有版本流传，而《论语说》则已散佚，今人无从可读，只能从苏辙的文集或其他资料中领略风采一二，不得不说是个遗憾。

除著书立说外，和陶诗是他的一大喜好。苏轼喜欢陶渊明由来已久，此前就已经和许多陶诗，而现在，陶氏更成为他寂寞精神生活中的一个偶像。陶诗中恬淡的风格、隐逸的色彩，以及对美好自然的向往，都令苏轼深深向往。

虽然他对佛教与道教热爱尤甚，但现在，他的热情和精力大部分都挪到这位仙风道骨的田园诗人身上了。

苏东坡与陶渊明，不只存在时代差异，二人的思想差异也大。苏诗和陶诗，不过是形似而神不同。陶诗隐逸恬淡，而陶渊明本人则如一位方外居士，不问人间世事，只求享受田园的风光和生活，凡事顺其自然，不必强求。而苏诗虽也力求平和，但骨子里仍有避不开的豪迈开阔之风，他追求的是生命的极致体验，以及物我相通的心灵感悟。

写作需要笔墨纸砚，笔和砚容易解决，但纸墨却为海南所缺，朋友虽时有赞助，但满足不了需求，这成为他日常生活的苦恼之一。

好在不久后事情有了转机。

元符二年（1099年）四月，金华墨工潘衡来访，苏轼尽诉缺墨之苦，潘衡热心，便与他合计造墨的事情。海南多松，可以就地取材，用来制墨，两人搭炉起灶，砍松烧火，十分投入。开始时，所收烟煤不少，但制成墨后却发现质量不佳，苏轼认为是墨灶出了问题，便重新改造，扩大灶肚，将烟囱的位置放远，经此改造，终于得到佳墨——学到一门技艺，甚是自得。为防其他墨公以自己名义伪造，苏轼还特别制作两枚印章，一曰"海南松煤"，一曰"东坡法墨"，如此看来，老人家还是个保护知识产权的先驱。

造墨成功是意外的收获，但也因制墨引起了一场意外。这年年底，墨灶突然起火，几乎要烧到房子，急忙泼水扑火，终未酿成大祸。不过，手中所积之墨自用已经有余，自此次火灾后就不再制墨了。

他还有意帮助当地人民提升文化素养。

某日苏轼游城东学舍，见里面空无一人，经了解得知，老师们拿不到薪水，都不来上课了，这情形令他难过，想要谋个办法，帮助发展文化促进教育，因有讲学明道之举。

当地人也都知道这个大文豪，纷纷跟从学习，既有汉族学生，也有黎族学生。苏轼不分民族，不分老少，一律平等待之。

《琼台记事录》记载："宋苏文忠公之谪儋耳，讲学明道，教化日兴。琼州人文之盛，实自公启之。"

海南文化之兴，东坡功莫大焉。

兄弟内迁

种种离奇的迹象表明，苏轼将有北还的可能，海南岛的生活快要结束了。

他做过一个梦，梦中他登上惠州合江楼，已逝的老丞相韩琦跨鹤而来，对他说："我奉命管理天上重要曹事，故来相报，你不久就可以回中原了。"

某日早晨，苏轼对儿子苏过说："我感觉一定可以北归，近日颇觉有还中原迹象。"然后他洗砚、磨墨、铺纸、焚香，又说，"我要默写我所作的八篇赋，如果我说得对，将会一字不落地写完。"写完后，他自读一遍，又让苏过核对一遍，八篇赋洋洋千言竟一字不差，遂大喜："北归的事，看来是板上钉钉了。"

另一件事更显蹊跷。他到好友黎子云家喝酒时，一群五色鸟飞到庭前。当地的传说中，此种鸟类出现则代表不一般的喜庆事件。

果不其然，政局在元符三年（1100 年）正月再次发生大变动。

初九，年仅二十五岁的哲宗英年早逝，因为没有儿子，由弟弟赵佶继位，是为宋徽宗。神宗之妻向氏以皇太后身份垂帘听政，形势由此急转直下，开始向着元祐旧臣有利的方向发展。

而章惇和他的同党大势已去，等待着被宰割和报复的命运。

二月，朝廷大赦天下，元祐旧臣纷纷北迁。苏轼的朋友即当时在广州的吴复古得到这一喜讯，立即渡海，向苏轼报告。

直到这年五月，诏书才到达偏远的昌化——阳光终于照拂到这位久被遗忘的文坛领袖。苏轼以琼州别驾，廉州（今广西合浦）安置，不得签书公事。

梦想和预测中的事情此刻成真，令苏轼一时欣喜。

消息传开，好友及邻里乡亲纷纷到桄榔庵向他道贺，人们恭喜他可以离开海南，对他的离去表示遗憾。

六月，一切准备就绪，他将要离开谪居三年的儋州，土著朋友黎子云等人纷纷携酒菜前来饯行，执手相见，眼泪纷飞。苏轼为此情景所感，情不能抑，写下《别海南黎民表》一诗：

> 我本海南民，寄生西蜀州。
>
> 忽然跨海去，譬如事远游。
>
> 平生生死梦，三者无劣优。
>
> 知君不再见，欲去且少留。

海南生活虽苦，但对苏轼而言，也无异于一场神奇的人生阅历，是生命中少有的极致体验。在即将离去的时刻，他越发觉得有此一番经历和际遇，亦算不枉此生，因此有诗句"九死南荒吾不恨，兹游奇绝冠平生"。

渡海后他先至雷州，与等候在这里的弟子秦观相见，师徒二人分别已久，当然要把这几年积攒的心里话讲个痛快。

此前，苏辙也已接朝廷诏令，移岳州居住。于赴任路上，又接诏"任便居住"，他直接回许昌的家去了。

苏轼七月初四到廉州，结果一个月后又接诏令，将他"量移永州"。

第十一章
东坡之死

一路折腾

入仕以来的苏轼被朝廷诏令来回折腾,这一次也未能例外。

在廉州刚刚歇了下脚,又要赶往永州,父子俩匆匆收拾了行装,奔向下一个地点,却于途中接到弟子秦观因急病死于滕州的噩耗。一个半月前,师徒二人还把酒言欢,畅谈人事。而今,秦观居然以五十二岁的年纪猝然离世。这不免令人想起子路和颜回先于孔子去世,孔子悲痛欲绝,捶胸顿足,直呼:"天丧予!天丧予!"

人生之痛,莫过于白发人送黑发人。

原来,雷州别过之后,秦观到滕州,游当地光化亭,喝醉了酒,倒卧亭中,忽然感到口渴,向家人要水喝,家人端来了水,但秦观未来得及喝就去世了。

苏轼诸弟子门人中,秦观尤得他所喜,平时对其要求甚严,二人感情也最深厚。听闻这个不幸的消息,苏轼悲痛异常,老泪纵横,"两日为之食不下"。在写给朋友的信中,悲伤和痛惜的情绪弥漫于字里行间:"哀哉痛哉,何复可言!当今文人第一流,岂可复得。此人在,必大用于世;不用,必有所论著以晓后人。前此所著,已足不朽,然未尽也,哀哉!哀哉!"

秦观才华横溢,受知于苏轼,经其举荐而入仕途,只是元祐一朝,苏轼、苏辙兄弟权高位重,为人妒恨,数遭攻击,与"二苏"相得的门人弟子悉数成为政敌们攻击的目标。秦观自然不能幸免,且是重点打击的对象,这数年来仕途坎坷,甚不得志。

秦观突然离世,是旅途辛劳,天热引发中暑所致。

听闻秦观的女婿范温及兄范冲正在滕州料理后事,苏轼立即赶往滕州，希望可以在秦观灵前痛哭一场，以解哀思。当他马不停蹄地赶到滕州时，范氏兄弟已于半月前载秦观的灵柩而去，欲见最后一面不得，更让他徒增无限伤感。

现在，长子苏迈及幼子苏过的家眷仍在惠州居住，次子苏迨也已搬到惠州与家人团聚，这个大家庭中就缺父亲和弟弟了。

离廉州前，苏轼写信给苏迈，让他带了全家到梧州相会，然后同往永州。

九月中旬，苏轼、苏过父子到达梧州时，家人尚未到达，适逢秋旱，江中无水，无法坐船去往永州，只得改道经广州北归。终于，一家人在广州见了面，这是苏家七年来最为完整的一次团聚。

一家老小喜出望外，路途上的辛苦立时化作此刻的欢笑与泪水。这个六十五岁的老人，眼下已是三代同堂，子孙绕膝——人生纵是多不顺遂，但现在他心满意足，余生所剩无多，天伦之乐弥足珍贵。

与家人相聚后，苏轼并不着急赶路，打算在广州多待些时日，游山玩水，约会朋友，尽情享受世俗生活。每日里，苏老先生与一众友朋宴饮游乐，十分快活。回想海南岛上那食无肉饮无酒的岁月，他不由得感慨万分，过往三年昌化的时光仿佛一场大梦。

现在，他可以肆无忌惮地吃肉喝酒了。

在广州待了一个多月，疲惫的身体得以休整。

曾有人问他迁谪艰苦之因。苏轼一本正经地告诉对方："此骨相所招。年轻时在京师，曾有相面人说我骨相：一双学士眼，半个配军头。异日文章虽当知名，然有迁徙不测之祸。他说的全应验了。"

离开广州，北行途中又接诏告，令他"任便居住"，这算是好消息，既不用再往奔波永州，又可自由选择居住之地，只是需要合计进一步的计划。他有两种选择，或去宜兴，继续在江南生活；或去颍昌，和弟弟苏辙相伴到老，完成"风雨对床"之约。

建中靖国元年（1101年）正月，六十六岁高龄的苏轼再次来到大庾岭，走得疲惫，便在岭上休息。这时对面走来一位老者，问从者这位官员是谁。答曰苏尚书。老翁再问是否苏子瞻，得到肯定回复。

老人到苏轼跟前作揖："我听说有人千方百计害你，今天北归，皇天真是保佑善人哪。"

东坡微笑向老人致意，心有所感，题诗一首《赠岭上老人》：

> 鹤骨霜髯心已灰，青松合抱手亲栽。
>
> 问翁大庾岭头住，曾见南迁几个回。

他自己也没想到，还能活着回归中原。

安家何处

一路北行，途经之地，皆有老友故知相伴饮酒赋诗，也算尽兴，只是他年事已高，又拖着一大家人口，在路上行走了八九个月之久，他必须尽快决定要去何地居住，安定下来是眼下苏家头等大事。

曾有朋友劝他，不妨到舒州安家，他也曾为之心动，并委托当地隐士为之买田，但最后放弃了这个念头。

第一选择当然是去颍昌，与弟弟同住，践行"风雨对床"之约，多年心愿一朝能成，自然求之不得。但他亦有顾虑，弟弟家经济情况本已困窘，若再添上自己这祖孙三代一大家，怕是只能增加弟弟的负担——他本来跃动不已的心，现在反而变得踌躇。

再者，颍昌距京师太近，眼下形势还不明朗，政治斗争看起来仍将继续，他再也不想卷入这个烂泥潭里，因此心下又不情愿去颍昌。

他的担心不无道理，朝局变化无常，仍有意料不到的危险。

建中靖国元年（1101 年）正月，向太后去世，朝廷形势急转直下，又向着对元祐旧臣不利的方向发展。有人因推荐苏轼兄弟而得罪丞相曾布和徽宗，因而被落职查办。苏轼、苏辙声名太隆，昔日对手更怕兄弟联手，因而率先发难。

苏轼洞悉这一情形，岂肯自投罗网？

就这样思来想去，反复衡量，摇摆之下，他又做出不去颍昌的决定。

苏辙对哥哥的决定表示强烈反对，先后托了几位朋友相继来劝。苏轼心软，再加上牵挂弟弟，经人劝过几次，最后不忍又答应下来，要和弟弟同住，这才决计到颍昌去。眼看着兄弟两家就要会合，一生漂泊的兄弟终于要迎来团聚。

次子苏迨的妻儿尚在宜兴，苏轼便先命苏迈和苏迨前去接回，然后一家人共往颍昌，他还要儿子把先前置办的那些田产卖掉，以缓解眼下拮据的经济状况。

中间这一点闲暇，苏轼与亲戚友人尽情会晤。数年不见，大家各有变化，回首往事，各述遭遇，又有不少感慨，当然也少不了欢饮，少不了畅谈，笑语不断。

他还约了表弟程之元、友人钱世雄去金山会晤，同登妙高台，领略旧地风韵。金山寺中留有李公麟画的苏轼像，如今岭南归来，看到自己画像，不由得感慨万千，忍不住题诗其上：

> 心似已灰之木，身如不系之舟。
>
> 问汝平生功业，黄州惠州儋州。

诗中有自哀、有自嘲，也有不易察觉的失落。不过，一切都已不再重要，满头白发的老人早已看淡世事，现在他只想安享人生最后的时光。一般人总结人生，多是历数高光时刻，到东坡这儿，却将自己人生中三段低潮悉数摆出。这是诗人作诗所出的新意，当然也是内心真实的感受，黄州、惠州、儋州三地是他人生中的极致体验，是让他领会人生本质实现自我超越的地方。

苏轼本想等一家聚齐，即刻出发赶往颍昌，去与分别已久的弟弟团聚。谁料政局再一次反复，令他猝不及防。向太后死后，依靠向太后的宰相韩忠彦失去靠山，被曾布排挤。曾氏大权独揽，朝中上下尽是其党羽。一时之间，曾布及党羽越发猖狂，尽力打击元祐旧臣，扩张自己的势力，程度绝不亚于当初的章惇诸人。苏轼先前与曾布多有交往，熟知其为人，他清楚若按现在的形势发展，朝廷又将陷入复杂的争斗当中，而自己声名太盛，早晚会成为此人的目标。

在这样的情形之下，他再赴离京师极近的颍昌，无异于飞蛾投火。

苏轼年事已高，不想再被卷入政斗旋涡，经受种种折磨，因此，他理智地决定取消北去颍昌的计划，前往常州，回到那个先前曾短暂居住的地方，"来往一虚舟，聊随物外游"。

骤然病倒

因手头紧张，到仪真时，苏轼考虑变卖先前于此地置办的几间市屋，在仪真停留一些时日。

时值六月，骄阳似火，热气蒸人，狭小的船舱又闷又热，苏轼全家住在船上，几乎喘不过气来。他体内的瘴毒开始发作，在给米芾的信里，他描述了自己的身体状况："食则胀，不食则羸甚，昨夜通旦不交睫。"吃饭胀腹，不吃则瘦弱无力，难受到通宵无法入睡。

在仪真办西山书院的米芾听闻苏轼来到此地，立即前去求见。苏轼邂逅故人，喜不自胜，"今真见之矣，余无足言者"。看到记挂在心的忘年老友，彼此心情激动，一时竟不知从何说起。

苏轼和米芾席地而坐，相谈甚欢，只是言语再不肯提及时事。政局纵是翻天覆地，变化多端，已经完全与他无关了。

酷热难耐，辛苦度日，白天尚可以外出活动，但等到晚上睡回船中，闷热无法忍受，苏轼便走出船来，寻找凉爽之地，让身体稍作解放。

但他年事已高，并不适合通宵在外，不但消耗体力，而且分解精神；再加上近一年来行走道途，体质已虚弱，精力也已颓废，现在又夜不能眠；而船停泊的水域污染严重，又经骄阳蒸发，船舱中充满恶臭之气；他在岭外七年，体内本已染上瘴毒……这些因素累积，令他终于病倒。

病了几天，并无好转迹象，他难免往最坏的方向打算。

苏轼给弟弟写了一封信，信中特别交代，他死之后，须由弟弟葬于嵩山之下，墓志铭也要由弟弟完成。苏轼信中语气平静，未流露悲伤之情——他完全可以接受生老病死的现实，而不怀有恐惧之心。

自此之后，他便觉得胸膈胀闷，厌食失眠，精神、体力皆十分懈怠。

好在忘年交米芾冒着酷暑常来看他，给病中人许多安慰。

苏轼身体勉强有些好转，一家人又继续赶往常州。

从仪真坐船赴润州时，苏轼病情发作，昏迷几日不省人事，好在命硬，竟也给撑了下来。

在润州少许停留，拜祭堂妹小二娘之墓。小二娘系苏轼伯父苏涣之女，嫁至润州柳家，于数月前在润州去世，这是同辈近亲中唯一的女性。苏轼同辈堂兄弟姐妹，共有十六人，近年只剩四人。如今小二娘也已离世，他想及家门凋零，伤心一时难免。

苏轼在江南的行程，笼罩在一片风言风语当中——众皆瞩目的一代文宗，突然现身于江南地界，让人们不由得私下猜测，苏轼即将入朝为相，这种不无原因的猜测却是愈演愈烈，最后化为谣言广为传播。人们开始盛传，苏大学士不日即将入相。

越是如此，越让他不安，谣言传到当政者耳朵里，他一定又将成为别人的靶子，成为被攻击和打击的对象。

先前曾一心想要置他于死地的章惇，现在被贬至雷州——按古人的说法，作恶必遭报应，章惇被贬不过是一个小小的报应，与他的恶行无法匹配。章惇之子章援此刻正在润州，听闻苏轼也在，即刻想要拜见。苏轼于章援有师生之谊，当年苏轼知贡举时曾将其录取。

章援见苏轼的目的不是出于敬意，更深层的原因亦是听闻苏轼将要入朝拜相的消息，害怕如此一来，对他的父亲十分不利。因此他来拜见，不过是为父说情，叫东坡勿念其父旧恶，使其"东归田里，保养垂年"。章援清楚父亲前些年的作为，怕苏轼万一报复，父亲小命可能不保。

尴尬的是，此前他与苏轼从无联系，突然求见，不免太过唐突，只得先写一封信表明心迹，并为父亲的种种作为道歉。

章援语极恳切，令苏轼大起恻隐之心，一面感慨章援文字极佳，一面同情起章氏父子的遭遇。他胸怀向来宽大，对于章惇此前的迫害反而不以为意，决定将恩怨一笔勾销。

他给章援回了信，劝他不必在乎过去，自己更无报复之意。他特意在信里附了一个药方，以备章惇不时之需，可见他心里早已放下恨意。

章援其实多虑了。尽管朝野盛传苏轼、苏辙兄弟可能拜相，且一时呼声甚高，但徽宗并无此想法。

曾布曾有意向徽宗套话，试探着问他，现在朝廷是不是欲行元祐之政，徽宗回答得极为干脆："安有是理，若更用苏轼、辙为相，则神宗法度无可言者。"不但不会用苏轼、苏辙兄弟，他还强调，就连那些扬言"轼、辙不相则不已"的臣子，也要一并驱出朝廷。

东坡之死

苏轼一家乘船，沿运河继续前往常州。

听闻大学士乘船路过，所经之地，人们争先恐后跑出家门，想要亲睹他的风采神韵。

运河两岸人头攒动，挤满了前来围观的百姓，一时热闹非凡。东坡虽然拖着病体，依然坐将起来，着小冠，披半臂，看着乌泱泱的人群忍不住笑言："莫看杀轼否？"

船到奔牛埠时，好友钱世雄前来迎接。这位钱世雄乃钱公辅之子，钱公辅长东坡十六岁，曾与王安石交好，后因意见不合而疏远。熙宁四年（1071年），苏轼赴杭州任，过扬州受到时任知州钱公辅的热情招待。钱氏委托苏轼照顾在杭州的儿子，因而与钱世雄订交——苏轼算是钱家两代人的朋友。

苏轼卧于船内榻上，慢慢坐起身来，此时他心力有所不支，预感到自己将不久于人世，便对钱世雄托付后事："万里生还，不料要以后事托付你了。我与弟弟子由自贬往海南，就不得再见一面，倘若从此永诀，此痛难堪，其余都无所谓。""风雨对床"的约定根本再无实现的可能，只得寄托来生——这才是他永远的牵挂，永远的痛。

苏轼体弱无力，说话缓慢，较长停顿后，接着交代后事："我曾在海外写得《易》《书》《论语》三部书稿，今天想要全部托付给你，希望不要拿给别人看。三十年后，会有知者。"

钱氏好言相劝，让他不必胡思乱想，静静休养便是。

终于到达常州——苏轼理想的栖息之地，仿佛一场大梦。

一俟抵达，苏轼立即上疏朝廷，请予准其退休："今已至常州，百病横生，四肢肿满，渴消唾血，全不能食者二十余日矣，自料必死。"

朝廷准其所请。

终于在生命行将结束之时，苏轼彻底远离了带给他太多伤害的仕途。

在苏轼生命的最后时光里，钱世雄每天都来住处看他，给他送饮品和点心，陪他在病床上聊天，听他追论往事、臧否人物。他有时候开心，便翻出以前岭外的诗文稿给钱世雄看，甚是融洽。钱世雄后来回忆说"时发一笑，觉眉宇间秀爽之气照映坐人"，去世前这些天，东坡先生的风度不减，不像一个濒死之人。

苏轼的病情逐渐恶化，种种迹象表明，一切不容乐观。

钱世雄眼见得东坡无药可治，情急之下，从别处弄来一服"神药"，劝他试试看，苏轼拒绝服用。

七月十八日，苏轼把三个儿子叫到病床前，对他们说："吾生无恶，死必不坠。……至时，慎毋哭泣，让我坦然化去。"

面对死神，他的态度何等恬淡心安。

七月二十八日，苏轼耳力衰弱，几无听觉，然而精神气象丝毫不乱，在他身边的径山寺长老维琳方丈在他耳边大声道："端明勿忘西方。"

苏轼答："西方是没有的，但个里着力不得。"

钱世雄也大声喊："至此更须着力。"

苏轼又答："着力即差。"

钱世雄再问："端明平生学佛，此日如何？"

苏轼曰："此语亦不受。"

苏迈趋前，问及后事，遂不答。

怀着与弟弟子由无法再见最后一面的遗憾，苏轼永远闭上了双眼。

大宋璀璨的夜空中，一颗耀眼的魁星划过黑暗，消失于西南方向。

苏东坡年谱

景祐三年（1036 年）

一岁。

十二月十九日，出生于眉州眉山县，一个划时代的伟人降临人间。

苏轼称"是岁生者，无富贵人"。

是年范仲淹四十八岁，欧阳修三十岁，司马光十八岁，王安石十六岁。

景祐四年（1037 年）

二岁。

伯父苏澹去世。宰相丁谓去世。

山西发生大地震，死伤数万。

宝元元年（1038 年）

三岁。

兄景先卒。

李元昊称帝，国号大夏。

是年十二月，京师发生地震。

宋与西夏关系破裂。

宝元二年（1039 年）

四岁。

弟弟苏辙出生，蜀地"双子星"来齐了人间。

六月，朝廷下诏，募人擒西夏皇帝李元昊。

康定元年（1040 年）

五岁。

正月，李元昊进犯宋边境，宋夏三川口之战，宋大败。

十一月，女直侵犯契丹边境。

庆历元年（1041 年）

六岁。

正月，李元昊向宋求和，范仲淹认为是假意求和。

十二月，契丹闻宋屡败于西夏，欲攻宋。

庆历二年（1042 年）

七岁。

开始读书。

苏轼《上韩太尉书》云："自七八岁知读书。"

庆历三年（1043 年）

八岁。

入小学，从道士张易简为师。

庆历四年（1044 年）

九岁。

继续跟张易简读书。

欧阳修作《朋党论》。

十月宋夏议和，西夏向宋称臣，宋赏赐西夏财物。

辽夏之间矛盾不断，互有攻防。

庆历五年（1045 年）

十岁。

继续从张易简读书，母程夫人亲授经史。

少年立志，要做东汉范滂那样的人物。

是年黄庭坚出生。

庆历六年（1046 年）

十一岁。

父亲苏洵举制策不中，心情苦闷。

庆历七年（1047 年）

十二岁。

祖父苏序逝世，父亲苏洵自江南奔丧。

苏轼听父亲介绍白居易诗。

少年的好奇心甚重："年十二时，于所居纱縠行宅隙地中，与群儿凿地为戏。得异石，扣之铿然。"

庆历八年（1048 年）

十三岁。

父亲居丧，教二子读书。

六月，黄河决口。

十一月，契丹遣使括马，以将伐夏。

苏东坡传

皇祐元年（1049年）

十四岁。

继续师从父亲读书。

契丹攻西夏，互有胜负。

皇祐二年（1050年）

十五岁。

姐姐八娘与表兄程之才完婚。

皇祐三年（1051年）

十六岁。

是年米芾出生。

皇祐四年（1052年）

十七岁。

八娘早逝，苏家与程家结怨，四十余年不相往还。

是年范仲淹去世，范氏是苏轼少年偶像。

皇祐五年（1053年）

十八岁。

读书甚有收获，好读史论史。

是年四月，陕西转运使李参推出"青苗钱"，王安石之青苗法即缘于此。

至和元年（1054年）

十九岁。

娶眉州青神县乡贡进士王方之女十六岁的王弗为妻。

是年西夏两次进贡契丹。

至和二年（1055 年）

二十岁。

随父亲游成都，谒见张方平。

弟弟苏辙完婚，娶史氏。

嘉祐元年（1056 年）

二十一岁。

和父亲苏洵及弟弟苏辙一起进京。

京师开封自是年五月大雨不止。多地水灾，河北尤甚，民多流亡。

嘉祐二年（1057 年）

二十二岁。

应礼部试，为考官欧阳修赏识。

参加殿试，中进士乙科，弟苏辙亦同榜及第。

母亲程夫人病逝，四月回眉山奔丧。

嘉祐三年（1058 年）

二十三岁。

居乡守制。

三司度支判官王安石上万言书，要求改革。

朝廷任韩琦为相。

嘉祐四年（1059 年）

二十四岁。

守制期满，再回京师。

路途中三苏父子作诗多首，合为《南行集》。

是年大儿子苏迈出生。

嘉祐五年（1060年）

二十五岁。

授官河南府福昌县主簿，未赴任，与弟苏辙同居怀远驿苦读，准备制科考试。

与弟弟苏辙做"风雨对床"之约。

七月，欧阳修等人所修《唐书》完成，即《新唐书》。

经欧阳修、韩琦推荐，苏洵获试校书郎。

嘉祐六年（1061年）

二十六岁。

由文坛领袖欧阳修举荐，应制科试，获第三等，授官大理评事，签书凤翔府判官。

弟弟苏辙获第四等。

眉山苏氏兄弟大名不胫而走。

十二月赴凤翔。

嘉祐七年（1062年）

二十七岁。

凤翔任上，督运南山木筏，了解民生疾苦。

五月，枢密副使包拯去世。

嘉祐八年（1063 年）

二十八岁。

凤翔任上，与陈慥（字季常，苏轼顶头上司凤翔知府陈公弼之子）相识。

陈慥为河东狮吼故事的男主角。

三月，仁宗去世。

治平元年（1064 年）

二十九岁。

凤翔任上，此年冬任满还京。

治平二年（1065 年）

三十岁。

英宗欲召为翰林知制诰，为宰相韩琦所阻，得直史馆职。

五月时，夫人王弗逝世，殡于京郊。

治平三年（1066 年）

三十一岁。

四月，父亲苏洵病逝京师，与弟苏辙护丧回蜀。

司马光此年始编纂历史巨著《资治通鉴》。

治平四年（1067 年）

三十二岁。

葬父于眉州，居乡守制。

正月，英宗去世，神宗继位，时年二十岁。

九月，召王安石为翰林学士，张方平为参知政事。

苏东坡传

熙宁元年（1068年）

三十三岁。

居乡守制，七月期满。

冬，续娶亡妻王弗之堂妹王闰之，闰之为农家女。

四月，神宗向王安石问变法之道。

七月及八月，京师两次地震。

熙宁二年（1069年）

三十四岁。

二月回京。

王安石执政，将行新法。

王安石设置制置三司条例司，为变法总机构，吕惠卿被重用。

苏辙被纳入三司条例司。

苏轼向朝廷上疏，反对变法，与变法派结下梁子。

变法于各地陆续展开。

熙宁三年（1070年）

三十五岁。

范镇推荐苏轼充谏官，未果。

陆续有反对变法的官员或贬或罢。

是年二儿子苏迨出生。

熙宁四年（1071年）

三十六岁。

王安石创行新法，苏轼上疏再次反对。

为免后患，王安石亲戚谢景温诬陷苏轼。

苏轼请求外放，通判杭州。

熙宁五年（1072 年）

三十七岁。

杭州通判任上。

监是年乡试。

十月差往湖州，相度堤岸工程，一路访友饮酒，作诗表达对新法愤怒。

欧阳修去世。

小儿子苏过出生。

熙宁六年（1073 年）

三十八岁。

杭州通判任上，往润州督察盐事。

结识"苏门四学士"之一的晁补之。

协助太守陈襄修治钱塘六井，解决了杭州市民的吃水问题。

熙宁七年（1074 年）

三十九岁。

朝云进入苏家，年十二。

结交诗僧参寥。

杭州任期将满，请调与弟弟苏辙相近的地方任官，移知密州，十一月到任，首次担任地方长官。

熙宁八年（1075 年）

四十岁。

二月，王安石复相。

在密州任，领导当地人民抗旱灭蝗。

修超然台，作《超然台记》。

纪念亡妻王弗，作《江城子》。

熙宁九年（1076 年）

四十一岁。

中秋节作《水调歌头》，成就千古名篇。

罢密州，知河中府，改知徐州。

王安石二次罢相，不复出。

熙宁十年（1077 年）

四十二岁。

与弟弟苏辙相见，而后为长子苏迈完婚，与苏辙同赴徐州。

八月，徐州大水，领导全城军民抗洪，直到水退，朝廷明令嘉奖。

与苏辙在徐州过中秋节。

元丰元年（1078 年）

四十三岁。

徐州任上，修筑防水工事，建黄楼。

重阳节于黄楼大会宾客，与民同欢。

秦少游来访，"我独不愿万户侯，惟愿一识苏徐州"。

元丰二年（1079 年）

四十四岁。

三月自徐州移知湖州。

六月被控以文字讥讽朝政。

七月被抓捕，押至京师，下御史台狱，在狱内遭受非人折磨。

在狱内一百三十余日，神宗轻其罪，责授黄州团练副使。

元丰三年（1080年）

四十五岁。

赴黄州任，路遇故友陈季常。

至黄州，终日昏昏苦睡。

老朋友章惇出任参知政事。

元丰四年（1081年）

四十六岁。

正月往岐亭访陈季常。

写作《易传》《论语说》两书。

老友马梦得向官府申请到一块土地，开始农家耕作生活，自号"东坡居士"。

元丰五年（1082年）

四十七岁。

寓居临皋亭，修建东坡雪堂。

七月游赤鼻矶，作《前赤壁赋》。

十月再游，作《后赤壁赋》。

是年七月，宋与西夏战争中，失永乐城（今陕西米脂），损失惨重。

元丰六年（1083年）

四十八岁。

苏东坡传

居黄州，已适应和熟悉当地生活，家庭和睦。

九月二十七日，朝云生子，取名苏遁。

是年四月，曾巩去世。

元丰七年（1084 年）

四十九岁。

四月，得量移汝州之命，访弟苏辙，游庐山。

幼子苏遁病亡于旅途中，途中上表乞居常州。

七月，过金陵，谒王安石。

十二月，司马光修成《资治通鉴》。

元丰八年（1085 年）

五十岁。

居常州。

三月，神宗去世，哲宗继位。

太皇太后高滔滔听政，召回司马光、吕公著等人。

六月，朝廷罢新法。

知登州。

十月任命为礼部员外郎，迁起居舍人，请辞，不准。

元祐元年（1086 年）

五十一岁。

迁中书舍人，与宰相司马光争役法，得罪司马氏及门人。

四月，王安石去世。

九月，除翰林学士，知制诰。

九月，司马光去世。

是年终于见到通信已久的黄庭坚。

元祐二年（1087年）

五十二岁。

兼侍读，与苏辙同侍年幼皇帝读书。

朔、洛、蜀党争，备受攻击。

元祐三年（1088年）

五十三岁。

为高太后苦心起用感动，尽力谋国。

其时文章已传播于契丹。

元祐四年（1089年）

五十四岁。

不堪党争，乞请外放。

三月除龙图阁学士，知杭州。

七月到任，率民防灾，设立病坊，救治无数。

元祐五年（1090年）

五十五岁。

在杭州任上，治六井，开西湖，建南北长堤，计划钱塘江水利工程。

元祐六年（1091年）

五十六岁。

二月，召为吏部尚书，以弟苏辙位在执政，乞避嫌，改翰林承旨，
复侍读哲宗。

朝中反对势力又意图陷害，因此请放外任，知颍州。

元祐七年（1092 年）

五十七岁。

在颍州任上，治西湖。

二月，移知扬州。

九月，召以兵部尚书兼侍读。

哲宗亲祀南郊，奉命任卤簿使。

元祐八年（1093 年）

五十八岁。

继室王闰之夫人病逝京师。

乞请外放，九月出知定州。

绍圣元年（1094 年）

五十九岁。

数次被贬职，最后惠州安置。

携幼子苏过及朝云往惠州，十月至。

绍圣二年（1095 年）

六十岁。

惠州野多暴骨，建议惠守詹范收葬，作《惠州祭枯骨文》。

三月，迁合江楼居住。

绍圣三年（1096 年）

六十一岁。

造白鹤峰新居。

七月，朝云去世。

绍圣四年（1097 年）

六十二岁。

二月，白鹤峰新居落成，苏迈带全家来会。

四月，再贬海南昌化。独与幼子苏过往昌化。

闻弟被贬至雷州，得晤于滕州，同行至雷州。

六月渡海，七月到昌化。

元符元年（1098 年）

六十三岁。

食芋饮水，著书立说，续《易传》九卷，作《书传》十三卷。

于椰榔林中结茅屋三间。

元符二年（1099 年）

六十四岁。

琼州人姜唐佐来昌化，从轼问学。

元符三年（1100 年）

六十五岁。

量移廉州，又自廉州移至舒州，永州居住，后又任便居住。

哲宗去世，徽宗继位。

建中靖国元年（1101 年）

六十六岁。

五月至真州，瘴毒大作，患病卧床。

六月，上表告老。

七月，卒于常州。

参考资料

《宋史》，中华书局，1985 年 6 月第 1 版，[元]脱脱撰

《续资治通鉴长编》，中华书局，2004 年 9 月第 1 版，[宋]李焘撰

《苏轼年谱》（上中下三册），中华书局，1998 年 2 月第 1 版，孔凡礼撰

《瓯北诗话》，人民文学出版社，1963 年 2 月第 1 版，[清]赵翼著

《北宋政治改革家王安石》，生活·读书·新知三联书店，2007 年 3 月第 1 版，邓广铭著

《王安石传》，中国三峡出版社，2009 年 11 月第 1 版，梁启超著

《苏东坡大传》，九州出版社，2006 年 3 月第 1 版，李一冰著

《邵氏闻见后录》，中华书局，1983 年 8 月第 1 版，[宋]邵博撰

《师友谈记》，中华书局，2002 年 8 月第 1 版，[宋]李廌撰

《东坡志林》，中华书局，1981 年 9 月第 1 版，[宋]苏轼撰

《龙川略志　龙川别志》，中华书局，1982 年 4 月第 1 版，[宋]苏辙撰

《赫逊河畔谈中国历史》，生活·读书·新知三联书店，1992 年 2 月第 1 版，1997 年 4 月第 2 版，黄仁宇著

《中国大历史》，生活·读书·新知三联书店，1997 年 5 月第 1 版，2007 年 2 月第 2 版，黄仁宇著

《苏轼诗集合注》（全六册），上海古籍出版社，2001年6月第1版，[宋]苏轼著

《三苏》，中华书局，2010年2月第1版，周裕锴，宁智锋，李熙，李栋辉编著

《苏轼传》，天津人民出版社，2000年1月第1版，王水照，崔铭著

《唐宋八大家文集（苏轼文）》，1997年3月第1版，人民日报出版社，[宋]苏轼著，郭预衡编著

《苏东坡传》，陕西师范大学出版社，2008年1月第2版，林语堂著

《宋诗选注》，生活·读书·新知三联书店，2002年5月第1版，钱锺书著

《苏东坡的下午茶》，四川人民出版社，2020年6月第1版，陈鹏著

更 好 的 阅 读

出 品 人　沈浩波

特约监制　潘　良　于　北

产品经理　苟新月

文字编辑　张亚一

营销支持　金　颖　于　双

封面设计　沐希设计

封面插画　王奕驰

关注我们

官方微博：@文治图书

官方豆瓣：文治图书

联系我们：wenzhibooks@xiron.net.cn

图书在版编目（CIP）数据

苏东坡传：全新修订版 / 陈鹏著 . -- 北京 : 中国

友谊出版公司 , 2025. 1. -- ISBN 978-7-5057-6025-7

Ⅰ . K825.6

中国国家版本馆 CIP 数据核字第 2024D29R17 号

书名	苏东坡传：全新修订版
作者	陈鹏
出版	中国友谊出版公司
发行	中国友谊出版公司
经销	新华书店
印刷	河北鹏润印刷有限公司
规格	880毫米×1230毫米　　32开
	12 印张　　323千字
版次	2025年1月第2版
印次	2025年1月第1次印刷
书号	ISBN 978-7-5057-6025-7
定价	52.00元
地址	北京市朝阳区西坝河南里17号楼
邮编	100028
电话	（010）64678009

如发现图书质量问题，可联系调换。质量投诉电话：010-82069336